教育部"国家级一流本科课程"教材

生命与生存教育
教程（野外篇）

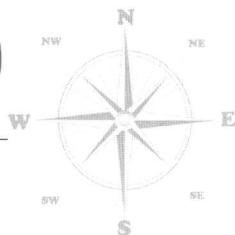

SHENGMING YU SHENGCUN JIAOYU
JIAOCHENG（YEWAI PIAN）

主　编◎邱世亮　王桂忠　刘一艳
副主编◎李丕彦　黄永正　杨　玲

暨南大学出版社
JINAN UNIVERSITY PRESS

中国·广州

图书在版编目（CIP）数据

生命与生存教育教程. 野外篇/邱世亮，王桂忠，刘一艳主编；李丕彦，黄永正，杨玲副主编. —广州：暨南大学出版社，2023.1

ISBN 978 - 7 - 5668 - 3545 - 1

Ⅰ.①生… Ⅱ.①邱… ②王… ③刘… ④李… ⑤黄… ⑥杨… Ⅲ.①野外—生存—高等学校—教材 Ⅳ.①G645.5

中国版本图书馆 CIP 数据核字（2022）第 217940 号

生命与生存教育教程（野外篇）
SHENGMING YU SHENGCUN JIAOYU JIAOCHENG（YEWAI PIAN）
主 编：邱世亮 王桂忠 刘一艳 副主编：李丕彦 黄永正 杨 玲

出 版 人：张晋升
策划编辑：武艳飞
责任编辑：王辰月
责任校对：刘舜怡 王燕丽
责任印制：周一丹 郑玉婷

出版发行：暨南大学出版社（511443）
电 话：总编室（8620）37332601
　　　　营销部（8620）37332680 37332681 37332682 37332683
传 真：（8620）37332660（办公室）　37332684（营销部）
网 址：http：//www.jnupress.com
排 版：广州市天河星辰文化发展部照排中心
印 刷：佛山家联印刷有限公司
开 本：787mm×1092mm 1/16
印 张：13.75
字 数：335 千
版 次：2023 年 1 月第 1 版
印 次：2023 年 1 月第 1 次
定 价：58.00 元

前　言

当今中国社会正在经历着急剧的变化，在社会主义市场经济体制建设过程中，社会理想功利化、人生价值世俗化，以及人们对生命的冷漠和忽视等问题逐渐显现。各种威胁心理健康的因素正在影响着人们的生活，以了解生命、欣赏生命、珍爱生命为核心内容的生命教育，已经成为当今社会普遍关注的热点。每个人都拥有生命，但并非每个人都懂得珍惜生命、呵护生命和保护生命。开展生命教育，不仅仅是为了减少自杀和他杀的恶性事件，同时更是为了培养身心健康、全面发展且富有创造活力的一代新人。

以往校园传统的灌输与说教方式无法达到教育的理想效果，生命与生存教育教什么内容？用什么方法教？生命与生存教育如何进入学校课程体系？这些并不是容易回答的问题。积极探索生命教育的内容与生动的教学方法，吸引不同人群参与，引发学生对生命与生存教育的思考和践行，势在必行。

生命与生存教育在高校的实施，有利于凝结出丰厚、有发展、有特色的学校文化，并弘扬固守，薪火相传；生存教育，使学生在有生命特色文化的氛围中得到滋养和陶冶，激发生命的潜能，学会生活的智慧，掌握生存的技能，直面生活的挑战，让有限的生命呈现出无限的生机和活力。我们希望生命教育不只是一般意义上的知识与技能的教育，而是以生命影响生命、以生命引领生命、以生命呵护生命、以生命感动生命的"生命实践"教育。

我们的教学团队从 2004 年开始在高校进行"野外生存教育"课程化探索，先后获得了省级精品教材、省级教改项目、省级精品视频公开课等项目建设立项，并于 2014 年获得省级教学成果奖二等奖，教学团队于 2016 年获得了教育部产学共建在线开放课程建设立项，2018 年"生命与生存教育"在线开放课程建设完成并在超星学银在线正式上线，2020 年获得了国家级一流本科课程认定。本教材依托国家级一流本科在线开放课程建设基础，以生命与生存教育的体系构建为核心内容，构建主要从三重维度展开：一是以生命与生存教育基础理论为抓手进行解读和分析，让学生感悟生命的大义与情怀；二是重点从生命与生存教育缺失及应对的理论与实践角度展开，让学生感受生命的风险与责任；三是以案例分析、实践体验和技能学习为要素，让学生感知生命的呵护与生存的法则。我们希望本着对教育的执着，对教育理想的坚守，为实现生命与生存教育和新时代高校人才培养做出贡献。

作　者
2022 年 10 月

目 录
CONTENTS

第一章

生命与生存教育的缺失与构建

学习目标

理论目标：了解生命与生存教育面临的挑战，知晓生命与生存教育的诉求，掌握生命与生存教育的理念内涵。

实践目标：能够掌握生命意识教育与生存行为教育的实施路径。

第一节　生命与生存教育绪论

改革开放以来，中国社会经济与文化的发展呈现出多元化特征，人们思想观念的转变和资源的日趋丰富，极大地改善了青年学生的学习和生活条件，也给青年学生的身心成长带来许多负面的影响。与此同时，我国的学校应试教育的思想和观念仍大行其道，学校的教育仍然偏重于知识的传授，凡与"升学"和"就业"无直接关系的知识，学校不主动教，学生也不主动学，对学生的人文关怀和生命关怀仍然不足。许多青年学生的道德品质、文化素养、人格塑造等出现了不同程度的问题，有些甚至比较严重。

通过媒体我们很容易了解到，许多生命离我们远去，或因为自然灾害，或因为人为事故，或是自杀和他杀，或是缺乏生命常识和技能而产生的恶性事件，原因林林总总，许多生命还没绽放就黯然凋谢，许多人间悲剧让人痛心疾首。青少年暴力事件、犯罪事件、吸毒事件、自杀事件、他杀事件等，频繁见诸报端，已成为社会关注的焦点。

青年学生对生命缺少应有的敬畏，缺少对生命的热爱和珍惜，缺乏应知应会的基本生存技能，进而引发了诸多问题，这既是社会的问题，更是教育的问题。说到教育，尤其是大学教育，可谓丰富多彩，千姿百态，包罗万象，难以尽述。但我们也不难发现，在众多的教育中，缺席的恰恰是人的生命教育！虽然相关的教育内容见于校园各处：有轰轰烈烈的大型教育活动，但难有静静的生命心灵对话；有自上而下的理论灌输，但没有与生命契合的体验教育；有保护生命的知识教育，但没有保护生命的基本技能实践教育。直面现实，可以说，当下的高校教育，还难以对青年学生的生命干预形成有效的支撑。

有了生命就有教育，生命的延续和发展离不开教育，对生命的教育随着生命的进化而发展，随着生命的发展而提升。人最宝贵的是生命，那么学校该如何开展青年学生的生命教育？如何培养学生的生命意识？如何提升学生的生存技能？学校教育理应做出回应。

何为生命教育？如何学习生命与生存的知识、技能？如何识别风险并有效应对？青年学生应掌握哪些基本的生存技能？这些都是摆在我们面前的现实问题，需要社会、学校、教育直面并回答。

学校肩负人才培养的使命，高校如何培养人才？培养怎样的人才？这是值得思考的现实问题。20世纪90年代，世界卫生组织在对健康内涵原有的界定基础上，又做了进一步的丰富和补充，认为"健康"是指一个人在躯体、心理、社会适应和道德四个方面皆健全。当今的时代，经济快速发展，社会和谐，人民幸福。人们越来越关注健康、生命质量与生存质量。高校是人才培养的摇篮，在高校开展生命与生存教育，是适应时代与社会的需求，是一种人文素质教育和德育素质教育，可以为大学生健康成长提供支持与帮助。

第二节　生命与生存教育的缺失与诉求

泰戈尔说过："教育的目的应当是向人传递生命的气息。"而现在我们的教育所培养的却是越来越多对书本知识极其关注，而对周围事物视而不见、对人性漠不关心、对生命麻木不仁的"机器人"和"看客"。

教育逐渐深化为工具性教育，谋求的是"何以为生"的本领，而放弃了"为何而生""如何而生"的基本思考。

一、生命之重与生命生存教育之轻

同步案例

据《中国妇女报》报道：我国每年约有 1.6 万名中小学生非正常死亡，相当于每天消失一个班 40 多名学生。《中国青年报》等媒体披露：在 17～34 岁的人群中，自杀已经成为第一死因，而诱因往往并不是生命难以承受之事。自杀者因为一次考试、一句批评、一次失恋等，就用死亡来赌气，威胁亲人、报复他人、逃避挫折、回避生活现实、轻贱生命的现状令人担忧。与此同时，青少年伤害甚至杀害其他生命的事件也屡屡发生。云南大学学生马加爵杀害同学事件，清华大学学生刘海洋硫酸泼熊事件，复旦大学研究生虐杀小猫事件，北京大学铊投毒案、复旦大学投毒案等，案件中那些心灵被扭曲的学生作案手段之残忍，令人触目惊心。

面对层出不穷的校园案件，家长心碎，教师痛心，我们不得不问：我们的教育出了什么问题？我们的教育怎么了？人们不禁要问，这些学生是怎么了？生命教育的缺失成为教育不能承受之重。

二、生命与生存基本的技能令人担忧

相关链接

2009 年 4 月，广东省社会医学研究会心理咨询专业委员会发布了《广东省中小学生灾难自救能力调查报告》，对广东省500名中小学生的调查结果显示，有51.7%的中小学生不了解骨折、被蛇咬伤等紧急情况的救护；有73%的中小学生不懂得正确使用担架；懂得如何进行休克紧急救护的学生只占24.1%；关于溺水、中暑等情况，50%以上的中小学生欠缺这方面的救护知识；69%的受访学生不能正确回答在地震中应如何保护自己；几乎100%的学生不懂得在真正遇上雷击时应如何自救，其结果是一旦遇上雷击，他们只能坐以待毙。调查结果让人们对青少年的生存能力感到担忧。

三、生命与生存教育的指引不到位

相关链接

大学生自杀态度及影响因素分析

世界卫生组织调查结果显示，在青少年死亡原因的前三项主因中，自杀死亡赫然在列。据统计，在我国15～34岁的这一年轻群体的死亡类别中，自杀竟排在首位，其中大学生自杀的现象更为突出。大学生自杀率是同龄人口的2～4倍，且仍有逐年增长的趋势[①]。

此外，青年学生缺乏基本的生存意识与技能，其风险识别与风险规避的常识严重匮乏，几乎没有经过遇险逃生与自救呼救技能的训练，突发意外的时候也常常是束手无策，这也大大增加了伤害事故发生的概率。

我国现有的教育体制注重选拔精英，每一项教育内容和教育环节的设计主要是让一部分人升入更高一级的学校，考试分数几乎成为衡量学生优劣的唯一标准。这使得教育的根本目的——促进人的全面发展，受到极大的制约，使生命教育成为教育的盲点，使得教育脱离了生命的本源。过分强调智育、强调知识而没有教导学生尊重生命、没有引导学生保护生命，结果是学生不懂得关注生命、欣赏生命、尊重生命、呵护生命。

四、学校没有建立生命与生存教育机制

人最宝贵的是生命，生命对每个人来说都只有一次。在校园，当大学生不断出现自残、自杀、伤害他人行为时，当大学生缺乏基本生存常识与生存技能，时常出现险情或伤害事故时，人们自然要审视学校和教育出现的问题。

在中国的教育体系中，在德育教育、安全教育和体育教育课程中，对生命与生存教育有所涉及，但还缺乏系统性的整体上的生命与生存教育，方式上还是以理论灌输为主，缺

---

① 王艳之.大学生自杀态度及影响因素分析［J］.中国学校卫生，2007（8）.

乏生命与生存教育的情景基础，缺乏生命与生存行为的动态生成机制。生存技能实践在学校课程体系中还无法找到落脚点和依附点。由于教育价值取向的偏差，生命与生存教育的缺失，学校对学生的生命与生存教育关注不够，没有建立相应的教育机制，导致学生的生命认知和生命行为观存在短板。

学校如何建立生命与生存教育机制，如何引导学生形成正确的生命与生存价值观，如何使学生学会自我保护，安全、健康地生活，已成为当下重要的课题。

五、生命与生存教育还没有得到应有的重视

人的生命存在，素质的提高和个人发展是教育的出发点、目的和归宿。生命教育是促进学生身心健康成长的必要条件，但目前高校开展生命教育的情况还不容乐观。

由于社会竞争的加剧，现在的教育越来越偏重于知识的传授，受教育者越来越缺乏人文关怀和生命关怀。也就是说，凡与升学和就业无直接关系的内容，学校不主动教，学生也不主动学。功利主义盛行的教育环境，导致青年学生的道德品质、文化素养、人格塑造等出现了不同程度的问题，有些甚至比较严重。

这几年，当我们翻阅报纸、观看电视、打开网络时，我们会发现，每天都有无数个生命远离我们：或因为自然灾害；或突发意外；或因为人为事故；或是自杀或他杀。许多生命之花还未绽放就黯然凋谢，这些极端伤害生命的人间悲剧，让人痛心疾首、扼腕叹息。

在考试教育、升学教育、就业教育盛行的影响下，学校、家庭和社会对生命与生存教育还不够重视。显然，从家庭、学校和社会三个角度看，生命与生存教育存在缺失的现象。

六、高校生命与生存教育的诉求

1. 学生身心健康发展的需要

大学生受教育多年，有一定的生命意识，能够认识生命、珍惜生命、敬畏生命、欣赏生命。但不可否认的是，受社会转型和功利主义思潮的影响，有些学生身心健康意识淡薄，自我保护意识差，部分学生对他人生命表现出淡漠的态度，只重视自我生命，片面强调自我生命的珍贵，不能善待他人生命或自然界其他物种的生命，还有些学生忽视对生存技能的关注和学习，因缺乏生存技能而在事故中身心健康受到伤害。面对学生成长过程中出现的问题，从立德树人、科学发展的视角，学校理应关注学生身心健康发展，重视生命与生存教育。

2. 和谐校园建设的需要

在媒体高度发达的今天，我们不难发现，大学校园中各类危害生命的事件频发，大学生生存知识与能力不足引发的恶性事件也日益成为影响和谐校园建设的突出问题之一，它不仅严重影响着大学生个体身心健康发展，还对家庭、学校和社会的和谐带来了巨大的负面影响。因此，对大学生开展生命与生存教育，既是生存技能的教育，更是生存智慧和生存境界的教育，既是促进学生身心和谐发展的需要，也是对和谐校园与和谐社会建设的

贡献。

3. 学校的使命与责任

显然，大学生的生命与生存教育势在必行，这既是教育的必然要求，也是我国高等教育的性质要求的，更是大学生群体的内在需求。大学是学生校园学习的最后阶段，作为传授知识和技能的主要阵地，学校必须承担关注生命教育，关注学生身心健康成长，焕发学生生命生机的责任与义务。认识和了解生命与生存教育的内涵，构建适应社会发展的高校生命与生存教育体系，已成为当下中国高校的必然选择。

第三节　生命与生存教育的概念与内涵

一、国外的生命教育

美国作为世界公认的教育强国，其对当今和未来的教育危机意识非常强烈。在 20 世纪 20 年代，美国学者就开始探索有关死亡教育的问题。20 世纪 50 年代末至 60 年代初，死亡教育成为教育的一个分支学科，之后发展成为"生命教育"。20 世纪 60 年代，美国学者杰·唐纳·华特士（J. Donald Walters）提出了"迎向生命挑战的教育"（即 education for life，国内也有学者将其直接翻译为"生命教育"），他率先提出和践行了生命教育思想。到 1976 年，美国有 1 500 所中小学开设了生命教育课程。到 20 世纪 90 年代，美国中小学的生命教育基本得到普及。

在 20 世纪 60—70 年代，西方许多国家纷纷效仿美国，在中小学开展生命教育。日本、澳大利亚、英国和德国陆续完成了在基础教育阶段开展生命教育的起步。由于文化背景和社会状况各不相同，这些国家对生命教育的认识和实施必然也各不相同。然而，其对生命教育理念的建构，对生命教育重要性的认同，则是高度一致的。

二、我国生命教育悄然兴起

1. 生命教育在香港

香港早期的生命教育活动主要存在于民间教育机构和宗教组织，它们围绕学生认识自我、肯定自我、实现自我、理解生命、把握生活而开展各类活动。香港宗教教育中心举办了"走出生命迷惑——谈生命教育的意义与实施座谈会"等会议和活动。2002 年香港特别行政区成立了"生命教育中心"，以社区和学校为阵地开展生命教育，香港教育署教师发展处组织开展了"生命教育"主题的教师培训，这些活动推动了香港生命教育活动的开展，社会反响良好。

2. 生命教育在台湾

台湾的生命教育始于 1976 年，由社会民间团队从日本引入。1997 年"台湾省教育厅"成立了"生命教育中心",颁布了学校《生命教育实施计划》。为推动生命教育的全面实施,2000 年台湾成立了"学校生命教育专案小组",并规定 2001 年为"生命教育年"。在这个阶段,台湾学界对生命教育的理论与实践探讨得到加强,这对台湾地区开展生命教育起到重要推动作用。

3. 生命教育在内地

内地的生命教育起步相对较晚。

1997 年华东师范大学叶澜教授从改革传统教育的角度出发,提出了"让课堂焕发出生命活力"观点。2004 年,清华大学开展生命教育主题的拓展训练活动。同年,党中央、国务院针对加强青少年思想道德建设、开展青少年生命教育提出了明确要求,出台了《关于进一步加强和改进未成年人思想道德建设的若干意见》,2019 年发布了《关于进一步发挥五老队伍在加强青少年思想道德建设中的作用的意见》,做出了全面性战略部署,号召要把生命教育作为思想道德建设的重要载体,科学有效地实施生命教育活动,并将生命教育纳入全民素质教育内容中。2005 年,《上海市中小学生生命教育指导纲要(试行)》颁布,强调提升学生的生存能力和生命质量,增加学生在自然和社会中的实践体验,为营造健康和谐的生命环境奠定基础。这也标志着生命教育正式进入中小学。2010 年由教育部颁布的《国家中长期教育改革和发展规划纲要(2010—2020 年)》中则明确提出要"重视生命教育"。2017 年 6 月,教育部颁布的《普通高等学校健康教育指导纲要》提出:"树立安全避险意识,掌握常见突发事件和伤害的应急处置方法,提高自救与互救能力。"这是教育部从生命与生命教育的角度提出的指导性意见。

生命教育萌芽于美国,于 20 世纪 60 年代从西方国家起步,到 80 年代逐渐推广,至 90 年代在台湾地区大规模展开,进入 21 世纪则已成为遍及全球的教学门类。生命教育尽管历史不长,但发展势头迅猛,很快从西方扩展到整个世界的主要国家或地区。我们有理由相信,中国的生命与生存教育将会得到更多的重视和开展。

三、生命教育的概念

在探讨生命教育的内涵时,我们可以查阅到各种释义,生命教育概念总体上有狭义和广义之分。

狭义的"生命教育"指的是对生命本身的关注,包括个人与他人的生命,进而扩展到一切自然生命。

广义的"生命教育"是一种全人教育,它不仅包括对生命的关注,而且还包括对生存能力的培养和生命价值的提升。它是以"人"为中心,做横的延伸,纵的连贯,透过"知、情、意、行"的整合,达到"认识生命、欣赏生命、尊重生命、爱惜生命"的目的。

生命与生存教育不仅让我们学习生存技能,更要学习一种生活智慧,达到一种生存境界。由生机、生存,到生活、生义,从低到高,不断探索追求,从中感受喜怒哀乐的情绪情感;感悟生命的大义,反思生命的价值,避免生命随意伤害;保护生命安全,逐步把命运掌握在自己手中。

四、大学生生命与生存教育的内涵

大学生处在人生的关键时期，他们具有自己的特点和需求，其生命存在于自然、精神和社会三个领域。因此，开展大学生生命与生存教育的内涵应包括：

1. 生命知识与生存技能教育

一方面在了解生命特征的基础上，引导学生发现生命的真谛，探求什么是人，什么是人性，解决"人为什么活"的问题。另一方面是针对生存技能的培养，让学生掌握生存的基本技能，懂得风险的识别与应对方法，解决"人怎样活着"的问题。从生命知识与生存技能两个角度，提升学生呵护生命的能力。

2. 生命与生存关系教育

教育引导学生处理好人与人、人与社会、人与自然的关系，以大生命观作为一种世界观和方法论，关注所有生命的价值，处理好各种生命的关系。

3. 生命与生存价值教育

从身体、精神和社会三个角度，认识生命与生存的价值，并加以教育和提升。建立生命与生存价值教育"三位一体"的整体观。

大学生生命与生存教育的内涵涉及"知识与技能""关系"和"价值"三方面，看似可以独立存在于某种教育活动中，其中任何一个方面似乎也可以称为大学生的生命教育，但是，我们须知，在不同的教育活动中，其重点和中心是不一致的，任何单方面的教育虽然也是一种教育活动，但它不能构成完整意义上的生命教育。唯有这三方面内容的融合统一，共同体现于生命教育中，才能称得上是完整科学的生命教育活动。

因此，青年学生对生命教育的认识和行动，也同样要有一个系统的整体观，需要从生命知识与生存技能、生命与生存关系、生命与生存价值三个维度，系统完整地去思考、去学习、去感知、去升华。

五、高校生命与生存教育的目标与实施路径

高校生命与生存教育的目标是唤醒学生生命与生存的意识，让学生思考探索生命与生存的意义，欣赏生命与生存的美好，感悟生命与生存的艰辛，掌握生命与生存技能，实现生命与生存的和谐，保护生命的健康。

无论是广义的概念还是狭义的概念，都可以将生命教育归结为两大层面，第一个层面是生命意识教育，第二个层面是生命行为教育。

生命意识教育：主要强调透过"知、情、意、行"的融合，达到"认识生命、欣赏生命、尊重生命、爱惜生命"的目的。以此省思生命的大义，唤醒生命的意识，提升生命的情怀。

生命行为教育：主要强调在生机、生活、生存的探索与追求中，提升生命能力，透过生存技能的学习，操练和掌握基本的生存技能，能够识别风险与保护生命安全，把生命掌握在自己的手中。

虽然将生命教育划分为生命意识与生命行为两个教育实施层面，但事实上这两个层面并不是割裂或单独存在的，它们经常是我中有你，你中有我，是能够相互转化促进的。

知识点小结

◇高校开展生命与生存教育是学生身心健康发展的需要，是和谐校园建设的需要，同时也是学校的使命与责任。

◇高校生命与生存教育的内涵包括：生命知识与生存技能教育；生命与生存关系教育；生命与生存价值教育。

◇高校生命与生存教育实施的路径主要有：生命意识教育；生命行为教育。

第二章

野外活动着装与装备

学习目标

理论目标：了解野外活动的着装和野外装备的知识。

实践目标：掌握野外活动的正确着装和野外装备的选用。

导入案例

西安石油大学学生太白山失踪一月仍未找到　进山未带补给[①]

2018 年 5 月 2 日中午，一名徒步穿越太白山鳌太线的北京大学研究生杨某，在失联 3 天后被安全找到。4 月 28 日下午，他与两名同学从太白山游客中心买票上山。29 日下午独自探路时，与队友失联，走时仅背着帐篷及两天的口粮。

杨某失联 3 天后被找到的同时，太白山上又传来西安石油大学学生邓某，在 5 月 1 日下午进山失联的消息。当时邓某身穿短袖，没有携带任何食品补给或帐篷。

穿越"鳌太线"热潮下的绝命之旅[②]

2017 年 5 月，在海拔 3 500 米的秦岭太白山"鳌太线"，云南一驴友团队在无人区内遇到暴风雪，三死一伤。

5 月 9 日下午 4 点，被积雪覆盖的杨某遗体露了出来，她是"5·4"穿越鳌太线驴友遇难事件中最后被找到的失踪者。她侧身躺着，空荡荡的登山包在脚边，身体半裹在睡袋里，双手乌青，身后帐篷已经打开但没有支起来，2 米外是其打开的腰包和手杖。

事实上，这个 8 人的团队从一开始就没有人意识到此行的凶险。杨某的丈夫回忆妻子出发前的乐观，"她之前说是和驴友一起去穿越太白山无人区，我以为无人区就是没有人住的地方，和以前一样没多想"。

一个细节是，杨某出发的时候登山包里的食品只有 6 个苹果、饼干等小零食。

救援人员现场惋惜道："只要及时下撤 50 至 100 米，在装备充足的条件下，迅速补给能量，人就能多一线生机。"

第一节　野外活动着装

现代社会，人们喜欢通过着装来体现自己的个性，但是参加野外活动时的着装不能仅凭个人喜好，更要考虑其实用性。野外活动的着装要起到保暖、保护等作用，应遵循宽松、舒适、耐磨的基本原则。在参加野外活动前，应根据活动的性质、外出的天数、气候特征以及个人因素等确定着装和携带量。

---

① 西安石油大学学生太白山失踪一月仍未找到　进山未带补给［EB/OL］．（2018 - 05 - 28）．http：// news. hsw. cn/system/2018/0528/991579. shtml.

② 穿越"鳌太线"热潮下的绝命之旅［EB/OL］．（2017 - 05 - 17）．http：//epaper. bjnews. com. cn/html/2017 - 05/17/content_681920. htm？div = -1.

一、衣服

选择野外活动的衣服要重视其功能，包括防风性、防水性、保暖性、透气性、舒适性和耐磨性等。即使是盛夏也应尽量减少皮肤的裸露，因为无论是野外的虫子，还是各种带刺的植物都可能会伤害皮肤。同时，还要注意各种天气的变化以及各项野外活动的实际需求。可采用三层着装原则：第一层：排汗层；第二层：保温层；第三层：防水防风层。（如图2-1）

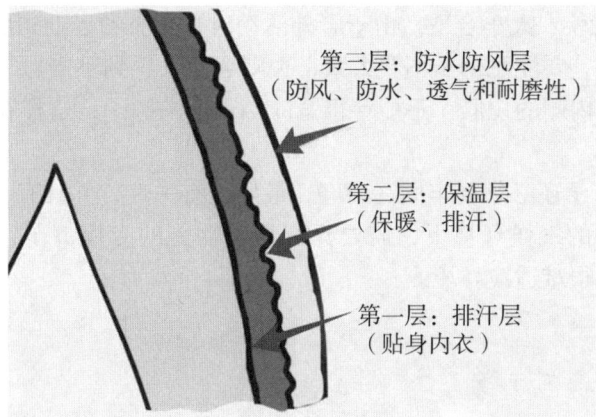

第三层：防水防风层
（防风、防水、透气和耐磨性）

第二层：保温层
（保暖、排汗）

第一层：排汗层
（贴身内衣）

图2-1　三层着装原则

1. 排汗层

排汗层主要的作用是贴近皮肤，使皮肤上的汗气快速进入服装纤维，吸收、扩散、干燥。选择排汗层内衣要关注两个方面：

（1）选择柔软的合成纤维材料制成的内衣，不要选择纯棉、毛制的内衣，因为纯棉质或毛制的内衣吸汗后会变湿，并且难干，会导致内衣的保暖性降低。

（2）选择具有伸缩性的贴身内衣，在野外很多人将速干衣直接当作排汗内衣来穿，这是不恰当的，二者实际是不能通用的，因为速干衣相对宽松不贴身，无法完全贴合皮肤，从而导致汗水在皮肤表面蒸发，这会带走身体的大量热量。

2. 保温层

保温层除了具有保暖功能，还具有排汗功能。保暖功能应该从保暖和排汗两个方面评估，行走的时候需要良好的排汗功能以确保在活动的时候不被汗水打湿，而停下来又需要保暖功能确保身体热量不散失，因此保温层应兼顾保暖和排汗功能。

保温层衣物的材料：抓绒材料的衣物突出保暖兼顾排汗，适合运动的保暖；棉和羽绒材料的衣物保暖功能较好，但不利于排汗，更适合用于静态的保暖。

3. 防水防风层

野外使用的外衣，要同时具有防风性、防水性、透气性和耐磨性。目前野外活动最常选用的外衣是冲锋衣，它由特殊的防水透气材料制成，同时具有防水与透气功能。外衣颜色建议不要选择橄榄色、伪装色、绿色等接近大自然的颜色，因为一旦出现紧急情况，会给营救人员的搜救带来难度。另外，可选择多口袋的衣服，方便装地图、指南针等用品。

户外三层着装原则并不是要求只穿三层，它只是一个概念，我们可以根据需求在中间层增加衣物。

二、裤子

在野外行走时下肢的运动量大于躯干，一般情况下，只要人的躯干保持正常的温度，裤子薄或者厚一些也不会有太大的影响。选择野外活动的裤子需注意以下两个方面：

（1）注意材料柔软、大小合适。由于野外活动时，下肢的运动幅度比较大，应确保做各种动作时不受限制，要注意裤子不要太紧，否则会使人感到不舒服或不便运动，严重时还会磨伤裆部、大腿内侧的皮肤。不能穿很紧或裆很低的裤子，这样在行走和跨越时很不方便。

（2）野外穿的裤子还必须要牢固、耐磨，最好能有弹性，并具有一定的耐脏性。如果在特殊的地区和恶劣的气候环境下，需要具有特殊功能的专用裤子，比如沙漠裤、山地裤、冲锋裤等，否则很难适应环境。

三、鞋

在野外，脚要承担着人体和背包的重量，进行长时间的行走。为保护脚不受伤，最好的方法是选择一双好鞋子。野外用鞋种类多，如登山鞋、溯溪鞋、攀岩鞋、沙漠鞋、雪地鞋等。鞋子的选择要根据每次活动的内容、性质等具体情况而定。皮鞋、高跟鞋、塑料鞋或暴露脚面和脚趾的鞋都不宜穿。一般野外活动中，使用最普遍的是登山鞋，根据登山鞋的特征可遵循以下选鞋原则：

（1）尽量不穿新鞋子去野外。俗话说"鞋子舒不舒服，只有脚知道"，新鞋没有经过磨合，不知道它是否合脚和舒适。新鞋子一定要在出发前穿一段时间，让脚和鞋子磨合一阵，觉得穿着合脚、舒适才能穿到野外。

（2）穿有鞋带的鞋子。因为鞋带可以根据行走的时间、路况来随时调整鞋子的松紧度，以达到最适合自己的状态，还可以有效地防止鞋子脱落。

（3）鞋子要稍微大一些。野外活动一般会穿 1~2 双厚袜子，而且连续行走后，脚会出现胀大，所以最好选择比平时穿的大半码或者一码的鞋子。购买登山鞋的时候建议亲自去试穿，最好能穿厚袜子去试鞋，在鞋带没有系紧的情况下，脚尖前顶，用两根手指插入鞋后跟，能插到底表示大小合适。

（4）鞋底要有防滑纹。尽量选择鞋底有防滑纹的鞋子，通过防滑纹加大鞋子与地面的摩擦力，可避免在草地、潮湿的石头或地面滑倒。

（5）选择中高帮鞋。选用中高帮鞋，能在行走时有效地防止小石头、沙子以及灰尘等进入鞋内，而且中高帮鞋鞋帮硬朗，有固定的内板起支撑保护作用，不易扭伤脚踝。

（6）鞋底要适度偏硬。太软的鞋底容易被尖锐物戳穿，太硬的则不适合长时间行走，应该选择底部中性偏硬为宜。同时还要注意鞋底不能过窄，否则很容易在走路时扭伤脚踝。

（7）注意防水性和透气性。目前市面上常见的登山鞋面料，主要是纯皮或者纺织面料和小块皮相结合。整皮的防水性好，但相对透气性差，纺织面料则正好相反。要根据活动的环境来选择防水和透气的鞋。

通常情况下，简单的路面和短途行走选择相对柔软透气的轻装徒步鞋；相对比较复杂的地形，可以选择鞋底较厚硬的重装徒步鞋，它适合大多数地形。

四、袜子

在野外穿袜子应遵循以下原则：

（1）穿着棉袜子。棉袜子有较好的吸汗作用，还有保暖的功能，而且可以弥补脚与鞋之间存在的间隙，有效地防止鞋对脚的摩擦。即使是很热的天气，也可以穿厚袜子，甚至可以同时穿两双，因为薄袜子不能完全吸收脚汗，时间长了脚会被汗水泡坏，还会滋生细菌。尼龙材料的袜子在野外出汗后容易打滑，不建议穿着。

（2）不穿新袜子。到野外去应穿平时穿过的合适的袜子，这和不要穿新鞋的道理是一样的。

（3）袜子的大小要合适。袜子太小、太紧会影响血液循环，容易使脚疲劳；太大则会滑落形成堆积，行走时不方便，容易让脚形成水泡。

（4）袜腰要高。袜腰要高出脚底 20～30 厘米，必要时可以将裤脚塞进袜腰里，以防蚊虫、山蚂蟥等叮咬或植物割伤。

（5）袜子要保持干爽。如果长时间行走不换袜子，湿透的袜子可能会在休息时变得僵硬，在行走时容易把脚皮磨破。换下的袜子要及时地清洗并晒干，若因为连续行走不方便，可以用夹子将其夹住，挂在背包上边走边晒干。

五、手套

户外手套看上去虽然不是什么重要装备，但在野外活动中，其作用不容小觑。在寒冷的天气里，它能起到保暖作用，双手的保暖与舒适直接决定了人体的舒适。此外，在野外活动中，需要靠手撑握登山杖、攀爬丛林、岩石和滑动雪杖等，运动量较大的情况下，手部会产生汗液，导致抓握力下降，进而影响户外活动的安全，所以一双防水、透湿性强、抓附力强、手指灵活且保暖性能良好的手套显得非常必要。

户外手套的选择技巧：

（1）防水、透湿。一款面料质量好的户外手套，肯定具有防水、透湿等功能，它能够始终保持手套表里的干爽。

（2）织物面料。采用织物面料的户外手套，能有效地增加摩擦力和附着力，达到防滑的效果。此外，采用织物面料的户外手套符合人体工学的手指部弯曲设计，大大增强了手指的灵活性。但棉纤维干燥比很低，因此，在野外活动中不建议使用纯棉手套。

（3）有扣件和挂绳。为了适应户外活动的特性，户外手套应该在腕部设计有扣件和挂绳，既方便手套的脱、戴，也能降低手套遗失的概率。

（4）有弹性收紧设计，使用专业防水拉链。有弹性收紧设计和使用专业防水拉链的户外手套，能够防止异物和雪粒进入手套，也大大增强手套的防风保暖性能。

除了上述建议，还应结合实际用途来选择最合适的手套。

六、帽子

帽子在野外主要起到保温、防风和防晒的作用。因而在野外活动着装中，帽子是重要的组成部分。

（1）在寒冷的冬天，选择帽子应重点考虑其保温效果，可以选择帽体能够拉下来遮住耳朵或者是脖子的帽子。

（2）在炎热的夏天，则主要考虑其防止热辐射、防晒的作用。无论是在夏天还是在冬天，选择帽子的时候都要考虑其防水性。

七、其他

1. 魔术头巾

魔术头巾有多种使用方式：可以缠绕在手腕，充当擦汗巾；可以围在脖子，用于防寒；可以蒙住脸部，当作简易口罩，还具有防晒、保暖的作用；还可以戴于额头位置，在佩戴头盔的时候起到吸汗、保暖作用；在特殊情况下，还能成为救护用品，把两条头巾叠套，可以用于固定受伤的胳膊，防止二次伤害（如图2-2）。

2. 眼镜

野外活动的种类丰富多样，有极限单车、户外登山、慢跑、滑雪、野营等运动，针对不同的运动，运动眼镜的功能需求也不同。运动安全防护眼镜适用激烈的极限运动，既舒适、美观又具备保护双眼的功效；防风镜适用于长时间的野外

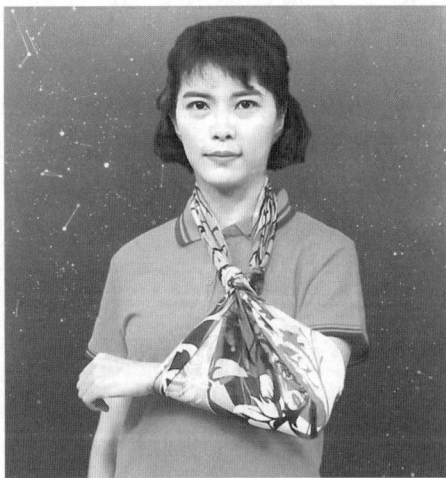

图2-2　魔术头巾用于固定受伤手臂

运动，尤其是在风沙较强的地区活动；在强烈和长时间的阳光照射下的运动，需要戴偏光运动眼镜。高山上的雪经过阳光的反射特别强烈时，会损害视网膜，登山时需要佩戴遮光镜保护眼睛，以防出现雪盲症状。

第二节　野外活动装备

据专家调查分析，装备准备不足是户外事故频发的一大原因。对于没有什么野外活动经验的人来说，是否携带适宜的装备、选择合理的物品，会直接影响野外活动的成败。

一、背包

背包是野外活动中最为重要的装备之一，一款适合自己的背包不仅能提高野外活动的便利程度，还能减少辛劳。

1. 背包的选择

（1）根据背包的用途选择背包的类型：目前市场上背包种类繁多，登山包、越野包、攀岩包等，大多数背包的标牌上都会注明用途，可根据活动内容和性质来选择不同功能的背包。

（2）根据装载物品的数量选择背包的容积：一天的活动可以选择 20～30 升的小背包；多日的活动可以选择 40～70 升的大背包；60～70 升的背包在野外活动中最常使用。

（3）根据身材选用背负系统的尺码：野外用包要选择有背负系统的内架包或外架包。出色的背负系统，能减少行动的体力消耗，使人们能进行长距离的负重徒步。大多数厂商对不同的躯干长度适合怎样的背负系统提供了准确的建议，可根据自身背长，选择适合自己体型的背包。

（4）不可忽视面料的质量和设计细节：选择背包面料时主要考虑是否耐磨、防撕裂、防水等。同时，注意观察外挂系统、腰带、拉链等设计细节。

2. 背包的装填原则

（1）"重上轻下"原则。较重的物品置于背包的中上部，体积大、质量轻的物品放在最底部。把较轻的睡袋放在最底部，然后是衣物，中上部是较重的餐具、炉具和食物，顶部放入帐篷，最后把当天要使用的物品，例如帽子、雨衣、中途要添加的衣物等塞在最上部的空隙中。主包的装填整体是上面重、下面轻。但是当人们处于山地丛林等较为复杂的地形时，应将背包重心移到中部，可以把帐篷调整到中间位置。

（2）"两边平衡"原则。中途随时要用的小物品可以放在顶包，例如相机、头灯、纸巾等；徒步过程需要的物品，例如药品、饮用水、高热量食品可以放在两边侧袋，防潮垫等较轻物品可以外挂至背包底部或者侧面。注意整体要保持左右物品重量相仿。

（3）"物品分类"原则。使用物品分类袋。将零散物品、同类物品或同时使用的物品放在同一袋中以方便取用。

（4）"定点放置"原则。养成定点放置物品的习惯。这样不但整理起来较快，而且在夜晚也便于在背包中摸出需要的东西。坚硬物品不要放在贴背部位，不仅影响背包时的舒适度，跌倒时甚至会伤到背部。

3. 背包的调节

（1）调节背负系统。将背垫与背负支架打开，上下调节背负高度以适应不同的躯干长度。

（2）背起背包。双手拉住肩带，将包提至膝盖上，一手穿入肩带，一手托住底部，另一只手臂也穿过肩带，将背包背起。

（3）背包调节。调节背包时的顺序：腰带—肩带—重心调节带—胸带。

腰带：把腰带系紧，腰带中间卡在胯骨上，使背包的整体重量落在胯骨上。

肩带：调整肩带，使背包重心转移到肩上，肩带轻轻贴在肩上。

重心调节带：调节重心调节带，可以使背包再次贴合人体的背部。双手拉紧重心调节带，使重心调节带的方向和水平方向呈25度至40度。（如图2-3）

胸带：胸带不需要太紧，既不让人感觉到胸闷，又使背包不左右摇晃即可。

把背包调整到最合适的位置，最后检查头部的视线，确保抬头望而不会碰到背包顶部。

图2-3　重心调节带调节

二、帐篷

1. 帐篷的分类

（1）按季节：分为夏季帐、三季帐、四季帐、高山帐。

（2）按人数：分为单人帐、双人帐、三人帐、家庭帐。

（3）按支撑方式：分为内挂式和外拔式。

2. 帐篷的选择

从活动的性质选择帐篷，如果攀登雪山，选择高山帐（如图2-4）；如果自驾游或者到公园野营，选择舒适空间大的帐篷；如果追求轻量化，选择单人的隧道帐（如图2-5）或金字塔帐（如图2-6）。一般的野外活动，对于大多数人来说，双人外拔式的帐篷是最好的选择（如图2-7）。

图2-4　高山帐

图2-5　隧道帐

图2-6　金字塔帐

图2-7　双人外披式帐篷

选择帐篷的四个要素：

（1）重量：如果是自驾野游，可以选择比较重的帐篷；如果是长时间徒步，需要选择一款合适的轻量帐篷，一般双人野营帐篷重2.5公斤左右，两个人背比较合适。

（2）空间：考虑帐篷空间是否足够，最好选择带门棚、尺码稍大的帐篷，因为帐篷不仅要住人，还要放置背包等物品。

（3）防水透气性：最好选择双层结构的帐篷，内帐要求透气性好，外帐和底帐要求防水性能佳，防水指数800毫米的可以防小到中雨，1 000~1 200毫米的可以防中到大雨；如果是在多雨季节出游，建议选择外帐防水指数1 500毫米以上、帐底防水指数超过3 000毫米的帐篷。

（4）配件和细节：例如帐杆，铝合金杆重量较轻，韧性也较好；防风绳，注意强度和长度是否足够；还有帐篷的颜色，一般选择比较鲜艳的橘红、鲜绿等颜色。

3. 帐篷维护和保养

帐篷的维护、清理和保养关系到帐篷的使用寿命，在使用帐篷时和活动结束后应注意以下事项：

（1）携带：把地钉和帐布分开携带，防止地钉刮花或戳破帐布。

（2）使用：下雨天使用帐篷时，应脱了雨衣与湿衣服进入帐篷，保持帐篷内部干燥；避免穿鞋进入帐篷，因为鞋底的烂泥或小石粒会污染与磨损内帐底层；避免在帐篷内使用明火或炊事，帐篷对火的抵抗力是最弱的。

（3）清理：存放前，须清理帐篷底面，擦净泥沙；如发现有污迹等，可用清水轻微擦洗，不可以用洗衣机清洗，也不宜用洗涤用品清洗，这会破坏帐篷的防水性能。仔细检查帐篷附件及完好程度。

（4）收纳：收帐篷时要不规则地折叠，因为帐篷使用次数越多，规律整齐的折叠会使折痕硬化，出现瓦解裂口；使用过的帐篷，无论是否遇到雨水天气，都要晾干。即使连续阴雨，也要取出来擦拭、晾干。平常尽量放置在通风处，不要密封，确保帐篷不会发霉。

三、睡袋

(一) 睡袋分类

1. 按形状分类

(1)"信封"式:形状为长方形,拉链呈"L"形,可完全打开。使用便捷,可以打开当被子使用,也可以连接成双人睡袋,但其保温性相对较差。(如图2-8)

(2)"木乃伊"式:外形按人体结构设计,与人体的形状相符合,上宽下窄,拉链通常为半开,也有的设计为全开式,保温性能相对较好。(如图2-9)

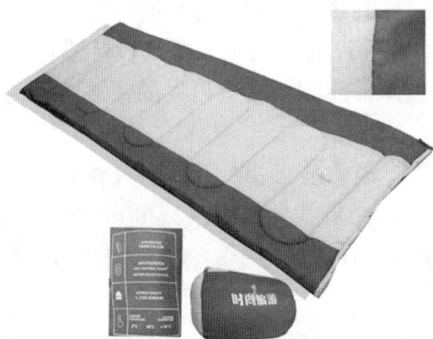

图2-8 "信封"式睡袋　　　　图2-9 "木乃伊"式睡袋

2. 按用途分类

(1)普通睡袋:制作材料通常是人造棉或羽绒,整体较轻薄,适用于春、夏、秋三季。

(2)专业睡袋:在设计和材料上都非常考究,价格也相对较高,适用于气温较低的野外或高海拔地区。专业睡袋全部都按照"木乃伊"式制作。

(二) 睡袋选择

睡袋种类繁多,在选择的时候要结合营地的气候和温度,选择轻便、温暖、易挤压的睡袋,睡袋的面料,还要有一定的防水性和透气性。选择睡袋时应结合个人的实际,考虑以下几点因素:

(1)结构合理。寒冷低温天气,选择包裹头部的睡袋,且头部位置附有拉绳设计,能有效防止热气由头部散发。有些睡袋设计有隔离领,可保暖肩部;有些睡袋于胸或脚等重要部位有隔离层,可加强保暖。

(2)"温标"选择。睡袋温标指的是睡袋的舒适温度、最低极限温度和最高温度,一般睡袋都会有"温标"标识。睡袋的选择最关键在于根据使用的环境和自身的耐寒度选择合适的温标。天气炎热的时候选用抓绒睡袋,气温稍低可以选用棉睡袋,寒冷季节选择羽绒睡袋。通常情况下,在春、夏、秋三季的中低海拔,普通的中空棉睡袋足以胜任;在寒冷低温的冬季，可以把抓绒睡袋和羽绒睡袋结合使用，从而增强保暖性。

（3）材料和性能的选择。睡袋的面料要选择具有一定防水性和透气性的面料，防止露水影响其保暖效果，同时，透气性能散发人体睡眠时产生的水分，增加舒适度。

根据睡袋填充物的不同，一般分为棉睡袋和羽绒睡袋，棉睡袋的填充物是合成纤维棉，其最大的优点是受潮后仍能维持一定的蓬松度，可迅速干燥，价格也比较低廉。缺点是较重、不易压缩、体积较大。羽绒睡袋与棉睡袋相比较更保暖、轻便且易压缩。选择羽绒睡袋可注意两个参数：蓬松度和填充量。蓬松度越好，睡袋的保暖性能越好；填充量是指填充的绒的重量，充绒越多耐受低温性能越好，价格也相应越高。羽绒睡袋的缺点是一旦湿了便会丧失保暖功能，不适合在下雨或潮湿的环境使用。

四、防潮垫

1. 防潮垫的作用

（1）防潮隔热功能。帐篷底面的防潮隔热效果比较差，野外露营时，应在身体与帐篷底面之间用防潮垫相隔，增强保暖效果。而且野外夜间地面会潮湿，防潮垫可起到隔潮的作用。

（2）缓冲的作用。野外露营时很难找到一块平整的地方，使用防潮垫，能舒缓地面的不平坦，提升睡眠舒适感。

2. 防潮垫的分类

（1）气垫。充气防潮垫又叫气床，早期它被当作水上漂浮垫而使用。这种用棉布刮胶面料制作的气床，具有较好的防潮性和舒适性，但由于体积较大、重量较重，并且充气、排气麻烦，收纳起来比较费力，价格也比较高，在野外活动中不常用。

（2）泡沫型防潮垫。泡沫类型的防潮垫有多种款式，有开放气室式、封闭气室式。开放气室式防潮垫的特点是舒适度较好，重量轻，价钱便宜，但是会吸水，体积大，不容易压缩，使用寿命较短。封闭气室式防潮垫的特点是闭孔、不吸水，价钱便宜，不可压缩、无法拆解。建议选用 xpe 材料的防潮垫，质量较轻，弹性较好，环保无毒，保温效果也比较好。此外，表面为六边形、蛋槽式、银搓板式的防潮垫比普通表面平整的防潮垫更防潮和保温。

（3）自充气式。内部是开放式发泡防潮垫，外层再加上组织紧密、防水性佳的尼龙布，其舒适性高，隔绝性好，但是价钱昂贵，容易被刺破或撕裂，重量较重。

五、炊具、刀具、灯具

（一）炊具

在野外条件允许的情况下，大多数是采用挖灶拾柴做饭的方法来解决野外吃饭的问题。但是遇到刮风、下雨等恶劣的天气，传统的挖灶烧柴做饭无法进行。如果必须要携带炊具，可以考虑以下因素：

（1）不是必要的炊具不要带。炉头选择重量轻、体积小、携带方便的。炊具选择易清洗、不易生锈的。

（2）选择燃烧效率好的燃料。携带的燃料越少，所负担的行李重量就越轻。要注意的是不同的海拔高度适用不同类型的炊具和燃料。有些类型的炊具比较适合高海拔环境下操作；有些瓦斯炉使用的燃料在低温环境下效率会降低，甚至无法使用。

（二）刀具

在野外活动，刀具是十分重要的工具，许多工作都需要刀具来帮忙。在紧急求生时一把刀就是无价之宝，有经验的探险家总会随身携带它。

1. 刀具的分类

（1）生存型刀具：用于野外狩猎、筑营、生活辅助等。生存型刀具的重量要大一些，刀长在25～40厘米，刀身与手柄要连为一体，采用固定式结构，能保持硬度和强度。

（2）自卫型刀具：自卫用的刀具针对的目标是人或兽，主要用于防身。这类刀具比较尖锐，有较强的穿透力；重量较小，有较强的隐蔽性；而且还有良好的实用性。

（3）工具型刀具：这类刀具中主要包括钳子、小刀、木锯、金属锉、螺丝刀、剪刀、开罐器、放大镜等。

2. 刀具的选择

在户外，要根据不同的户外活动和个人角色来选择不同的刀具。如果只是随团进行一般难度的登山、野营，可以选择大点的折刀或瑞士军刀；如果担任领队、先锋队员、小组长，或是参加多日穿越、新线探勘，尤其在荒僻山路或不可预知环境，应携带大型直刀。记得要保持刀锋锐利，以便随时可用，但不要随便用或误用，千万不要将刀口往树上或地下扔。保持刀锋清洁，如果长时间不用，应擦油后放回刀鞘保存。

（三）灯具

（1）小型手电筒：最常备的个人照明工具，选择小型强光手电筒，在危急的情况下还能用于向外界发出求救信号。

（2）头灯：能满足个人照明需求，还可以在黑暗中解放双手。

（3）小型燃气灯：如果是一个小型团队，可以选择一款小型燃气灯，它的照明强度高，适用于人数不多的团队。

（4）营地灯：如果是人数较多的自驾野营团队，可以选择照亮面积较大的营地灯。

六、通信设备

在不同的环境，选择不同的通信工具。

（1）信号覆盖较好的野外：建议使用具有防尘、防震、防水功能的三防手机。

（2）没有信号的地方：最有效的是对讲机，对讲机用于野外活动中队员之间的通信，且不需要任何通信费用。

（3）GPS全球定位仪：有多种优点，全天候，不受任何天气的影响；全球覆盖（高达 98％）；定位精度高；快速、省时、高效率；应用广泛、多功能；可移动定位；GPS 有经过路线的轨迹记录，在野外迷路时，可根据记录返回原处，并且在需要救援时可以准确地提供路线和方位。

（4）北斗卫星定位仪：北斗卫星定位仪连接我国自主研发组网的卫星定位系统，除了具有 GPS 定位仪的所有功能外，还有编发短信功能，这在遇险求救时很重要。

七、救生包

在野外活动时准备几项关键小物品，在遇上如迷路、掉队、轻伤、延迟归来等意外事件时能用于求生。将这些物品放在密封的小盒里，制作成为救生包。救生包建议有以下物品：

（1）急救药物：药品、蝴蝶结、外科手术刀片。

（2）求生工具：火柴、蜡烛、打火石、放大镜、针线、鱼钩、小型指南针、线锯、避孕套（可当作储水袋）等。

（3）应急食物：糖果、盐。

（4）救生卡：写上姓名、身份证号码、性别、血型、身高、体重、紧急联系人、个人病史等信息，方便救援人员找到时能识别身份，进行快速有效的施救。

应定期检查救生包，一旦发现不能使用的物品，应及时更换。

知识点小结

◇选择野外活动的衣服要重视其性能，包括防风性、防水性、保暖性、透气性、舒适性和耐磨性等。

◇野外活动选鞋原则：不穿新鞋子去野外、穿有鞋带的鞋子、鞋子要稍微大一些、鞋底要有防滑纹、选择中高帮鞋、鞋底要适度偏硬、注意防水和透气性。

◇在野外穿袜子要注意：穿棉袜子、避免穿新袜子、袜子的大小要合适、袜腰要高、袜子要保持干爽。

◇户外手套的选择技巧：选择防水、透湿性强的织物面料，有扣件和挂绳，有弹性收紧设计和专业防水拉链。

◇野外活动的背包选择：根据用途选择背包的类型，根据装载物品的数量选择背包的容积，根据身材选用背负系统的尺码，不可忽视面料的质量和设计细节。

◇背包的装填原则："重上轻下""两边平衡""物品分类""定点放置"。

◇背包的调节顺序：腰带—肩带—重心调节带—胸带。

◇帐篷的选择：关注重量、关注空间、关注防水透气性、关注配件和细节。

◇睡袋的选择：结合营地的气候和温度，选择轻便、温暖、易挤压，有一定的防水性和透气性的睡袋。

第三章

野外行走的方法

学习目标

理论目标：学会辨别方向，知晓野外迷路的处理方法，了解野外徒步和涉水的方法。

实践目标：懂得过河的两种保护方法，掌握两种野外辨别方向的方法。

导入案例

<hr/>

四游客贪玩迷路被困山顶　警民及时救援解危机①

2020 年 1 月 12 日晚，四名游客到鲁山游玩时迷路后被困山顶，其中还有一名儿童。接到救援电话之后，沂源县公安局民警协同城际救援队组成十人救援队伍，历时近四个小时、跨越几十里山路展开救援。

当日 19 时许，沂源县公安局南鲁山派出所接到群众求助报警称：其朋友四人到鲁山游玩不慎迷路，而且四人中还有一名是儿童。因天色渐黑，山路滑，体力透支被困山顶，请求民警救援。接到报警后，民警立即电话联系被困群众，询问情况，听着被困游客略带哭腔的求救，民警心急如焚。民警一边安抚被困群众情绪，一边部署人员开展救援。

民警提醒广大驴友，徒步旅行一定要找熟悉路况的专业导游带领，切勿自行随意走动，以免发生危险。

第一节　野外迷路的应对方法

在频发的野外活动意外事件中，迷路引发的安全事故占据很大比例。掌握野外方向的辨别方法，正确处理迷路情况，是野外活动必须具备的基本常识和技能。

一、野外方向辨别

只有知道如何辨别方位，才能往正确的方向前进。在野外，有以下几种常用的辨别方向方法。如果你的手机还能正常工作，那它是最便捷有效的工具，因为现在大多智能手机都具有导航、轨迹记录、指北针等多种功能。可以利用这些工具，寻找到正确的路线。如果手机这些功能无法使用，还可以依靠其他工具和经验来确定方向，帮助我们"迷途知返"。

1. 利用指北针

利用指北针辨别方向是十分简便快捷的，当指北针的磁针静止后，其 N 端所指的方向就是北方。在使用过程中要注意：尽量保持指北针水平；不要距离铁、磁性物质太近；不要错将磁针的 S 端当作北方，造成 180°的方向误判。

如果我们没有携带指北针，还可以通过观察自然现象来判断正确方位。

<hr/>

① 徐凤超 等. 游客贪玩迷路困山顶　警民及时救援解危机［EB/OL］.（2020 - 01 - 13）. http：//zibo. sdchina. com/show/4477740. html.

2. 利用太阳

利用太阳来辨别方向有很多种方法，比较常用的有三种。

第一种方法是根据太阳东升西落来辨别。太阳从东边升起从西边落下是我们最基本的常识，但要注意的是：冬天，日出或日落的位置都是偏南的，日出是东偏南，日落是西偏南；在夏天则相反，是偏北，日出是东偏北，日落是西偏北；而在春分、秋分前后，日出是正东，日落是正西。

第二种方法是利用太阳来辨别，又叫"立竿见影"。在一块平地上，插一根垂直树枝，我们在树枝影子的顶端放一块石头作为标记，大约15分钟后，再用石头标记树干顶端新的投影位置。把两块石头连接起来，这条直线所代表的方向就是东西方向，首先标出的石头所在的方位就是西方，与这条直线垂直的方向就是南北方向。

第三种方法是利用太阳与时表判定。上午9时至下午4时之间，按下面这句话去做，就能较快地辨别出大概的方向："时数折半对太阳，12指的是北方。"如在上午9时，应以4时30分的位置对向太阳；如在下午2时40分，则应以7时20分的位置对向太阳，此时"12"指的方向即为北方。为提高判定的准确性，可

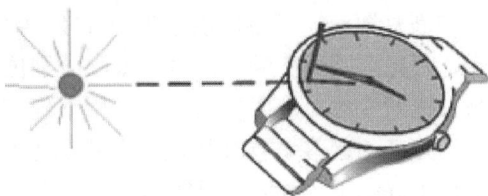

图3-1　手表看方向

在"时数折半"的位置上竖一枚细针或一根草棍，并使其阴影通过表盘中心（如图3-1）。需要注意的是：

（1）"时数"是按一日24小时而言的，例如下午1时，就是13时。

（2）在判定方向时，时表应平置（表面向上）。

（3）此方法在南、北纬度20°30′之间地区的中午前后不宜使用。

（4）要注意时差的问题。即要采用以标准时的经线为准，每向东15°加1小时，每向西15°减1小时的方法将标准时间换算为当地时间。

（5）这种方法的使用前提是有阳光。

3. 利用植物

如果阴天没有阳光，我们还可以观察植物得出有关南北方向的信息。植物一般是趋向阳光生长，树木通常朝南的一侧枝叶茂盛，色泽鲜艳，树皮光滑，向北的一侧则相反。同时，朝北一侧的树干上可能生有青苔。

4. 夜间利用星体

（1）利用北极星。北极星位于正北天空，观察时，其距离地平面的高度约相当于当地的纬度。寻找时，通常要根据北斗七星（即大熊星座）或W星（即仙后星座）确定。北斗七星是七个比较亮的星，形状像一把勺子，将勺头两星连一直线向勺口方向延长，约为甲乙两星间隔的五倍处，有一颗略暗的星，即北极星。（如图3-2）

当地球自转，看不到北斗七星时，则可利用W星寻找。W星由五颗较亮的星组成，形状像字母"W"，向W

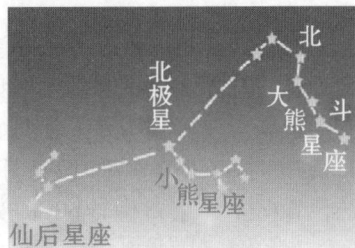

图3-2　北极星

缺口方向延伸约为缺口宽度的两倍处，就是北极星。

（2）利用南十字星。在北纬23°30′以南的地区，夜间有时可以看到南十字星，它也可以用于辨别方向。南十字星由四颗较亮的星组成，形同"十"字。在南十字星的右下方，沿甲乙两星的连线向下延长约该两星的四倍半处（无可见的星），就是正南方。（如图3-3）

（3）利用月亮。月亮自身并不发光，它反射太阳光。当它以28天多一些的周期沿地球公转时，由于相对位置不同，从地球上看去，月亮的形状会有圆缺之变。如果月亮与太阳位于地球的同一侧时，会看见部分月光，称为"新月"——然后随着逆时针的公转，逐渐反射太阳

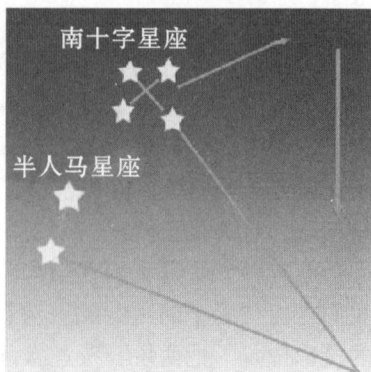

图3-3　南十字星

光，月亮渐圆至变满。满月与太阳分别位于地球的两边，这时月亮看上去又大又圆，接下来又逐渐变亏，周而复始。这可用来确定方向。

月亮的起落是有规律的。月亮升起的时间，每天都比前一天晚48~50分钟。例如，农历十五的下午6时，月亮从东方升起；到了农历二十，相距5天，就迟升4小时左右，约于晚上10时于东方天空出现。月亮"圆缺"的月相变化也是有规律的。农历十五以前，月亮的亮部在右边，十五以后，月亮的亮部在左边。上半月称为"上弦月"，月中称为"满月"，下半月称为"下弦月"。每个月，月亮都是按上述两个规律升落的，可利用月亮测定方位。（如图3-4）

月相 \ 位置 \ 时间	16时	21时	24时	3时	6时
新月	西				
上弦月	南	西南	西		
满月	东	东南	南	西南	西
下弦月		东	东南	南	

图3-4　利用月亮判断方向1

此外，还可以根据月亮从东转到西，约需12小时，平均每小时约转15°这一规律，结合当时的月相、位置和观测时间，大致判定方向。例如，晚上10时，看见夜空的月盘是右半边亮，便可判明是上弦月，太阳落山是6时，月亮位于正南；此时，已经过去了4小时（10时-6时=4小时），月亮在此期间转动了60°（15°×4=60°）。因此，将此时月亮的位置向左（东）偏转60°即为正南方。（如图3-5）

位置 时间 方位 与升落	月相	🌙	🌓	🌕	🌗	🌙	●
		新月	上弦月	满月	下弦月	残月	朔
	农历	初四	初八	十五	廿三	廿七	初一
月升时间	东方	9时	12时	18时	0时	3时	看不见
月过中天时间	南方	15时	18时	24时	6时	9时	
月落时间	西方	21时	24时	6时	12时	15时	

图3-5 利用月亮判断方向2

学会了辨别方位，但这对于应对迷路还是远不足够的，我们还要掌握迷失方向后的正确处理办法才能尽快脱离险境。

二、迷失方向的正确处理方法

1. 退回原出发点

当发现自己迷失方向后，切勿惊慌失措，应立即停下来冷静地回忆一下所走过的道路，想办法按一切可能利用的标志重新定向，然后再寻找道路。最可靠的方法，就是循着自己的足迹退回到原出发点。返回原来的路线，有时需要下很大的决心。尤其是已经登上了山岭，走艰辛的回头路，要比前进更需要勇气和毅力。但此办法是最为保险可靠的。

如果已经没有办法原路返回，在不同环境下迷路，应采取不同的方法应对。

2. 在山地迷失方向的处理方法

在山地迷路，应该先登高远望，再判断往哪儿走。若山脉走向分明、山脊坡度较缓，我们可沿山脊走。因为山脊视野开阔，易于观察道路情况，也容易确定所在位置。山脊还是固定的导向方位物，只要沿山脊前进，通常可到达某个目标。

3. 在平坦地区迷失方向的处理方法

在广阔平坦的沙漠、戈壁滩或茫茫的林海雪原迷路，因为景致单一，缺乏定向的参照物，人一般走不了直线，会在行进中不知不觉偏向右方。为了避免走弯路，在沙漠戈壁中行进，依照一个确定的方向做直线运动非常重要。可以每走一段距离，在背后做一个标记，如放石头、插树枝等，不断回看标记是否在一条线上，便可以得知是否偏离了方向。

在广阔平坦的地区道路少但比较顺直，变迁不大。只要保持了总的行进方向，便可一直走下去。即使是出现左右绕行的道路，这种绕行距离一般不会很远，应及时回到原来的方向上，切勿沿岔路直下而入歧途。此外，还可以根据马、驴、驼的粪便来寻找辨认道路。在沙漠地区，还应注意不要受到海市蜃楼的迷惑。

4. 在森林里迷失方向的处理方法

除了山地和广阔平坦地区，在森林中也容易迷失方向。在森林中迷路通常应朝地势低的方向走，这样易于碰到水源，顺水源而行最为保险。俗话说"水能送人到家"，因为道路、居民点通常是临河而筑的。对于没经验或不熟悉道路的人，夜间在森林穿行一般都会迷路,因而,没有特殊情况不要夜行。

迷途时,无路可走令人沮丧,但如果遇到岔路口,道路多,也常令人无所适从。此时,首先要明确前往的方向,然后选择正确的道路,若几条道路的方向大致相同,无法判定,则应选中间那条路,这样可以"左右逢源",即便走错了,也不会偏差得太远。

迷路后,如果接近天黑,应立即选择报警求助或者发送求救信号。如果天色已晚,还没找到返回的路线,应立即选址宿营,不要等到天黑。若感到十分疲乏,也应立即休息,不要走到精疲力竭才停止。这一点在冬季尤其要注意,因为过度疲劳和流汗过多都将面临寒冷低温带来的危险。

迷失方向,要沉着坚定。"山重水复疑无路,柳暗花明又一村。"迷途时,只要冷静分析,根据经验和利用工具判定方位,坚定信心,就一定会突破"山重水复"的包围,进入"柳暗花明"的境地。

相关链接

山师附小生动课堂:野外生存之辨别方向[①]

11 月 9 日,山东师范大学附属小学 2014 级 (1) 班迎来了热闹的家长讲堂时间。山东交通学院体育教学部的姜勇老师给孩子们上了一堂生动活泼的"野外生存——辨别方向"课。

野外生存,即人在住宿无着落的山野丛林中求生。在孤立无援的敌后或生疏的荒野丛林和孤岛上,在缺少基本保障的情况下,需要掌握野外生存的本领。姜勇老师主要给孩子们介绍了野外生存的基本技能之一:怎样在野外识辨方向?借助生动形象的图片、动画等多媒体形式,姜勇老师对如何利用太阳、月亮、北极星、植物等自然物体进行方向辨别的科普知识进行了深入浅出的讲解。同学们听得津津有味,纷纷表示课堂生动有趣,增长了见识,学到了许多课外知识。

第二节　野外徒步方法

由于野外的道路路况复杂,行走困难,在野外徒步与在城市徒步有很大的区别。野外徒步应该按下面的方法进行,才会安全而不容易疲劳。

----

① 王素芳. 山师附小生动课堂:野外生存之辨别方向[EB/OL].[2016 - 11 - 10]. 大众网,http://www. dzwww. com/shandong/kjww/201611/t20161110_15124580. htm.

一、步行前的准备工作

开始步行前，要先做好准备工作，使身体和心理都处于良好的状况。整理着装，将该脱的外套、毛衣等脱下；注意鞋子的松紧，鞋子太紧会引起血液循环不良，造成脚太冷而出现冻伤，若鞋子太松则容易磨出水泡。出发前还要做一下脚部的准备活动。

二、保持身体的稳定平衡

野外徒步时，应注意不断地调整脚的姿态以适应不平整的路面。脚迈出，异侧手向前摆动来维持身体平衡，用脚跟先着地，然后滚动到全脚掌，重心由脚跟移到脚尖。身体稍微前倾，脚轻松、自然地向前移动。

腰部的平稳对维持身体平衡很重要。特别是登山者都背有比较重的背包，一定要使背包很好地与肩背成为一体，不要让背包左右晃动影响身体的平衡。保持身体的稳定平衡，才不会容易疲劳，并且在通过危险路段时更安全。

走山路不能像在平地那样轻快，否则会引起步伐不稳。应稳定腰部，将重心置于整个脚掌，配合手臂的摆动，稳健缓慢地移动脚步。正确的徒步应该是肩膀微晃两手摆，腰部平稳缓步移。

三、保持适合的步幅和步频

步幅大小因人而异，不要太大，也不要太小，更不要时大时小，要根据自己的情况保持一定的步距。步频要保持一定的节奏，不要时快时慢。步伐保持一定的速度，是走山路最基本的要素。长时间徒步最忌讳的是一会儿走得快，一会儿又走得慢。即使爬陡坡时也不能乱了步伐。

如要加快脚步时，则需加大上身的倾斜度，并使膝关节稍加弯曲，且加强手臂的摆动，以缓和两脚所受的冲击和保持身体的平衡。走在凹凸不平的山路时，要利用脚踝、膝关节、腰部来缓和脚底所受的冲击。

四、保证深而有效的呼吸

走山路时，尽可能采取深缓的呼吸，并要使呼吸和步伐的快慢保持一致。呼吸太快不但徒增疲劳，而且会使有规律的登山步伐失调。特别是负重时，深缓的呼吸对走山路很重要。

五、学会如何休息

休息也是野外徒步重要的一环。登山者不能单纯地因疲劳而休息，应有一定的时间间隔，一般间隔不可小于 1 小时，特别是刚开始，2 个小时内可不休息。但在登顶时，特别是比较陡的长坡前，要在 1~2 个小时内休息几次。休息时应将背包放下，做一些放松运动，特别是肩部和脚。

六、下山步行方法

所谓"上山容易，下山难"。因为重力加速度，下山时速度加快，容易滑倒，脚跟和膝关节也容易疼痛。所以，下山时切勿一味地向下冲。下山时应随时看清前路的情况，做好脚步应踏在哪里的判断。

下山时，身体应微微前倾，头、腰稍后仰，膝关节微屈，身体重心保持平稳，与地面平行地移动。鞋底须贴紧地面，让重量平均分散在整个脚底，可避免滑倒与疲劳。

下陡坡时，应侧着身体下，这样不容易滑倒。即使滑倒，也容易自我保护。利用手杖支撑以减小对关节的冲击力，并稳定身体，避免滑倒。

七、上山步行方法

上山步行法与平地步行法基本上没有太大的区别，但上山却远比平地行走耗费体力。因此，需考虑各种条件，如登山者本身的身体状况、登山时的气候条件、团体及个人的能力与装备等。

上山时，步幅要小，步频也不要太快。保持身体平衡，一步步扎实地走。将脚适度抬起，尽量节省体力，再配合手臂的摆动，及肩、腰的平衡，不急不慢地往上爬。如果上坡斜面很陡，最好向左向右交替走上去。登陡坡时，尽量不要直线登高，如路够宽时可蛇行蜿蜒而上，山越高越陡，就越需如此。如果陡坡的山路太窄而无法蛇行时，就需渐渐降低速度，不慌不忙地以深呼吸调整步伐。为了减轻脚的负担，应合理利用登山手杖，特别是在负重爬陡坡时，手杖等于第三只脚，可以通过手杖减轻脚的负担。

八、山路行进的四种错误方式：

（1）步幅太大，无节奏。

（2）弯腰，面朝下，只看脚面。

（3）一手插在裤兜里，一手提东西走路。

（4）重心全部放在脚跟或前脚掌。

每个人都应根据自身的实际情况去学习掌握野外步行的常规方法，并养成良好的野外徒步习惯。

第三节　野外涉水方法

在野外活动时，经常会遇到需要涉水的情况。由于光的折射，在岸上看河水可能不深（感觉不及膝盖），实际上可能没及胸部或头部。凭感觉下水是很危险的，因此遇到河流，不要草率入水。应该在仔细观察后，再确定渡河的地点和方法。

一、确定渡河的地点和方法

第一，对要渡过的河道做勘查分析，包括水的流速、有无漩涡和暗流、河道的深浅和河底表面状况，在确保安全的情况下要先下河勘查，找到最佳渡河地点。渡河地点要选择水浅、水流速低、无暗流，河底地势平坦的地方。

第二，如果河底为碎石，渡河的时候不要赤脚，以免水底的碎石伤到脚底。如果河底为烂泥，脱鞋脱袜，以免鞋子陷入泥中丢失。如果河水较浅、不超过大腿，水流较慢，则可结伴渡河。

第三，如果水深超过腰部或水流很急，则必须采取保护性措施方可渡河。最简单的是绳索保护，分别将绳索两端固定于河岸两边的大树或者石头等牢固的保护点，起点的固定端靠近河的上游，终点固定在河流的下游方向。用扁带和主锁将队员与绳索连接。

第四，如遇到冬天或者天气寒冷的时候渡河，尽可能脱去身上保暖衣物包括鞋子，待渡过后马上穿上，保暖衣物一旦浸水会造成严重的失温。也可就地取材做竹筏或者木筏等渡河工具，但一定要有绳索保护。

第五，如果河道情况复杂且没有保护装备，应暂时放弃渡河，寻找更佳的渡河地点和时机。

二、渡水深及腰、水流湍急的浅水河

1. 单人渡河

寻找结实的长棍，以肩部为支撑，长棍置于前方两米左右，身体前倾，紧抵长棍，和双腿形成稳固的三角形，面向水流方向横渡过河，渡河时遵循固定两点移动第三点的原则，在另外两点稳固之后方可移动第三点。同时注意双腿和长棍形成的支点保持平衡，横渡线路始终保持与水流方向垂直以减小冲击力。

2. 两人渡河

两人渡河时，一个人按单人渡河的位置站立，第二个人站在他后面，也面朝上游，牢固地抓住前面人的背包肩带，倾身给予支撑，也像上述一样拖着脚缓慢横渡即可。

如果没有撑杆可用，可两个人面对面和水流成直角站立，互相紧紧抓住对方的肩带。两脚保持分开，以保持一个稳定的四点支撑。确保两人都侧面朝着水流是很重要的，如果一个人转身面向水流了，另一个人的膝盖就会很容易被水流撞击得往前弯。

3. 三人渡河

最好的方法还是一个人站另一个人后面，三个人成一条线拖着脚缓慢横渡，最前面的人用撑杆支撑。后面的人应该紧紧抓住前面人的肩带，两腿分开，拖着脚缓慢横渡，最下游的人协调整个队伍的行进并保持队形成一条线。

如果没有撑杆可用，也可以三个人挤在一起，最强壮的人在下游一边面朝水流方向，第二强壮的人站在背朝行进的方向，第三个人面向渡河的方向。这时候有两个人的膝盖容易被水流撞击是不可避免的，不过控制好移动步伐和互相取得支撑可以克服这一点。

4. 团队渡河

根据队伍的能力，应该组成一个大团队过河，而不是分成单个的小组。可以构造一个箭头形编队。最强壮的人在前面，如果可能的话再用撑杆加强支撑。两个人在他后面，然后是三个人，再后面再三个人，以此类推，并排不要超过三个人。后方队员紧紧抓住前方队员的肩带，由前方队员控制队伍的行进。较弱的队员要站在编队的中间位置，接受其他人的支撑。

三、渡深水河

可利用圆木和竹子或防潮垫制成筏子来渡河，具体方法可参照相关书籍。

四、过独木桥

许多山野的小溪上总是铺架着独木桥，这些独木桥一般是用一两根木头并排架起来，走起来会一闪一闪的，让人害怕。过独木桥可以借助一根竹竿或登山手杖来调整重心，像杂技演员般慢步而过，脚成外八字，眼看前方一米处或桥头，不要看脚下，尤其是在溪流急的情况下。如果带有绳子，且队员比较多，可以先过去两个人，同时将绳子带过去。系在溪流两岸边的树上，就可以大胆地通过了。队员应单独按次序过桥。较弱的队员可以由一名较强的队员在后保护和鼓励。

野外涉水存在一定的危险，涉水前务必根据水流速度、深浅等因素以及团队的人员情况规划好完善的计划，确保涉水安全。

第四节　高原地区野外活动注意事项

一、高原的定义

海拔高度一般在1 000米以上，面积广大，地形开阔，周边以明显的陡坡为界，比较完整的大面积隆起地区称为高原。高原与平原的主要区别是海拔较高，它以完整的大面积隆起区别于山地。

二、高原的特点

高原地区有着和其他地区不同的特点。去高原之前，应该对其特点有所了解，做到有备而来，才能在高原中很好地生存下去。总结高原的特点，主要有以下几条：

（1）海拔高，气压低。海拔越高，空气越稀薄，气压越低。一般每升高100米，气压下降约5毫米汞柱。由于大气压降低，氧分压和水的沸点也呈规律性的降低。在高原上煮食物，必须用高压锅，在高原上烧开水，其沸腾时的温度无法达到100℃。

（2）气温年差小，日差大。用"年无炎夏，日有四季"八个字来形容这一特点是最恰当不过的。高原地区的日夜温差可达30℃~40℃，因而午间燥热，早晚严寒。在背阴及向阳地区，室内与室外，日光直射与斜射地区温差大，因此到高原地区旅行，对温度的变化要有充分的准备，带好御寒衣物，包括鞋、围巾、帽子、厚手套。只有准备充足，才能抵御严寒。

（3）降雨少，风速大。高原地区的年降雨量在110~1 140毫米之间，多数地区在300~400毫米。降水多集中在6—9月，自东南向西北雨量渐少。风速年平均3米/秒，一般在每天14点到15点起风，晚19点左右停止。风速也随地形高度的增加而增大。在西藏，海拔3 658米的拉萨，风速平均为2~4米/秒。西藏地区最大风速可达40米/秒，风力大于八级的天数达160多天。山区的风还有一个很大的特点，就是风向昼夜不同，白天风沿山坡吹上山顶，夜晚风由积雪的山顶吹向山谷，所以夜晚更冷。

（4）气候干燥。空气绝对湿度随高度增加而降低，在海拔3 000米高度时，空气中水蒸气绝对含量不到海平面的1/3，而海拔到6 000米时，只有海平面的5%。而且高原地区年降雨量少，日照时间长，水汽蒸发快，蒸发量一般大于降雨量的5倍左右。因此，高原地区气候干燥。再加上风大，人体由体表丧失的水分很多，会造成口渴、皮肤皲裂等后果。

（5）地形及高度对气候影响大。草原多风，峡谷多雨；山顶冷，山下暖；宽谷日照时间长，气候多变。尤其是在草原，时晴时雨，时风时雪。走上高原的人们，必须有足够的思想与物质上的准备，来面对此地忽阴忽晴、忽雨忽雪的天气。即使在夏季进入高原，也不能像理解平原上的夏天那样理解"高原之夏"。实际上这里是无炎夏的，只有不时来袭的风风雨雨。在内蒙古一望无际的草原上，6月天刮起白毛风①照样能冻死人！

（6）日光辐射强。在高山和高原上，积雪时间长，雪面反射率高，加上空气稀薄，水蒸气量少，大气中含杂质也少，日光辐射的透过率也增强。因此，随着高度的增加，日光辐射，特别是紫外线也增强。强烈的日照，容易引发光照性皮炎、皮肤水肿、雪山性眼炎（即雪盲）。为了防止雪山性眼炎，在高原的人需要拥有一副质量较好的墨镜。

一个人在出门之前，应该有充足的准备，与此同时，还须抱有最坏的打算。为什么不是抱有最好的打算呢？因为一个人如果对可能面临的危险没有任何心理准备，而一味在心里想着"旅途肯定一帆风顺""什么事也不会有的"，那么一旦出现突发事件，必然只有心烦意乱、手足无措。如事先已想到最坏处境，倘真有祸事来临，就会镇定万分，并能用事先想好的办法加以应付。

三、高原疾病

当你走上高原之前，必须了解高原对人的身体会产生哪些不利影响，从而一一加以防备。

人必须不断地从空气中吸取氧气，才能维持各种生命活动。在高原地区，由于大气压随海拔高度的增加而降低，海拔越高，空气越稀薄，空气中氧分压也越低。吸入肺泡的空气中氧分压也随之下降，从而使动脉氧张力和动脉血氧饱和度随之降低，造成组织缺氧，影响身体的组织氧化过程。如果长期或反复处于这种缺氧环境中，就会使身体产生一系列生理功能的适应性改变，如血液供应重新分配，组织对氧的利用率提高等。如果身体不能完全适应这一系列改变，就会产生种种症状，即高山病。

高山病也称"高山适应不全症"，它的典型症状是头痛、头昏、恶心呕吐、呼吸和心跳加快。发病时，人甚至会失去知觉，乃至昏迷。因为存在着个体差异和不同的致病因素或诱因，故高山病对不同人体各系统器官的影响各有不同，由此出现的症状也不同。根据症状的轻重，高山病可以分为急性高山反应和慢性高山反应两类。

1. 急性高山反应

（1）高山生理反应。由平原进入高原，或由海拔较低的高原地区进入海拔较高的高原地区后，特别是在短时间内进入海拔3 000米以上的高原地区，多数人会有一些缺氧表现，如头痛、头昏、眩晕、胸闷、心慌、气促、食欲减退、恶心呕吐、腹胀、疲倦、失眠、嗜睡、鼻出血、手足发麻、两手抽搐等。这些症状出现的多少及严重与否，往往与海拔高度、登山速度、个人体质等关系密切。这些症状往往在进入高原数小时或一至两天内出现，逐渐适应高原环境后，多数人的症状在数天到一两周内会自行消失。如果持续停留在海拔4 000米或5 000米以上的地区，某些症状会持续较久，一般要几个月后才消失。

在进入高原地区时，要选择恰当的方式，使身体对高原有个适应期。比如由北京至拉

---

① 白毛风是我国北方地区的群众对这种天气的地方性称呼，指大风、降温并伴有降雪的天气，在气象上又称"吹雪"或"雪暴"。

萨可以有两种选择，其一是乘飞机直飞拉萨，全程只用几个小时，方便、快捷，于是很多人把飞机视为最佳选择。另一种方式是走陆路，从青藏线入藏，即从西宁经格尔木，乘坐长途汽车由青藏公路抵拉萨。加上从北京乘火车到西宁的时间，全程需要4~5天。有人视此路为畏途，认为乘车时间太长身体吃不消。其实仔细权衡利弊，从青藏公路入藏，有着诸多好处。最重要的一条，可以使身体逐步适应高原气候，不致发生严重的高原反应。从海拔2 000多米的西宁开始，逐步进入高海拔地带最终抵达海拔3 658米的拉萨时，身体出现的各种高原病症状已在路途中逐渐消失，会很快进入"角色"。而乘飞机直抵拉萨，海拔一下子升高到近4 000米，身体的不适可想而知。

（2）高山肺水肿。短时间内进入海拔4 000米以上的高原地区，或生活于高原地区，由于严寒、感冒、饮酒、过度体力劳动等原因，易诱发高山肺水肿。病症主要是头痛、胸闷、气促、咳嗽，痰量较多（呈粉红色或血性泡沫状），口唇、指甲发绀，面色青紫，咳嗽频繁，呼吸困难，两肺可闻湿啰音。

（3）高山昏迷。

脑细胞对缺氧甚是敏感，在急速进入海拔4 000米以上的地区时，急性缺氧往往导致昏迷。典型的症状是，病人在昏迷前头痛、头昏、胸闷比较严重，口唇发紫明显，呼吸急促，精神萎靡，表情淡漠，嗜睡，逐渐丧失知觉，进入昏迷。症状严重时，不仅意识丧失，且皮肤及黏膜发紫，大小便失禁，甚至抽筋。

同步案例

货车司机夫妇进藏拉货　因高原缺氧去世　好友痛陈内情[①]

2019年1月1日，新年第一天，河北邢台市临西县老官寨倪庄村正经历一场特殊的告别。5天前，该村村民倪万辉及其妻子在开大货车前往西藏送货途中，不幸因缺氧身亡。作为第一个发现夫妇俩失联并拨打电话报警的人，李艳明对好友的离世充满了遗憾和难过。常年往返祖国各地的他们，不仅有着相似的成长经历，其所面临的焦虑、危险也大致相同。据他介绍，倪万辉前几年曾多次往返青藏公路，均一路平安。他怀疑此次之所以发生意外，可能是因为两人在路上出现了高原反应。

李艳明介绍，过去两年倪万辉和自己都曾多次往返青藏公路，"出事这次是他2018年第一次开青藏线，也是他老婆第一次上青藏"。他介绍，一般上高原时，司机们都不会带老婆，"因为青藏线特别苦，所以一般不带老婆一起去；想去南方有些省份的时候，就会带上老婆，两个人彼此有个照应"。据李艳明回忆，26日晚8点40分左右，他曾与倪万辉打过一通电话。电话持续了一分多钟，倪万辉那边一切正常，说是正在五道梁吃饭，休息一晚后会继续出发，预计第二天就能抵达拉萨。彼时李艳明也正在驾车前往拉萨，两人还

① 孔令晗. 司机夫妇进藏拉货　因高原缺氧去世　好友痛陈内情［EB/OL］.（2019-01-01）. https：//baijia-hao. baidu. com/s？id=1621508676516738361&wfr=spider&for=pc.

约好次日在拉萨集合。

"27日早上8点多,我又打了一次电话,打不通,当时我还没有他老婆的手机号,专门又问了其他朋友。10点多,又给他老婆打了电话,也是关机。"熟悉青藏公路的李艳明顿时悬起了心。

他说,青藏公路上缺氧是常有的事,大家也早已习以为常。相比之下,高原反应却是谁也无法预料的意外。"我们有个群,会随时更新路况什么的。去年6月份,群里有网友发消息说,那曲附近有一辆车失联了,正好我当时经过那曲,就去帮忙找。找到时,司机因为出现高原反应已经'睡'了过去,我和两个分别来自陕西、甘肃的同行,赶紧把人救了下来。再迟一点,可能人就没了。"因此,李艳明第一时间打电话报了警,寻求帮助。遗憾的是,下午1点多,青海曲麻莱县五道梁派出所民警在省道找到倪万辉夫妇时,两人已因严重缺氧、体温过低死亡。"车里肯定都备了氧气,估计是出现了高原反应,吸氧没能缓解。"

在倪万辉曾经活跃过的快手平台上,"别带弟妹去西藏了,赶紧回家吧""来生不要再开大货车了""没有结清运费的请自觉结一下,家里孩子还要生活"是粉丝们评论最多的内容。倪万辉夫妇刚刚过了11岁生日的大儿子,穿着孝服在父母灵前守了许久,而年仅2岁的弟弟根本不知道眼前的一切究竟意味着什么。2018年12月31日,邢台市发布通报称,从2019年1月开始,当地民政部门将把2名遗孤纳入救助保障范围,每人每月享受700元生活保障,直至年满18岁。

总结:在到达海拔2 700米以上的高原地区后,旅游者不要过度劳累,避免剧烈的体能活动。做好预防准备,最好带上氧气瓶,以备缺氧时使用。另外,注意保暖,尤其要防止感冒。假如出现剧烈的高原反应,切勿继续到更高海拔的地方,应停留在原海拔位置,直到症状消失。假如病情进一步恶化,应及时就医。

2. 慢性高山反应

(1) 慢性高山反应。许多来到高原的人,长时间劳动、生活在这里,他们中的一部分人有着不同程度的由高原缺氧引起的各种临床表现。如原因不明的肝肿大,但肝功能正常;血尿、蛋白尿、浮肿、肺部持续存在湿啰音;经常性鼻出血、腹泻、月经不调等。一般药物治疗效果不显著,医生检查起来又找不到确切的病因。这些症状时轻时重,时有时无,时多时少,往往随季节气候及健康状况等因素而反复不定。

(2) 高山心脏病。本病多发生在海拔3 000米以上的高原地区。儿童发病较多,成人发病多是在高原地区居住3~6个月以后。病情多呈慢性发展,表现为惊慌、气促、胸痛、咳嗽,特别在运动后更为明显,有时胸前区还出现紧压感、憋气感或剧痛。患者的口唇和颜面常常发绀,面部或全身浮肿。

(3) 高原血压异常。世居在低海拔地区的人进入高原后,特别是登到3 000米以上的高海拔地区时,由于人体不适应低氧环境,血压往往发生改变。一般在初进高原时血压升高,特别是舒张压升高,而返回平原时血压又恢复正常,这种反应称为高原高血压。当在高原居留一定时间后,随着人体对低氧环境的适应,血压又会出现不同变化,有些人血压恢复到原来水平,有些人血压相反持续性降低,这种现象医学上称为"高原低血压"。还有一些人表现为收缩压无明显改变,而舒张压相对较高,甚至收缩压和舒张压之差低于20

毫米汞柱（正常为 34 ~ 40 毫米汞柱），这种现象称为"高原低脉压"。

（4）高原红细胞增多症。当我们进入高原，特别是到达海拔 3 000 米以上的地区时，在适应低氧环境的过程中，机体内部要进行一系列适应性改变。血象的改变就是其重要标志之一，表现为红细胞和血色素适当地增加。这本来是适应环境的好事，但是红细胞增加后，可导致血液黏滞性也增加，致使血流速度减慢，从而经常出现头昏、头痛、困倦无力、失眠或嗜睡、记忆力减退、食欲减退、鼻腔、牙龈出血等症状。

（5）慢性高原病混合型。高原适应不全症是全身性疾病，但各人的体质和代偿能力不同，因此反应也不一样。多数人开始表现为一种类型，如高原红细胞增多或高原血压异常，但随着病情逐渐发展，有些人可逐渐出现几种反应同时存在的情况，医学上称为慢性高原混合型或高原红细胞增多症与高原高血压混合型等。

3. 高原疾病的救治

出现上述高山病症状的人，反应轻者一般不需要治疗，适应一段时间或经休息后症状多数能自行消失。对反应重的要采用一系列的治疗措施。

治疗的主旨是对症下药。头昏、头痛者可服用索米痛片、安乃近、复方阿司匹林等镇静止痛药物；恶心呕吐者服用颠茄片、阿托品、奋乃静、维生素 B6 等药物止吐；烦躁不安者可给予苯巴比妥、安定等镇静剂；明显水肿或反复出现水肿者，可低盐饮食，服用钾盐及氢氯噻嗪。除了西药治疗，还可以通过中医中药或藏医藏药予以治疗。根据不同病情，高原心脏病可分别选用八味防风丸、八味沉香丸、二十味沉香丸等。对于高原高血压，则可选用一味降压丸、二十味沉香丸。高原红细胞增多症可选用十八味沉香丸等。高原高血压，还可用青葙子 30 克、夏枯草 15 克，水煎服，连服一周。

针灸也是治病的好办法。头痛、头昏者刺内关、合谷、印堂、公孙等穴，反应严重者可刺高原反应点，位置在足三里和阳陵泉连线中点，向阳陵泉方向进针，进针不超过 2 寸，以不穿过对侧皮肤为度。高原昏迷病人可针刺少商、中脘、内关、大冲、百会、人中、合谷、涌泉、十宣等穴。

患者出现高原肺水肿、高原昏迷及高原心脏病、心力衰竭，是相当危险的，绝对要卧床休息，并及时进行抢救。有条件的话可将病人尽早送至低海拔处，中转途中不可中断治疗，并应做到以下几点：

（1）氧气吸入。最好用面罩给氧，无罩时亦可用鼻管给氧。为减少痰液泡沫破裂，使痰液易于排出，吸氧时可使氧通过 50% ~ 70% 的酒精，并应持续给氧，氧流量控制在每分钟 3 ~ 6 升为宜。

（2）为降低肺水肿病人体循环和肺循环的压力，改善心脏功能，解除支气管痉挛，可应用氨茶碱，成人使用 1/4 克氨茶碱加入 25% 的葡萄液 30 毫升，缓慢静脉注射，必要的情况下可每日静脉注射 2 ~ 3 次。

（3）对高原昏迷和肺水肿病人为减轻肺水肿、脑水肿、降低颅内压，可以用 50% 左右的葡萄糖液 40 ~ 60 毫升缓慢注入静脉，并用 20% 甘露醇 200 毫升快速滴入，同时配合氢氯噻嗪、螺内酯或呋塞米等利尿剂。

（4）出现休克时，可选用去甲肾上腺素、间羟胺、多巴胺、去氧肾上腺素等药物，进行抗休克治疗。但肺水肿病人不宜用肾上腺素，因为此药可加重肺水肿。

（5）出现心力衰竭时，可应用毛花苷 C 等强心药物。

（6）在治疗中，要加强护理，注意营养，密切观察病情变化，及时应用抗菌药物，预防和控制感染。

4. 其他病症

高原地区，除了上述各种高山病之外，还有一些特殊的病症需要引起重视。

（1）冻伤。贪玩的孩子都知道，在冬天堆完雪人、打完雪仗时手指和耳朵并不好受。假如有冻疮的话，每年冬天它就会像"老朋友"一样来探望，让人痛痒难耐。如果从来没感受过寒冷的滋味，那么这趟高原之旅就更得提高警惕了，因为冰雪并不像沙子或泥巴那么好玩。在高原上行走，除了身体会缺氧，血液也会缺氧。这主要是由于海拔 3 000 米以上的地区气候干燥、温度较低，当长时间受到寒气（10℃以下的空气）侵袭时，皮肤会因为严寒的刺激而痉挛收缩，导致血管内血浆凝固、流通不畅，时间一长就会造成皮肤缺血和缺氧，导致全身或局部血液凝滞、体温下降而造成冻伤。冻伤的原因除了保暖不够外，还有可能是鞋袜太紧、四肢被压迫导致血液流通不畅等。冻伤容易发生在手指、脚趾、耳朵、脸颊和鼻子等暴露在外的部位。它本身不会致命，却是一件异常痛苦的事情，而且引发的后果极为严重。冻伤会让你四肢僵硬，体力、精力和行动能力迅速下降。在生存条件恶劣的高原上，丧失行动能力无异于死亡。

暴露在外的耳朵、脸颊和鼻子等部位很容易被冻伤。预防冻伤比治疗冻伤容易得多，预防措施就是带够保暖的衣物，此外还包括宽松防水的靴子、贴脚袜子、防潮手套、防风耳套和暖和的帽子，最好还能戴上口罩。总之，充分的准备总能使危险减半，而干燥保暖的衣物会让你远离冻伤。冻伤在开始时并没有明显的感觉，如果多人出行，那么在低温地区活动时就要互相观察对方，看脸上、皮肤上有没有白色的斑点或局部潮红，这些就是冻伤的前兆。同时，也得时刻注意身体各部位有没有发凉、发硬的感觉。如果出现这些状况，用手轻轻揉搓，促进血液循环，减少冻伤发生的可能性。无论是行进还是休息，都要不断地活动手指和脚趾，并时常揉搓耳朵、鼻子等容易冻伤的部位，还要及时活动面部肌肉，如皱眉、挤眼、咧嘴等。

有暴风雪时，最好能用衣物将颈部和脸部包裹起来，将袖口、裤脚扎紧防止风雪吹入。饥饿、疲劳时千万不要在雪地上坐卧不起，因为体温一旦下降意志就会随之松懈，这一坐卧也许就永远也站不起来了。记住，越寒冷，越要自己强打精神继续前进。一旦发生严重的高山冻伤，千万不要用雪团揉搓冻伤部位，因为这样会失去更多的体热而导致冻伤加重。也不要按摩失去知觉的部位，这样可能会引起感染。最好的解决办法是立刻离开寒冷的环境，将受伤部位放在 20℃ ~40℃ 的温水中浸泡 20 ~30 分钟，如果复温太晚可能会留下后遗症。如果情况再严重就必须去医院就医。

（2）雪盲症。大家一定在太阳底下用镜子反射过阳光吧？对着太阳变换镜子的角度，在稍暗的地方，可以看到反射出去的光线几乎和太阳光一样明亮。雪地反射率高达 95%，光亮程度几乎接近自然中的太阳光了。一个人的眼睛长时间受到雪地反射光线的刺激，就容易得雪盲症。即使是在阴天，如果不采取任何预防措施，在雪地上活动太久的话，也容易患雪盲症。

防治雪盲症可以采取以下办法：

①雪地出行时应戴上太阳镜或专业雪镜。万一忘了携带护目镜，在应急情况下可用一块黑布或其他深颜色的东西遮住视线的一部分，避免正视雪地。在藏区有一种办法是用牦牛尾巴的一缕长毛挡在眼睛上。

②制作简易护目镜。将布料或纸片、木片等东西撕下半个脸大小的一块，用小刀在上面挖两个眼睛大小的小孔，足够眼睛看清前方就行。虽然这种自制的裂孔护目镜比较简单、粗糙，却能使进入眼内的光线大大减少。

③用黑色的笔、木炭等将眼睛以下的面颊、鼻翼等涂黑。这样做虽然不太美观，有点像土著部落的武士，还有可能吓到碰巧路过的野驴或其他探险者，但在忘了带防护眼镜的情况下，还有什么可挑剔的呢？

一旦出现雪盲症，马上把眼睛眯上，以免继续受到强光刺激；千万不要用手揉搓眼睛；用眼罩或干净手帕、纱布等轻轻敷住眼睛；用湿毛巾冷敷额头，防止高温加剧疼痛，并尽快就医。一般雪盲症的症状可在 1~7 天消失。得过雪盲症的人，稍不注意就会复发，而复发的雪盲症症状会更严重，所以千万不能马虎大意。

（3）紫外线的伤害。不要以为能和伙伴们在太阳底下踢两个小时的足球，对紫外线就具有免疫能力。在青藏高原上，皮肤将会遭受来自紫外线的严峻考验。青藏高原由于海拔高，大气干净透明，悬浮杂质少，它的紫外线是平原地区的 5 倍以上。如果不采取任何防晒措施，在高原太阳底下曝晒 20 分钟，那么接下来将面临的痛苦就是皮肤出现红斑、脱皮、红肿、水疱等症状。一天下来，脸可能晒成"红富士"，嘴唇有可能干裂出一道道血口子，更严重的是，有可能出现头痛、眩晕、乏力等中暑症状。4—9 月是紫外线最强烈的季节，早上 10 点到下午 2 点是紫外线照射最强烈的时段。海拔每升高 1 000 米，紫外线量就会增加 6%~10%。为了不让晒伤、中暑等问题影响冒险进程，在每日的计划安排中最好加上这样一条：防晒。

下面是一些避免受到紫外线伤害的小细节：

①开始一天的活动前，先涂上防晒系数在 50 以上的防晒霜，重点涂抹脸部、脖子、耳朵和裸露在外的四肢皮肤。在行进过程中，每隔两三个小时重新涂抹一次。

②千万别忽略了嘴唇，被晒伤的嘴唇除了干裂流血，还会导致水分严重流失，所以记得涂上防晒唇膏。

③戴上太阳镜、宽檐帽子，把衣服领子竖起来，尽量遮住脸部、颈部等容易晒伤的部位。

④尽管天气炎热，也千万不要裸露四肢，最好穿着浅色衣服外出，不穿更容易吸收紫外线的黑色衣物。

⑤离湖面、冰面、雪面等反射面远一点，因为它们会反射日光中高达 85% 的紫外线。

⑥如果感觉不舒适，那就找个阴凉的地方歇息，用冷水打湿的毛巾冷敷晒伤部位 10~20 分钟。

这些都是小细节，做起来也并不困难，但是对避免受伤以及保证整个探险计划的进行却能起到很大作用。不过，即使防晒措施做得再严密，也难免会被晒黑。当从青藏高原成功撤下来的时候，也许可以自嘲一下：拥有一身健康的小麦肤色，也是一件很酷的事情呢！

5. 高原禁忌证

并不是任何体质的人都适宜进入高原地区的，患有某些特殊疾病的人就不宜进入高原地区。这些疾病是指：

（1）患有器质性心脏病，如风湿性心脏病、冠心病等；显著心律不齐或安静休息时脉搏每分钟 90 次以上者；高血压和各种血液病患者。

（2）患有各种呼吸系统疾病，并有呼吸功能障碍者，如支气管哮喘、支气管扩张、肺气肿和活动性肺结核患者。

（3）曾患过高原心脏病、高原肺水肿、高原昏迷及有明显症状的高原高血压和高原红细胞增多症者，均不宜再到相当于原发病高度的地区。

（4）患有癫痫、消化道溃疡症、胃肠炎、严重的神经衰弱和肝、脾、肾、内分泌等器官疾病者。

如果已知自身患有上述疾病，即便不体检也可确定不能进入高原。对自己身体状况并不太了解者，应进行一次全面的体格检查。对于曾做过体检但离开高原时间较长，需重返或进入海拔更高地区者，需要重点检查。

四、在高原行进时要注意的问题

在青藏高原上行进并不是一件轻松的事情，在高原上，除了要应对高原反应，还需要对接下来探险时要冒的风险做出种种预测，做好身体及心理上的准备。在青藏高原上会遇到雪山、冰川、森林、草地、平原、湖泊等各种地理环境，所以在行进时最好遵循下面这些原则。

（1）选择合适的行进道路。在野外，最好的行走效果是不迷失方向、行进速度正常、节省体力，而为了达到这些效果，要遵守"有道路不穿林翻山，有大路不走小路""走梁不走沟，走纵不走横"的野外行走原则。如果前方没有明显的大路，可以在树高林稀、空间开阔、草丛低疏的地方，或者在纵向的山脊山腰、小溪河流边缘行进；而那些树木茂密、草丛繁杂、峡谷纵横之处，往往潜藏着种种危险。

（2）不在恶劣天气中行走。如果在高原上遇到大雨雪、强风、浓雾等恶劣天气，应该停下来寻找可躲避的山崖、山洞，或搭建临时避难所，等天气好转再启程。

（3）大步走。步幅迈得尽可能大些，两步代替三步走。几千米下来，将会少迈许多步，节省很多体力。

（4）正确躲避雷雨。在青藏高原冒险遇上雷雨天气时，要知道高大的树木比低矮的灌木丛更容易引来雷电，所以应该到附近茂密而低矮的灌木丛里躲避雷雨。同时，一定要记得把随身携带的金属物暂时放在比较远的地方，因为它也可能招来雷电。

（5）避开危险区域。下暴雨时，应尽量远离沟谷、河溪等低洼地，因为一旦发生山洪和塌方，想全身而退是比较困难的。下雪时，尽量不走被冰雪覆盖的河床、冰川，不走在雪檐上，也不要在雪檐下经过，因为这些地方很容易遭遇冰隙、踏空和雪崩。

（6）过河要注意水位。受结冰和解冻的影响，高原上河流的水位一天内会有很大变化，所以在过河时一定要挑水位最低的时候迅速渡过。此外在河边住宿时也要注意水位的变化状况。

（7）小心薄冰层。在薄冰层上行走时，一定不要逞强站着快速奔跑，如果不想瞬间从河面上消失，最好老老实实趴下来，在冰面上匍匐前行。

（8）小心雪桥。当看到河流上出现一座可以不绕远路的雪桥时，不要高兴得太早，它有可能只是观赏性的。找到石块，或捏一个结实的雪团砸过去，看它会不会坍塌。往往只有那些和水流障碍呈直角的坚实雪桥，才能成为可靠的选择。

（9）判断天气状况。如果因天空呈现混沌状而无法对天气做出准确判断，那最好还是停止行进。如果看到天空蔚蓝清澈，也不要高兴得太早，因为一旦高估了好天气，那么突如其来的坏天气就会让人措手不及。

（10）尽量不要停下来。劳累的时候，应该用放松的慢行来代替停下来休息，因为人一旦在疲累之际停下来，就很难再次挪动脚步，而停下来的一分钟，慢行就可以前进好几十米了。正确的休息方法应该是，在大步行走一段距离后，再放慢脚步缓行一小段。

（11）适时休息。在青藏高原上人的体力消耗会非常大，所以不要过分高估自己的体能。在感到身体很疲劳时尽早休息，这样体力恢复才快。停下来休息时，不要直接坐在岩石上，因为冰凉的石头会快速吸掉身上的热量。可以先把不穿的衣服铺在石头上然后再坐上去。此外，短休息不要超过5分钟，长休息不要超过15分钟。青藏高原的昼夜变化非常快，一过午后天就迅速黑了下来，所以最好趁天色尚早就开始搭建营地，这样才能避免在又黑又冷的暗夜里摸索。

（12）要有一个适应期。即使身体健康可以进入高原的人，对高原环境也有个适应过程。如果条件允许，应该适当延长这个过程，这样可以减少高原反应的发生。初次进入高原的人，可以在海拔2 000～3 000米的地区多停留几日，在停留期间，进行短跑、体操、爬山等训练，然后再进入海拔3 000～4 000米的地区，分别停留一段时间。

（13）注意饮食。在高原地区进行野外探险或是旅游，尤须注意饮食。应该采取高糖膳食，以降低耗氧量。在白天，特别是上午，饮些酥油茶会有非常好的效果。在行进途中，以多食米饭、大米粥或甜食为好，可以抑制恶心呕吐、减少腹胀。饮食中还要注意增加维生素A、B、C、E等的供给。在行走途中，随身携带一些糖果、饼干等点心供饥饿时食用，可以减少急性高原反应的发生。同时，高原地区要节制饮酒，尤其是应尽量少喝烈性酒。饮酒过多会加速血液循环，使新陈代谢和耗氧量增加，这对尚未很好适应高原或有慢性高原反应的人是极为不利的。

在处处潜伏着危险的青藏高原探险，如果过分高估自己的体能是愚蠢又危险的，而过于畏首畏尾又会导致裹足不前，失去探险的意义。所以，根据自己的能力，制订正确的冒险计划，是每一个明智的探险者必须做到的。

五、高原野外活动的准备工作

（一）装备

1. 衣物

在青藏高原上冒险时，尽量带上柔软舒适的运动服、羊毛衫、夹克衫，要求是适合运动、结实耐磨、保暖，而且尽量轻巧和容易折叠。白天天气稍暖和时可以适当穿宽松的衣服和轻便的裤子，但是到晚上，必须穿上更保暖的衣物，如羽绒服，尤其是在秋冬季节或者去雪山、边远地区冒险时，羽绒服必不可缺。

羽绒服要求优质、轻薄、含绒量高、折起来较小，最好带有风帽，这样才能有效地防风保暖，又不加重负担。因为高原上风雪大、夏季雨水多，所以在外套的选择上应考虑防水功能。冲锋衣无疑是最佳选择，它特有的基层和涂层使它既防风、防水，又温暖透气。另外，内衣物尽量选择排汗功能好的，因为在野外，有汗粘在身上是很麻烦的，它不但会迅速带走人身上的热量，还会使人感冒发烧。

2. 鞋子

质量好的运动鞋和登山鞋最适合野外冒险，它能帮助节省体力、加快步伐。在青藏高原上，好的运动鞋一定要保暖、合脚、透气、耐磨、轻便、防滑，最好选择硬底、高帮的登山鞋，它不仅能防止沙石进入，还能保护人不容易扭伤或陷在泥泞、雪层里。

3. 帽子

作为世界屋脊，青藏高原与太阳如此接近，它的光照和紫外线之强烈简直让人望而却步。所以最好事先准备一顶透气、帽檐宽大的帽子，尽量减少面部被太阳直射。同时，帽子还可以防风保温，避免着凉。

4. 太阳镜

正如前面所说，青藏高原上的阳光是一个貌似温暖的杀手，但实际上它对眼睛的伤害非常大。所以，一定要戴上一副防紫外线的太阳镜，不过要牢记的是，眼镜一定要结实、不容易碎。同时，最好选择那些宽镜框的太阳镜，它不仅可以更全面地遮挡直射的阳光，还可以防止地面把阳光反射进眼睛。除了遮挡阳光，太阳镜还有防风沙、预防雪盲等作用。

5. 防晒霜

日常出门前涂防晒霜似乎是女孩子的专利，但在青藏高原上，如果不想被晒得红肿脱皮，那么任何人群都应随身携带防晒霜，而且防晒系数最好在 50 以上。

(二) 药品

1. 预防高原反应

景天红花胶囊，或者红景天口服液，用于头晕头疼、气短胸闷、恶心呕吐、失眠健忘等缺氧现象，适用于抗高原反应，一般建议出发前一周或者 10 天使用，针对一些体质弱的群体，可以起到预防高原反应的效果。高原安，适用于初进高原和久居高原的人群服用，可以提前 2~3 天服用，和红景天有差不多的作用。很多人说要等有高原反应了再吃高原安，不敢轻易服用，其实使用场景发生变化服用效果也会不同，想一吃药立马管用，那是不可能的。西洋参片有助于缓解疲劳，增强体质，可以减轻高原反应。葡萄糖口服液可以缓解低血糖，增加能量，呕吐、恶心、空腹的人群可以进食一些以缓解症状。

2. 增强免疫力

维生素 C 泡腾片，补充维生素；21 金维他，用于补充维生素，特别是到阿里地区，一定要带上这些维生素片。

3. 消炎药和抗生素

诺氟沙星，用于肠道感染引起的腹泻，只限于不洁饮食引起的肠道感染，确定为细菌感染的可以使用。阿莫西林胶囊，治疗敏感菌所致的感染。阿奇霉素，用于敏感菌所致的呼吸道感染，进食前至少 1 小时或进食后 2 小时服用该药品。成人每日 0.5 克，顿服，疗程 3 日。除此之外还有红霉素、甲硝唑等抗生素药物，抗生素只对细菌感染有用。

4. 应急类药品

氨茶碱，适用于支气管哮喘、心源性哮喘，阻塞性肺气肿等喘息症状一般不能使用，或者在医生指导下使用。硝苯地平，变异型心绞痛的首选药物，急用时可舌下含服。当然，还可以带上一些速效救心丸，也有急救作用。丹参滴丸，胸中憋闷、心绞痛、心脏不好的人可以带上；地塞米松，急救用药，发生肺水肿、脑水肿时使用。

5. 肠胃、过敏、外伤类

果导片，适用于习惯性顽固便秘；甲氧氯普胺，适用于止吐；吗丁啉，用于缓解功能性消化不良；蒙脱石散，用于急、慢性腹泻，可以配合上诺氟沙星一起使用，有利于控制。

安定，治疗失眠；布洛芬，缓解头痛；氯雷他定片，用于抗过敏，例如过敏性鼻炎，到了高原由于粉尘问题，一直喷嚏不断等；苯海拉明，主要用于皮肤黏膜的过敏性疾病，也可缓解乘车、乘船引起的恶心呕吐症状，可以当作晕车药使用，但是服用前要看说明。

创可贴，用于各类外伤；云南白药喷雾剂，用于外伤、止血。

6. 感冒药品

VC 银翘片，用于流行性感冒，内含有氯苯那敏，不适合开车的人服用，可能会引发瞌睡，影响驾驶安全；泰诺林，用于感冒发烧、关节痛、神经痛及偏头痛，口服，成人一次 1～2 片，24 小时不超过 3 次，用于解热，连续使用不超过 3 天。连花清瘟胶囊，用于治疗流行性感冒；藿香正气胶囊、藿香正气液，用于中暑，伤寒，适用于胃肠型感冒、胃肠疾病引起的腹胀、呕吐。牛黄解毒片，用于咽喉肿痛，牙龈肿痛，口舌生疮，目赤肿痛，胃火大的人。感冒冲剂、板蓝根、清开灵等抗病毒感冒的药也要记得带上。

相关链接

···

进藏旅行，高原反应其实并不可怕，可怕的是你不知道这些知识①

中国地势西高东低，呈阶梯状，近年来很多西部高原地区的旅游业呈上升趋势，特别是进藏旅游的，而在高原地区旅游就会有高原反应，那么人在多高的海拔会有高原反应？有高原反应的时候应该怎么办？针对高原反应该注意些什么？我国有哪些地方有可能出现

---

① 老九. 进藏旅行，高原反应并不可怕，可怕的是你不知道这些知识［EB/OL］.（2018 – 11 – 30）. https：//www.163. com/dy/article/E1SDH0TB054452T2. html.

高原反应，海拔是多少？下面就对这些问题进行一一解答。

我国有哪些地方有可能出现高原反应，海拔是多少？

一般人到海拔 3 000 米以上的地方会有一定的反应，像云南的香格里拉、丽江、四川西部、西藏全境、青海西部、新疆北部海拔较高的地方可能会引起高原反应，所以想到这些地方旅游，最好知道目的地的海拔。比如像比较热门的景区稻城亚丁海拔有 3 700 米，云南的玉龙雪山最高处的海拔为 5 596 米。

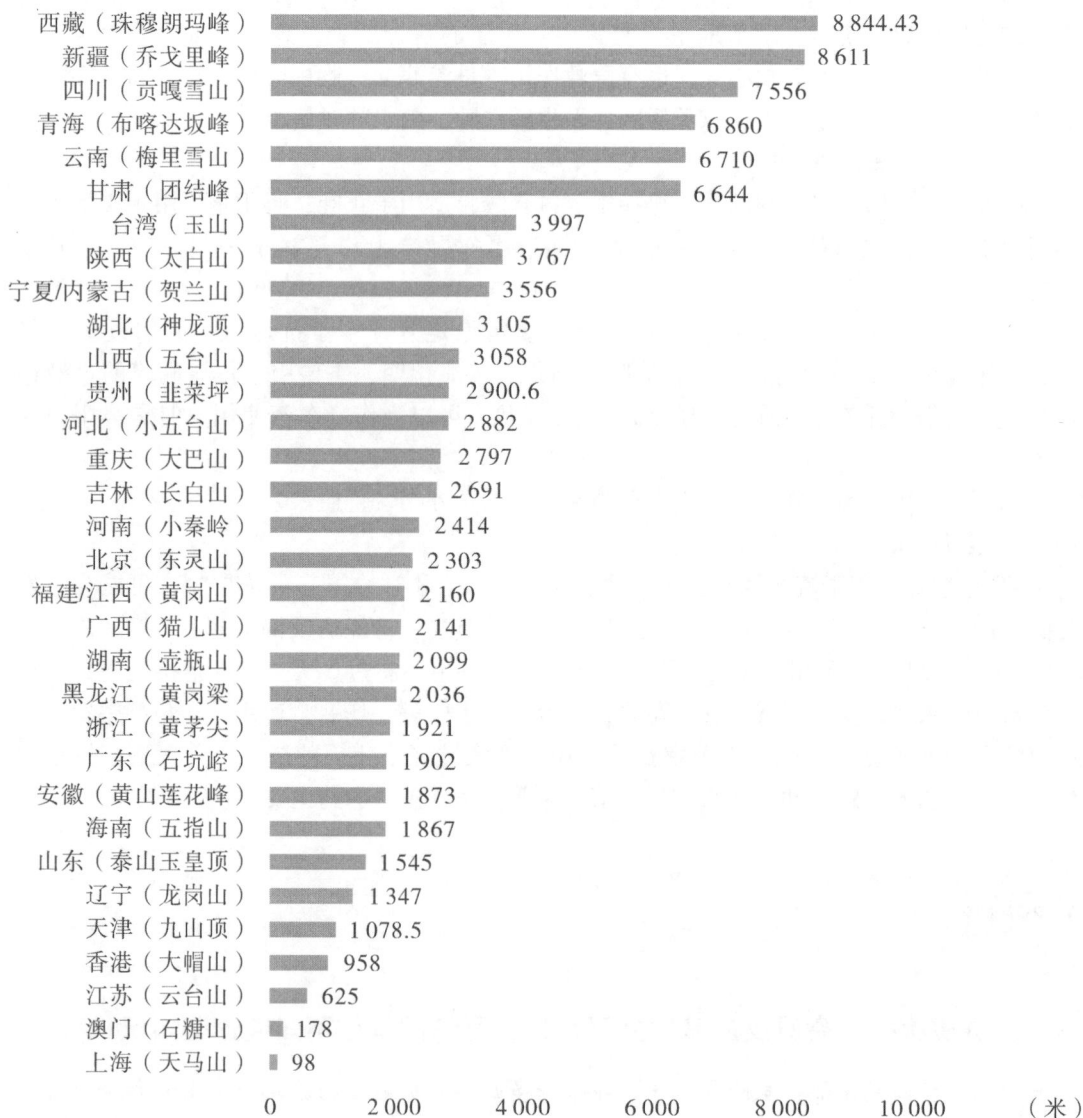

地区（山峰）	海拔（米）
西藏（珠穆朗玛峰）	8 844.43
新疆（乔戈里峰）	8 611
四川（贡嘎雪山）	7 556
青海（布喀达坂峰）	6 860
云南（梅里雪山）	6 710
甘肃（团结峰）	6 644
台湾（玉山）	3 997
陕西（太白山）	3 767
宁夏/内蒙古（贺兰山）	3 556
湖北（神龙顶）	3 105
山西（五台山）	3 058
贵州（韭菜坪）	2 900.6
河北（小五台山）	2 882
重庆（大巴山）	2 797
吉林（长白山）	2 691
河南（小秦岭）	2 414
北京（东灵山）	2 303
福建/江西（黄岗山）	2 160
广西（猫儿山）	2 141
湖南（壶瓶山）	2 099
黑龙江（黄岗梁）	2 036
浙江（黄茅尖）	1 921
广东（石坑崆）	1 902
安徽（黄山莲花峰）	1 873
海南（五指山）	1 867
山东（泰山玉皇顶）	1 545
辽宁（龙岗山）	1 347
天津（九山顶）	1 078.5
香港（大帽山）	958
江苏（云台山）	625
澳门（石糖山）	178
上海（天马山）	98

图 3-6　各省市最高山峰海拔

人在多高的海拔会有高原反应？

其实这个问题至今也没有一个标准的答案。每个人的体质各异，生活在不同的地方，处于不同的年龄，都会有不同的结果；即使是同一个人，在不同的时候也会有不同的反应。一般来说海拔在 3 000 米算是一个坎，但也很难预知，身体弱者未必反应大，体魄强健者未必无反应，一般情况是：瘦者好于胖者，女士好于男士，矮个子好于高个子，年轻人好于老年人。

针对高原反应该注意些什么？

应尽可能地预备氧气和防治急性高原病的药物，比如瓶装氧气，药物如：硝苯地平、氨茶碱、复方丹参滴丸等，也要备有防治感冒的药物、抗生素和维生素类药物等，以防万一。备足御寒衣物，以防受凉感冒，寒冷和呼吸道感染都有可能促发急性高原病。还有就是心情不要太激动，达到高海拔地区两天后再洗澡，尽量睡好觉，不要吃太多，不要喝酒，也尽可能不要一次性到达高原地带，要懂得循序渐进，给身体一定的适应期。

刚到高原地区，每个人都有可能出现不同程度的气短、胸闷、呼吸困难等缺氧症状，但这并不能说产生了高原反应，在不严重的情况下，如果能够正确地保护自己，这些症状 2 ~ 4 天就有可能好转或者消失，建议大家不要匆忙吸氧，先尝试适应环境，轻微的高原反应会不治自愈，以免形成依赖，因为停止吸氧症状又会出现。也要多吃碳水化合物、易消化的水果、蔬菜等来补充能量和维生素，避免过度疲劳，旅游活动不宜过于频繁，饮食起居有规律。

如果在进入高原的途中出现严重的高原反应症状，就应立即处理，及时服用氨茶碱或舌下含服硝苯地平和吸氧。若出现严重的胸闷、激烈咳嗽、呼吸困难、咳粉红色泡沫痰、反应迟钝、神志不清、昏迷，除了做上述处理外，应尽快转移到海拔低的地方，到附近的医院进行抢救，以便治疗恢复。

知识点小结

◇利用指北针辨别方向应注意保持指北针水平，不要距离铁、磁性物质太近。

◇可以利用太阳等天体进行辨别方向。

◇植物判断方向仅作参考，应多方面综合。

◇野外迷路时应保持冷静，尽量回到原来可以判断方位的地方。

◇野外行走应注意平衡、平稳、安全。

◇涉水时应注意观察水情，在有保护的情况下渡河。

◇进入高原后应注意休息，以尽快适应，发生高原反应应及时就医，尽快下撤到安全的地方。

第四章

野外露营

学习目标

理论目标：知晓野外露营的相关内容，掌握露营选址的原则；了解帐篷的选择，掌握搭建帐篷的方法；掌握寻找、搭建临时庇护所的方法。

实践目标：能够在野外选择合适的露营地，并能合理规划功能分区；能够搭建帐篷，知道如何寻找和搭建临时庇护所。

导入案例

----

16 名大学生到花溪露营被山洪围困　花溪消防员连夜救援①

据介绍，2019 年 3 月 31 日凌晨 4 点 46 分，花溪区消防大队清溪路中队接到调度称，在花溪区黔陶乡鬼架桥周边，一野营团被突如其来的洪水围困，急需救援。

消防人员电话询问报警人得知，该野营团共有 16 人，都是在校大学生，一行人通过网上邀约，于 3 月 30 日下午 4 点左右来到了花溪区黔陶乡鬼架桥附近露营，扎营在谷底的小溪边。然而令他们意想不到的是，晚上突然下起了大雨，且越下越大，直至山洪暴发。溪水暴涨后，阻断了他们返回的路，不时地还有山石被雨水冲刷滚落下来，每个人都提心吊胆不敢睡觉。到了 31 日凌晨 4 点后，雨仍没有停。因担心山体滑坡危及人身安全，但又不知如何撤离，只好报警求助。

接到警情后，清溪路中队立刻出动 3 车 20 人迅速赶往现场进行救援，随后花溪大队全勤指挥部 3 人也赶往现场进行指挥。同时，当地派出所民警比较熟悉地形，也加入救援行动。根据报警人的描述，民警大致确定了他们被困的位置，并带领消防人员前往搜寻。由于当时下着雨，能见度极低，且有的道路被水冲断，有的坡度很大，有的泥石松滑，救援人员只能牵着绳子摸索前进。经过一番搜寻，终于发现了 16 名被困者所在的山谷。然而，由于暴涨的溪水阻挡，救援人员无法按照他们下山谷的老路前往营救。消防指挥员和民警商议后，决定绕行到被困者所处的一侧山头，然后利用绳索搭建救援通道，从半山腰下到谷底展开救援。救援人员下到谷底后发现，被困的 16 人中无人员受伤，均能行走。

为了防止救援中有人员意外跌落摔伤，救援人员分成了三个小组，一组前方开路，清除路障和隐患；一组保护着受困者，沿架设好的救援绳索，往山腰处的公路上攀爬；剩下一个小组负责殿后，防止出现掉队和伤员。31 日中午 12 时许，经过近 6 个小时的努力，16 名大学生成功脱困。

第一节　野外如何选取营地

一、野外露营的概念

野外露营，简称露营、野营，是指不依赖房屋、旅社等现有设施，而是用自己准备的

----

① 16 名大学生到花溪露营被山洪围困　花溪消防员连夜救援［EB/OL］.（2019 - 04 - 02）. http：// mini. eastday. com/a/190402221235706. html.

工具，在野外生活休息，度过长夜。

"野外露营"在过去是常见于童子军运动及军队活动的名词，但随着城市化的不断发展，更多的人愿意走出城市，远离烦嚣，投身野外，享受自然，野外露营也就逐渐走进了人们的生活。当我们进行了一天的野外活动后，能有一个舒适的营地，燃烧着的篝火，独立的帐篷空间，温暖的睡袋，这些会给我们带来愉悦的心情，让我们能更好地享受大自然。

二、露营前的勘察

在选择营地时，要优先考虑营地的大小和露营时间的长短。对于要长时间使用的营地，尤其是大队伍使用的营地，必须提前计划，甚至需要在活动队伍到达之前派人勘察。如果选择在私人用地上露营，则需要事先获得土地所有者的许可。

选择晚上住宿的营地，要在天黑前的两三个小时选择好合适的地方。天快黑之前应该已经安顿下来并支好帐篷，同时也应该开始准备食物。此外，要做好临时更换露营地的准备，如果途中发现有合适的露营地，则可以取消提前计划的地点。有时候如果前方没有合适的露营地的话，甚至需要往回走一段路，寻找合适的露营地。不过，不管是从现成的露营地中挑选，还是在野外另行寻找，都要遵循一些基本原则。

三、选择营地的基本原则

在野外，很多意外都有可能发生，选择合适的地点进行扎营是很重要的，安全、舒适而又景色优美的地方是最佳的选择。但是，没有十全十美的扎营点，因此，在挑选营地的时候要根据选择营地的基本原则做出一定的妥协，合理地选择一个最优的露营地。

（一）安全

保证营地的安全是选择营地的第一原则，其关键是要做好避险和防兽。

1. 避险

（1）注意滚石、滚木以及风化的岩石。营地上方不能有滚石、滚木以及风化的岩石。如选择在靠岩石壁较近的地方扎营，则更要留意，一旦发现有岩石散落的迹象，就绝对不可搭帐篷。还可以根据岩石壁下堆积石块的状况，来判断该处发生滚石时间的远近。如堆积石块的表面经风化后比较浑圆或长有苔藓等植物时，说明该处已有较长时间没有发生滚石了，是比较稳定而安全的旧滚石区；若堆积物棱角锐利，表面植物新鲜，则为比较危险的新滚石区。

（2）避免在河流边及山谷地带建立营地。应尽量避免在河流边及山谷地带建立营地，特别是在雨季的时候。因为有些河流上游有水电站，在蓄水期间河滩宽、水流小，一旦水电站放水，河滩将迅速涨满；还有一些溪流，平时水流小，一旦下起倾盆大雨，就有可能发大水或暴发山洪，淹没河岸。在这些地方扎营，则容易被突如其来的山洪围困或冲走，尤其是夜晚熟睡时，将更加危险。

（3）不要在泥石流多发地扎营。在地球引力的作用下，高山湖或冰川湖的湖岸有时会塌方或造成湖底泄漏，此时湖水就会夹杂着大量泥沙和石块呈泥浆状流泻下来，形成泥石流。当人处于清醒、视野好的状态下，要躲避泥石流并不大困难，但当我们入睡或休息的时候，警惕性不高，一旦被泥石流掩埋，将极易窒息，危及生命。所以，我们一定要避免在泥石流多发地扎营。当我们发现该处许多石块有被泥土包裹的痕迹，则可判定该处是泥石流的多发地。

（4）雷雨天不要在山顶或空旷地上建营。雷电是高山区阴雨时常见的自然现象。在雷雨天的时候，千万不要选择在山顶或空旷地上建营，也不要选择在孤零独处的高大树木下扎营，因为这些地方容易遭到雷击。

2. 防兽

建营地时要仔细观察营地周围是否有野兽的足迹、粪便和巢穴，不要建在多蛇、多鼠地带，以防止它们伤人或损坏装备设施。也不要将营地建在通向水源的山道，因为这些地方通常为野兽饮水的必经之路。我们都不希望看到一群前去饮水的野兽踏平我们辛苦搭建的帐篷，更不愿意正在觅食的野兽成为我们的客人。

此外，还要有驱蚊、虫、蝎的药品和防护措施。比如：在营地周围遍撒草木灰、生石灰或者雄黄粉等以防止蛇、蝎等毒虫的侵扰；在营地熏烧艾草、青蒿、柏树叶、野菊花等，或在身体裸露部位喷涂防蚊水，可有效驱赶蚊虫。

（二）近水

营地是野外活动人员过夜、生活的临时场所，选择接近水源的地方，可以带来很大的方便。因为这样既能保证做饭、饮用的用水，又能提供洗漱用水，如果远离水源则会由此产生诸多不便，有时甚至是危险的。但在深山密林中，紧靠水源可能会遇到野生动物，要格外小心；而当选择在河流两岸设营时，必须要充分考虑水流的涨落；若准备在河流拐弯处建营，则要选择在其内湾侧（沉积侧），不要选择其外湾侧（冲刷侧）。

（三）避风

在野外，风会增加点燃篝火的困难，还会迅速带走人体的热量，增加患病的概率。有时野外的强风还可将帐篷扯破、吹起，甚至卷跑，所以营地最好选择在有自然屏障的避风处，如山丘或巨石的背面，林间或林边的空地、山洞、山脊的侧面、岩石的下面等。

山谷里的风向一般是与山谷的方向相一致的，所以当选择在山谷扎营时，应将帐篷垂直于风向开门，可避免风直接灌入帐内，并将帐篷四周固定好，以防帐篷被吹走。

（四）平整

野外露营的主要功能是保证睡眠的质量，使我们最大限度地恢复体力。因此，营地的地面要平整，不要存有树根草根和尖石碎物，也不要有凹凸或斜坡；如必须选择在斜坡上扎营，为了保证舒适度，斜坡的坡度最好不超过 10°。软土是较为理想的建营场所。

若地面有碎石或荆棘，应小心予以清除；若在高山地区的冰碛物地形上建营，应把地面铺平，把有棱角的石块搬开，最好铺上一层包装箱或包装布；若在冰雪地上建营，首先要将浮雪铲平，然后将雪踏平踩实之后，再搭建帐篷。

四、营地选择要注意的细节

野外建营地点的选择除了要遵循以上四个基本原则外，还有一些细节是需要注意的。注意好了这些细节，会让我们的营地更加安全和舒适。

（1）营地要尽可能地选在日照时间较长的地方，如山丘的南面，这样会使营地比较温暖、干燥、清洁，便于晾晒衣服、物品和装备，也会使我们的心情更为舒畅。当然，如果我们是在夏季或秋季出游，在同一地点要居住两天以上，那我们也可以考虑选择背阴的地点，因为这样在白天休息的时候，就不会感觉太热。

（2）营地不要选择溪底或谷底，因为那里是冷空气的聚集处，会让人感觉不舒服，也不利于健康。

（3）夏季的时候，露营地点应选择在干燥，地势较高，通风良好，蚊虫较少的地方。通常，湖泊附近和通风的山脊、山顶是夏季较为理想的设营地点；冬季的时候，设营地点则应根据避风、生火燃料、设营材料以及水源的远近等情况而定。一般来说，森林和灌木丛内空地是理想的设营地。

（4）如果有可能，营地可以选择靠近村庄的地方，如发生疾病、损伤等一些紧急状况，则可以迅速向附近村民求救。同时，靠近村庄也意味着接近道路，方便队伍的行动和转移。

五、营地的规划

当确定了合适的营址后，应根据营地的地形、地势、水源的位置、营员的人数等情况合理规划营地，尤其是在有一定规模的露营地，整个营地的建设就显得尤为重要。营地的布局由所选择的地形、气候条件、营地的大小及个人爱好共同决定。不过，为了露营者的安全和利益，必须遵守一定法则。

（一）营地分区

一个完善齐备的营地应划分为：帐篷区、用火就餐区、娱乐区、用水区（盥洗）、卫生区和垃圾处理区等区域。

首先，要选择一块相对平整的区域作为帐篷区，然后在其下风处10～15米的区域作为用火就餐区，这样可有效防止火星烧破帐篷。其后，确定用火就餐区，以便烧饭做菜及就餐。用火就餐区不要离水源太远，以便清洗、炊事及防火。娱乐区应选择在用火就餐区的下风处，以防活动的灰尘污染餐具、食物等，并应与帐篷宿营区保持15～20米的距离，以减少对早睡同伴的影响。（如图4-1）

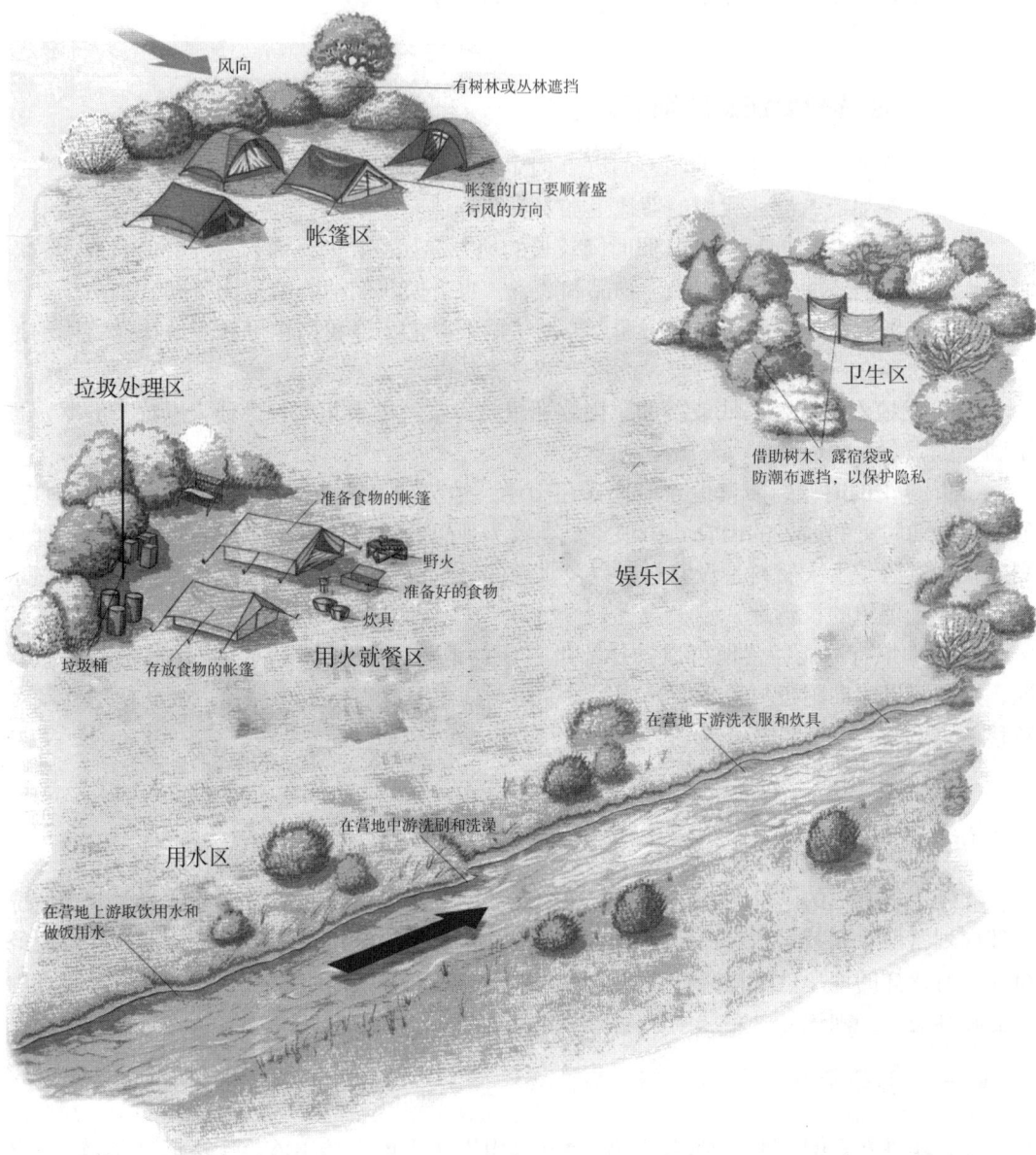

风向

有树林或丛林遮挡

帐篷的门口要顺着盛行风的方向

帐篷区

卫生区

借助树木、露宿袋或防潮布遮挡,以保护隐私

垃圾处理区

准备食物的帐篷

野火

准备好的食物

娱乐区

炊具

垃圾桶　存放食物的帐篷　用火就餐区

在营地下游洗衣服和炊具

在营地中游洗刷和洗澡

用水区

在营地上游取饮用水和做饭用水

图 4-1　营地区域划分图

　　用水区的正确规划对我们的健康是十分重要的。建立一个固定的饮用水收集地点,确保大家不要在此洗浴、清洗碗筷或衣物等。如有河流或小溪经过,则要将饮用水取水地点固定在上游,下游用来洗浴和清洗食物、厨具、衣物等各种用具;也可将其简单地划分为上下两段,上段为食用饮水区,下段为生活用水区。

　　卫生区应设在宿营区的下风处,与就餐、活动区保持一定的距离,但也不要离开宿营区太远。厕所应建在营地的下风处,并远离水源,保证不会因粪便渗出而造成污染。

（二）帐篷区

1. 平整场地

将已经选择好的帐篷区打扫干净，清除石块、矮灌木等各种不平整、带刺、带尖物的易刺穿帐篷的任何东西，不平的地方可用土或草等物填平。之前也提到过，如果选择的是一块坡地，只要其坡度不超过10°，一般还是可以作为宿营地的。

2. 建设帐篷宿营区

合理安置帐篷的入口方向，依次搭建帐篷是建设帐篷宿营区的关键。

（1）帐篷的入口要选择背风的位置。

（2）依次搭建帐篷时要注意：所有帐篷入口都应是同一个朝向的，即帐篷门都向一个方向开、并排布置；帐篷之间应保持不少于1米的间距；若无必要尽量不系帐篷的抗风绳，以免绊倒人。

（3）其他注意事项：为避免下雨时帐篷被淹，可在帐篷四周挖一条排水沟；围绕帐篷区外围，用草木灰、生石灰或雄黄粉等刺激性物质画一个圈，可有效防止蛇等爬行动物的侵扰；必要的时候，可围绕帐篷区设置警戒线或使用电子报警设备，防止野生动物的侵入。

（三）用火就餐区

用火区和就餐区一般选择相邻比较近的地方，或直接就选用同一地方。进行炊事的地点最好是有土坎、石坎的地方，以便挖灶建灶；拾来的柴火应堆放在用火区外或炉灶的上风处，以免引起火灾；就餐区最好能有一块大家围坐的草地，这样就餐的气氛会比较浓烈；"餐桌"可以用一块大平石，或者就在地上，最好能铺上一块塑料布。

（四）娱乐区

娱乐活动区千万不要选择靠近悬崖的地方，如果有一块避风、平坦、远离枯草和干柴的空地，面积大小还能容纳所有营员，那就最好不过了；如果没有这么理想的地方，仅要求场地平整，以便开展各项集体活动便可。开始活动前，应注意清理场地里容易绊脚的东西；清理场地里易燃的干草枯枝，最好能在准备点燃篝火的地方清理出一个隔火圈；必要时，在活动区外围拉上保护绳，以免发生意外事故。

（五）卫生区

保护好野外的生态环境很重要。如果队员在野外随地大小便和乱扔垃圾，不仅会影响其他人感受大自然的心情，还会让苍蝇有机可乘，传播疾病，甚至会破坏野外的生态环境。所以，营地的卫生区建设就显得特别重要。

卫生区应设在宿营区的下风处，与主要活动区保持一定的距离，并远离水源。卫生区包括厕所和垃圾收集处理区，多数情况下仅指厕所。只要扎营住宿，即应当挖建临时厕所，以避免蚊蝇传播疾病和破坏环境。

1. 临时厕所的搭建

临时厕所应建在营地的下风处稍低一些的地方，与营地保持一段不太远的距离，注意一定要远离营地的用水区（至少 20 米以外），保证粪便不会渗出而对水源造成污染。

厕所应建在树木较密，或刚好有障碍物的地方，这样就算没有围帘，也可以起到很好的隐蔽效果。如果没有天然的屏障，可用塑料布或树枝把厕所的三面围住，固定好，注意厕所开口的一面应背风，并在厕所外设立一个明显的标志牌，使别人在远处即可判定厕所是否有人使用。

厕所的修建方法如下：

（1）深坑厕所：挖一个深约 80 厘米，宽约 45 厘米的壕沟。沟底下可铺以少量石块或树叶，有助于防臭，也可撒上一些草木灰使其形成一个薄层，以阻止苍蝇的侵扰。在壕沟上用岩石或木材垒起一个高度合适、使用舒服的"座位"，"座位"的一部分埋入泥土之中。在"座位"上放一些木棒，并留下一个洞口以供使用（如果人多，建成的是公共厕所，可留几个洞口）。用一块宽大平滑的石板、木板、纸板或一片大树叶作盖子，如果使用的是纸板或树叶，则在上面压上小石块，以防被风吹走。

（2）小便坑：挖一个深约 50 厘米的小坑，其中四分之三的空间用石头填起，然后在上面堆放一些泥土，再用树皮卷起成一锥形孔，安置在泥土上，作为尿液下渗的通道。小便坑的位置离营地尽可能近一些，便于使用。

（3）简易厕所：如果觉得上述方法太繁杂，也可以修建简易厕所。选择在营地的下风处，地势要比营地稍低一些，挖一个宽约 30 厘米、长约 50 厘米、深约 50 厘米的长方形土坑。坑底铺上石块和杉树叶以消除臭味，坑旁准备好沙土和铁锹，再准备好一块木板或纸板。便后用沙土将排泄物及卫生纸掩埋，并用木板或纸板将便坑盖住，以消除异味保持卫生。

2. 注意事项

不要在厕所中使用石灰或其他消毒剂，因为这样会杀死粪便中分解粪便的细菌，使粪便散发出恶臭味。可以在厕所旁边准备好一堆松散的泥土、一小桶水和一把铲子，方便后用泥土将粪便覆盖住，并添加少量水，这样有利于粪便中有益细菌的存活，加速粪便分解。厕所一定要覆盖好，并记住要经常更换盖子，以免苍蝇传播疾病。

当厕所使用一段时间，开始散发异味时，则应该修建新的厕所，并把旧厕所用沙土掩埋好，做好标志，以提醒后来人。旧厕所使用过的木材和覆盖物必须焚毁。

（六）垃圾处理区

去到野外一定要牢记一点：保护大自然，尽量不要在营地留下垃圾。在营地活动的时候，可以在营地的下风处设置专门的垃圾收集处理区，并将垃圾进行分类。离开营地前，还应仔细收拾营地的垃圾，与之前的垃圾一并分类处理。

垃圾的分类和处理方法：

（1）菜根菜叶、果皮果核、动物内脏等垃圾是可分解的，可采用挖坑深埋的方式处理，也可将其投入临时厕所中，一并掩埋。

（2）纸皮纸屑、棉花、纱布等可燃烧的垃圾，则要焚烧处理，特别是处理过伤口的物品一定要彻底焚毁。

（3）塑料瓶、易拉罐、一次性塑料品等难以降解的垃圾，则要用垃圾袋装好打包，带离营地，待回途中经过垃圾站时再丢弃；如特殊情况，实在无法带走时，则可挖坑深埋。

有人将野外露营的注意事项概括为"三大纪律、八项注意"，语言简洁而实用。

"三大纪律"：①帐篷要依次搭建；②建好野外厕所；③带走你的垃圾。

"八项注意"：①尽量在坚硬、平坦的地上搭帐篷；②不要在河岸和干涸的河床上扎营；③帐篷的入口要背风；④要远离有滚石的山坡；⑤为避免下雨时帐篷被淹，应在帐篷四周挖一条排水沟；⑥帐篷四角要固定好；⑦帐篷内应保持空气流通，如不得不在帐篷内做饭，则要注意防火；⑧临睡前要检查是否熄灭了所有火苗，帐篷是否固定结实。

同步案例

深圳"驴友"英德中岖峡谷行发生惨剧　山洪冲翻帐篷少女葬身水潭[①]

2004 年 8 月 14 日，一行 16 人的深圳探险队进入了英德的中岖峡谷。傍晚时分，他们来到一个美丽的水潭边。大家被这里的美景深深吸引，于是队员们在靠近潭边的空地上支起帐篷准备过夜。

当天 21：15 开始下雨，大家回到帐篷里躲雨。10 多分钟过去了，雨越下越大。突然，"轰隆"一声巨大的闷响从空中传来，容不得大家反应，凶猛的山洪就从几百米高的瀑布口重重地砸向潭底，紧接着激起的大浪又砸向了探险队的帐篷。大家好不容易逃出帐篷，摸索着爬上了岸。凌晨 3：00 多，队员们终于安全地转到一个可以躲雨的山崖下。领队清点人数时，发现一名 23 岁的女队员不见了。

由于地点偏僻，手机信号微弱，队员们无法与外界取得联系，直到天亮他们才想办法赶到 20 公里之外的波罗镇派出所请求帮助。接到报警，波罗镇政府和派出所立即组织群众进入出事峡谷搜救。当天下午，在水潭底下发现了该失踪队员的尸体。警方将幸存队员们带到派出所协助调查，最终确定这是一起意外事故。

总结：营地的选择，"安全"应为第一位！

第二节　如何搭建帐篷和建立临时庇护所

在连续两天以上野外活动中，需要搭建帐篷。出发前，先练习如何使用帐篷，并检查帐篷的质量，这样，在紧急时才能快速搭建起帐篷而得到保护。例如，2012 年 11 月的

----

① 施翔东. 深圳"驴友"英德中岖峡谷行发生惨剧　山洪冲翻帐篷少女葬身水潭［EB/OL］.（2004-08-18）. http：//news. sina. com. cn/c/2004-08-18/15323428360s. shtml.

"鳌太事故"，驴友们在鳌山上遭遇风雪后，准备搭帐篷宿营。但是，被困地点的风力约10级以上，温度下降至零下30℃左右。驴友们在搭帐篷的过程中，身体难以抵抗低温，导致两人身体失温，一人意外摔伤骨折。不久，受伤的三人均不幸遇难。

因此，在野外活动中，学会如何搭建帐篷是非常重要的。接下来，我们来学习搭建帐篷的具体步骤。

一、搭建帐篷的步骤

第一步：平整地面。首先把地面清扫干净，移走所有的石块，铲除矮灌木等各种不平整、带刺、带尖物的任何东西，并整平地面。理想的营地应该是地面平整不潮湿，排水性好。

第二步：固定内帐。将地席辅好，把内帐铺在上面，门设在背风方向。然后，迅速把各个边角的帐篷钉按压进地里，注意帐篷钉要向外与地面呈45°角。

第三步：支起内帐。按正确的顺序把帐篷杆接好，注意接口应对齐，将帐篷杆穿过帐篷的孔眼。把两根帐篷杆竖起，并把杆的两端插在帐篷四个角的孔上。

第四步：盖上外帐。把外帐罩盖在内帐篷上，并将四个角与内帐的四个角固定。把外帐牢牢地固定在内帐上，确保其不会与内帐的立壁接触，如果外帐和内帐立壁接触的话，下雨时帐篷的防水性能会降低。

第五步：固定帐篷。为防止帐篷被风吹走或吹倒，应用抗风绳将帐篷四周固定好。

第六步：挖沟排水。如果正在下雨，或有可能下雨，为避免下雨时帐篷被淹，应在帐篷外帐四边正下方挖一条排水沟。

第七步：合理安排帐篷内空间。要合理安排好帐篷内的空间，这样，在休息时身体才有足够的活动空间。首先将防潮垫平铺在里面，然后将睡袋放在上面，包放在帐篷边上，将头灯放在容易取到的地方。要注意，包内的物品，只有在必要时才取出，用完后应重新装好，这样在紧急撤离时不会丢失物品。

二、建立临时庇护所

当你身处险境，正面临着生存的挑战，而又缺乏帐篷，则要根据现有的工具和材料情况，搭建必需的临时庇护所。

在搭建庇护所时，应遵循"用最小的力气取得最高效率"的原则。因此，庇护所应该要搭建在靠近所需材料的地方，而且要远离危险。

庇护所的质量应与其使用时间长短相适应，而且要根据自身的体能情况来决定。选择临时庇护所的位置时，可参照营地的选址条件，但如果需要救援，则要考虑庇护所的位置应让救援人员容易发现。如果因为安全原因而转移到偏僻处，应在路口留下标记。

我们可以利用方块雨衣、毛毯、帆布等材料来架设简易帐篷。临时简易帐篷主要利用现有的自然条件，借助一些简单设备进行搭建，方法主要有以下几种：

（1）用树枝或登山手杖插入泥土来撑起简易帐篷。

（2）利用斜挂的树枝吊起简易帐篷。

（3）利用树干撑起简易帐篷。

（4）利用大石块撑起简易帐篷。

如果缺少搭建简易帐篷的材料，则可因地制宜地寻找临时的庇护所，例如，利用悬崖下的突出物、山洞等；如果身处大片的开阔地带，可背风坐下休息，在背后堆集各种物品防风；还可利用宽大的树叶、倒下的树干等各种材料来搭建临时庇护所，也可采用挖土坑、建雪屋等方法建立临时庇护所。

知识点小结

◇ 营地的选择要考虑安全、近水、避风、平整。

◇ 营地要进行分区规划。

◇ 要注意营地的环保。

◇ 要熟练正确地搭建帐篷。

◇ 利用现有条件，根据实际环境，快速搭建好临时庇护所。

参考文献：

[1] 约翰·怀斯曼. 生存手册 [M]. 李斌，倪明，译. 北京：华文出版社，1999.

[2] 马红宇，王斌. 登山、攀岩与野营入门 [M]. 南京：江苏科学技术出版社，2001.

[3] 陈小蓉. 定向运动与野外生存训练 [M]. 广州：中山大学出版社，2003.

[4] 罗比. 户外运动现在进行时 [M]. 济南：山东友谊出版社，2003.

[5] 柳萍. 野外旅游生存自救 [M]. 北京：中国旅游出版社，1999.

第五章

野外工具制作和绳结的使用方法

学习目标

理论目标：了解野外生存应掌握的知识，掌握几种常用的结绳方法，了解求生工具的制作方法。

实践目标：能够学会制作简单求生工具；掌握3～5种常用绳结的打法。

导入案例

悲剧！美 31 岁攀岩纪录保持者失手　下降时没打绳结直坠 300 米身亡①

美国一名曾打破攀岩纪录的好手 11 月 27 日于墨西哥一座 762 米山峰攀登峭壁时，竟因没有为绳索末端打结，在游绳下降时意外直坠 300 米而死。而与他同行的另一名攀岩手亦同样坠落，但摔在灌木丛中保住性命，与死神擦身而过。年仅 31 岁的戈布赖特（Brad Gobright）是知名的攀岩家，曾在 2017 年创下最快攀上加州国家公园酋长巨石的纪录，因而享负盛名。他周二在网上结识了 26 岁的攀岩家雅各布森（Aiden Jacobson），邀请他一同攀登墨西哥蒙特雷附近的波特瑞罗峰，并结伴从著名峭壁游绳而下。

雅各布森忆述，两人好像为了避免绳索缠在一起，没有在绳索末端打安全结；他曾经表示要把部分绳索移往戈布赖特那边，但后者表示长度足够。不料，绳索长度够，加上绳末没有打结，令两人同时直往下坠。幸运摔在树丛的雅各布森仅足踝骨折，而戈布赖特当场丧命。戈布赖特所属的攀岩会周四公布噩耗，不少同行纷纷致哀。

第一节　野外简易工具制作

在野外，任何状况都有可能遇到，学会利用周边的材料制作简易的工具，不但可以提高在野外生存的概率，还可以锻炼自己的动手能力。

一、用石材制作工具

（一）分辨石头的类型

在制作石头工具之前，需要了解一下不同石头的性能。从表面上看，河流或者海滩里的卵石（棒球到垒球大小的圆形石头）看起来都一样：圆形、无趣、灰不溜秋。但是，如果将它们劈开，会发现一些不同点。

如果要劈开一块石头，可以用两手抓住它，然后猛地撞向另一块石头。但是，在撞击的一瞬间要闭上眼睛以防止被飞溅的碎片伤到，有条件的话最好带上太阳镜。

劈开了这块石头以后，观察它的晶粒大小，然后确定这块石头有什么用处。触摸岩石暴露的表面来分辨晶粒的大小，以此来分辨岩石的种类。以下按晶粒尺寸由大到小的顺序

------

① 悲剧！美 31 岁攀岩纪录保持者失手　下降时没打绳结直坠 300 米身亡［EB/OL］.（2019 – 11 – 30）. https：//wxn. qq. com/cmsid/20191130A07BA300.

列出了一些常见的岩石种类，并且列出了它们的使用方法。

（1）黑曜石。黑曜石是火山熔岩急冷时形成的天然玻璃。它们一般是黑色的，被弄碎以后，边缘很锋利。

（2）燧石。燧石比较光滑，晶体颗粒比较密，并且它们的边缘非常锋利，但它们不像黑曜石那样脆弱。这些石头是制作矛头或箭头的理想材料。如果手头有钢制品，也可以保存一块燧石用来生火。

（3）玄武岩。玄武岩是一种浓黑色的岩石，不像黑曜石那样容易被打碎。它的边缘也没有黑曜石那样锋利，但是由于其更加耐磨，可以用它做用来刮或切的重型工具。

（4）浮石和砂岩。浮石是一种火成岩，砂岩是一种沉积岩，它们是自然世界的砂纸，可以用它们将木头、骨头和鹿角磨成不同的形状。

（二）制作石头工具

知道了石头中晶体颗粒的大小之后，就可以开始制作想要的石头工具了。这里介绍两个主要的工具，可以用它们将石头加工成对求生者有用的形状。

1. 石锤

石锤可以用来砸开其他的石头。大石锤可以砸开其他的石头来获得完整的切片或石头碎片；小石锤可以是一个核桃的大小也可以是一个弹珠的大小，它可以将石头的边缘修理整齐。不论哪种情况，关键是用锤子打碎石头得到碎片。坚固的边缘锋利的石头对于木工和其他工作十分有帮助。一个被分为两半的鹅卵石，它拥有坚固锋利的边缘，可以用来砍柴。

用石锤撞击石头的边缘。用手抓牢石头，控制好需要被敲击的地方，这样的敲击可以形成石头薄片，可以把这些石头薄片当小刀使用。对大部分幸运者来说，可以通过打碎很多的石头或者在废墟中寻找来获得想要的东西，而不需要压力刨片机。

2. 压力刨片机

压力刨片机是由金属、骨头或鹿角制成的，大小约如铅笔或钢笔，拥有一个坚固耐磨的尖端。可以用它来打磨石头碎片的边缘。压力刨片机可以很好地控制石头的形状，经过一些练习可以制作形状复杂的石头。想要用压力刨片机塑造个石头，需要将石头片的边缘精心修整成想要的形状。

如果一个石头工具不管用，大部分情况是因为晶体大小不对，也可能是石锤过大或过小，唯一的解决方法是不断实验和试错。

二、简易容器的制作方法

在野外常常用容器来装水、放食物以及煮饭等，如果缺乏这类物品，可通过自然资源加工制作解决。如在林区可以用树木制木盆、木碗、木桶等；在有竹子的地区，可用竹子制作竹筒、竹碗，还可以用竹子做饭；在有黏土的地方则还可以制作陶器。

（1）木盆、木桶及木碗的制作方法：选取一节比较松软的木头，将木头的中间掏空，注意不要掏穿，根据木头的大小以及长短就可以做成木盆、木桶及木碗。

（2）竹筒、竹碗的制作方法：取一段两头带节的竹子，在一头竹节上沿内壁开一个小口就做成了一个竹筒。做一个木头塞子塞住小口，可以防止水倒出来。

（3）陶器的制作方法：制陶是一项复杂精细的技术，但只要耐心细致，反复实践，不断探索，还是可以制作出实用的陶器的。

①材料选择：选用黏性大、结构紧密的黏土。

②制作陶土：将黏土打碎，用水调和均匀，放置一段时间即成，陶土应不软不硬并有韧性。太软，难以成形，太硬不易黏合且容易开裂。

③加工制作：可根据需要制成各种泥锅、盆、碗等。

④脱水：将做好成形的陶胎放在干燥、通风的地方进行自然脱水，注意不可直接在太阳下晒干以免开裂。

⑤烧制：将脱水好的陶胎分层叠放，在四周架上木柴，进行燃烧，一直烧到陶胎透红，保持五六个小时的热度后慢慢减去火力，自然冷却即可。

三、绳索的制作方法

绳子在野外生存中的用途很多，上升、下降、捆绑、套索、保护及救援等都需要绳子。韧性好的植物纤维都可以作为绳子的原料，把它们搓编在一起就可以制成一根不错的绳子。

1. 原料选择

除了选择麻类植物和动物肌腱以外，树皮（靠近木质部的内层皮）、棕榈丝、蕉树茎、动物毛、沙草、须根等也可以利用。在选择原料前，应先试试纤维的拉力，在单束纤维都不易拉断的情况下，搓出的绳子就会有很强的拉力。

2. 编绳方法

（1）回力搓绳法：将适当粗细的纤维折过来，变成两股（两股应不等长，以便加续纤维时两边的接头不在同一地方，使绳子不易断开），在固定一端的情况下，将两股向同一方向搓捻，然后解开先端，则纤维在回力的作用下，自然拧在一起。要想得到较长的绳子，就要不断续加纤维。注意不要在两股纤维的同一个位置续加，应错开20厘米以上，并把纤维拧紧。

（2）编辫法：就是和编辫子一样的方法。把纤维固定一端，并把纤维分成三等份，三股纤维等间隔地一股压一股，最终就能得到一根理想的绳子。要想得到较长的绳子，就要不断续加纤维。注意不要在三股纤维的同一个位置续加，应相互错开，并把纤维拉紧。

四、将骨头和角雕刻成工具

在野外，可以把骨头和角刻成工具使用。事实上，有时候骨头和角比石头制作起来更简单。承受压力时它们会发生弯曲而不会轻易碎掉，这一特性使得它们成为制作长矛的绝佳材料。

可以从大型哺乳动物的尸体上取下骨头和角，这些是比较理想的制作材料。将这些天然的材料收集起来，去掉所有软组织。如果可以的话最好清洗干净，将骨头和角放入水中浸泡24～48小时，软化后更好打磨。以下是打磨骨头和角的几种主要方法。

（1）在砧板上用石锤撞击它们来产生碎片。可以用一个棒球大小的石头来砸开骨头或者用石锤将楔子砸进骨头里面。很多骨头很难被打碎，若这个动物刚死不久，可以过几天，等它的骨头露出来了再试一试。

（2）用粗糙的石头来研磨碎片。用砂岩或浮石将骨头或鹿角的表层给磨掉，就像使用砂纸一样。

（3）用小刀的尖端，使劲在打磨过的碎片上面钻个孔。当然也可以用打磨过的石头来钻孔，不过这会比较困难。最好是一直将小刀或多功能工具带在身上。

五、其他一些特殊工具的制作

1. 绳梯

即使不是攀岩高手，在特殊情况下，也不得不尝试各种新方法来上下山，尤其是在下山时遇到一个陡峭的山崖，绕道走又非常浪费时间的情况下。这时，如果会制作绳梯，就能快速、安全地抵达崖下。

制作绳梯的前提是要有足够长的绳索，然后有长短相同、粗细均衡、可以承受体重的木棍。先到附近的树林里找到结实的树枝，把它砍成等长的若干根。木棍的数目和将要下降的山崖的高度，以及绳索的长度是成正比的。当这切准备妥当之后，就可以开始制作绳梯了。

（1）先把绳索分成两股，绑在不太高的枝丫上，这样就能保证捆绑"梯子"的时候，它们保持在同一水平线上。

（2）将第一根木棍绑在两边的绳索上，要保持它不倾斜。不过，最重要的是绑木棍所打的结，一般使用双套结。

（3）在距离第一根木棍大概50厘米的下方（根据自己左右腿的跨度），绑上第二根木棍，保证与第一根木棍等距离，并在同一水平线上。

（4）依照这样的方法，把所有木棍都绑上去，最后，绳梯便制成了。

（5）把绳梯的一端牢牢绑在山崖上结实的地方，然后将绳梯扔下去，人工阶梯便制作完成。

尽量把绳梯铺在那些有凸出岩石的地方，万一绳梯不牢，至少有个攀爬、承压之处。制作绳梯很考验预测能力和动手能力。

首先，必须对自己所处位置与崖底的距离有个准确的估算，否则绳梯太短，将悬在半空中，进退两难。其次，要对绳子及木棍的承压能力有个预测，万一绳子、木棍承受不住自己的体重，那么后果是很严重的。

不过，也许手头没有绳子或者足够长的绳子，那么就像前面所说的那样，可以用藤条来代替。很多冒险家即使在有绳子的时候也往往选择用藤条，因为绳梯的另一头捆绑在山崖的上面，只能一次性利用，等下了山崖之后，就不能收回来了。

总的来说，制作绳梯的过程也许比较轻松好玩，但利用绳梯攀爬下山却比较危险。如果山崖太陡、太长，而又没有十足的把握，那么还是建议另寻下山之路。还有一点需要注意，就是准备使用绳梯时候的风力大小。如果风力太大，建议放弃这种办法。否则当沿着绳梯下到半山腰的时候，一阵大风吹来，把绳梯和人吹得左右摇晃，甚至像一只风筝一样

飞在空中，那绝对是一件很危险的事。（如图5-1、图5-2）

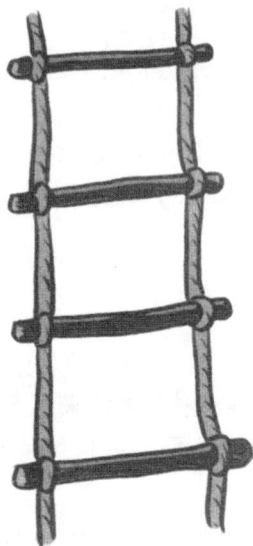

图5-1　绳梯1

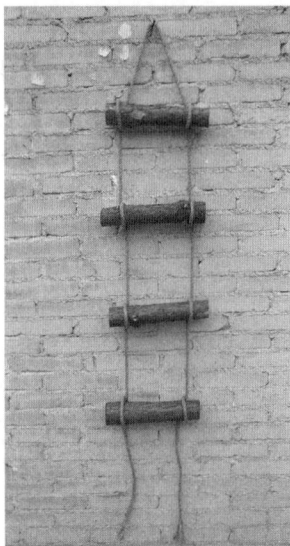

图5-2　绳梯2

2. 简易担架

野外活动时，如果队友因脚踝骨折、坠崖摔伤、中暑等情况导致行动不便，甚至完全失去行动能力，此时，需要尽快把他转移下山，寻求救援。不当转移可能会对伤者造成二次伤害，但如果没有转移伤者的知识和经验，只能束手无策。这时候，利用大衣和木棍快速制作一个简易的担架是转移队友的一个安全有效的方法。

（1）找两根2米以上的长竹竿、两根80厘米左右的短竹竿和两三件衣服。

（2）将长竹竿从衣服的袖筒穿过去。

（3）用绳子将短竹竿和长竹竿的四个角绑紧，简易担架就完成了。（如图5-3）

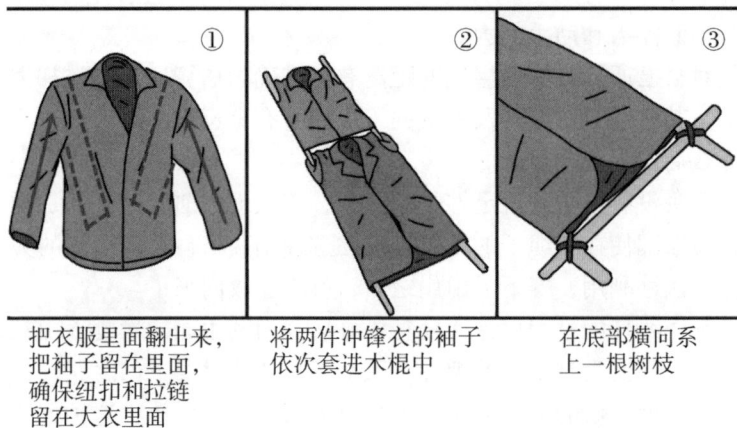

① 把衣服里面翻出来，把袖子留在里面，确保纽扣和拉链留在大衣里面

② 将两件冲锋衣的袖子依次套进木棍中

③ 在底部横向系上一根树枝

图5-3　简易担架制作图

如果没有衣服，那么也可以用牢固的绳子或者树藤替代。但是要注意使用准确的绳结，避免绳子或树藤松开或者断裂。（如图5-4）

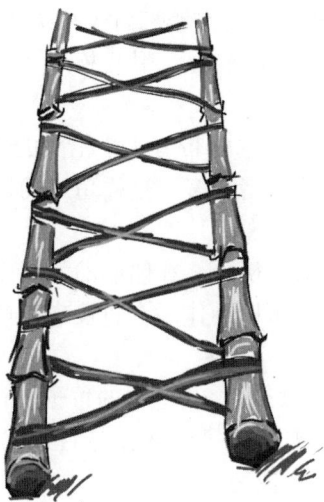

图5-4　简易担架

同步案例

游客登山不慎扭伤，村民自制担架接力救援①

"不好了！不好了！有人爬山时扭伤了腿，快来人救援。"2019年2月23日下午，长安区滦镇街办沣峪村村委会副主任刘某接到这样一个求援电话。他立即组织了几名村民，花了一个多小时，将受伤的游客成功救援下山。

当天四名游客到滦镇街办沣峪村爬山游玩行至库字沟时，其中一名游客不慎将小腿扭伤无法行动，十分痛苦。这时，同行的游客看到附近有村民便向村民求救。

得知有人受伤需要救援，刘某立即和几名群众一起赶往现场，全力救助受伤游客。

"我们到了现场后发现，受伤游客的小腿扭伤。他所处地离山下还有很长一段距离，步子快的人至少得走半个小时。"刘某便和村民们就地取材，利用吊床和两根树枝，组装了一个简易的担架，将受伤游客放在担架上抬下山。

由于下山的路很滑，且陡峭难行，参与救援的村民们逐渐体力不支，刘某几个人采用接力方式，轮流休息，大家全力以赴将受伤游客快速送到山下，直到将受伤游客送上他们自己的车，大家才松了一口气。几名受到帮助的游客也是连声道谢。

---

① 高乐. 游客登山不慎扭伤，村民自制担架接力救援［EB/OL］.（2019－02－25）. https：// baijiahao. baidu. com/s？id＝1626415213965542990&wfr＝spider&for＝pc.

3. **多枪头鱼叉**

在水域较浅并且水较清澈的地方，鱼叉是比较好用的捕鱼工具。鱼叉的枪头越多，其攻击的面积就越大，命中率也就越高。

（1）取一节 1.5 ~ 2 米的竹子，然后在距离竹子一端 20 厘米处用绳子绑紧。

（2）用刀把这一端竹子平均分成 4 块，用两根小木头呈"十"字状卡在 4 块竹片中间。

（3）用刀把 4 片竹片削尖一点，这样带有 4 个枪头的鱼叉就完成了。

当然，也可以将竹子分成 8 块或者更多，这样鱼叉的枪头更多，攻击面积也更大。

4. **竹筏**

竹筏，又叫竹排，它有着悠久的历史，在船舶的发展史上有着独特的地位。在野外活动时，遇到河流、湖泊等水域时，可以制作一个竹筏来渡过这些水域。

竹筏的制作主要包括几个步骤：

（1）收集 10 ~ 15 根，直径不要超过 30 厘米的竹子。竹材必须使用较老的毛竹，竹竿表面呈淡黄色、通直、粗大、无破裂。尽量选择冬竹，千万不要找绿竹，因为绿竹重量太大。

（2）将竹子截成 3 ~ 4 米的长度，去掉竹子的枝叶，留下较粗的部分，竹筒要完好，不要破损。

（3）根据竹筏的宽度，截取 4 ~ 6 根小竹子作为固定器。

（4）捆绑竹子。第一根竹子和最后一根一定要绑紧，绳头可以先用双套打上再用十字交叉打两次，收尾绳结也可以用双套。在竹子中间使用十字交叉结。如果不会打绳结，可以参考下一节内容。注意绳子竹子之间排列要紧密，这样用绳子绑紧之后。竹子之间的间隙才会小，站的时候也比较安全，避免脚从竹子的缝隙之间落下去。

（5）将制好的竹筏放入浅水区进行浮力测试，否则有生命危险。如果浮力不够，需要增加浮力辅助块，如大块的泡沫板、充气轮胎、密闭的空桶等。

（6）上竹筏前要穿好救生衣。不要忽视这些细节，因为俗话说"淹死的都是会水的人"，安全一定要重视。在竹筏上掌握好平衡，可以用撑杆来掌握平衡，如果感觉自己掌握不了平衡，可以降低重心，还可以八字脚站立，尽量多踩几根竹子。（如图 5 - 5）

图 5 - 5　竹筏

同步案例①

桂林这几个竹筏工人出名了！朋友圈被他们的这一举动刷屏！

2019 年 7 月 13 日上午，漓江阳朔兴坪段超警戒水位，兴坪镇部分街道被淹，一辆外地自驾车被洪水冲走，车上有 5 人，情况十分紧急！据目击者覃先生介绍，上午 10 时 50 分许，一辆河南牌的自驾车被洪水冲走，往下游漂了 100 多米，车上有游客呼救。车内有 4 名大人和 1 名小孩，车辆所处的位置有 4 米深的水，车辆随时有下沉入水的危险。

这时，阳朔漓江景区的船员和竹筏工见状，先后撑着 3 条竹筏冒着大雨和危险前去救人。众船员和竹筏工先后从车内救出 4 人，但还有一位老人被困在车里。此时，车辆已沉入水里，但众人没有放弃打捞寻找。接着，老人呛了几口水后，浮出了水面，众人立即将老人救上竹筏，然后送上岸到兴坪镇卫生院。经检查，老人身体并无大碍。因营救及时，被洪水围困的 5 名游客成功脱险。

第二节　常用绳结的使用方法

一、绳索的整理

（一）绳头的处理方法

绳子容易从切口处散开，因此，在使用绳索前我们要对绳头进行处理。有四种常见的处理绳头的方法：

（1）处理在户外活动中最常被使用的尼龙等化纤制绳索时，只要用火烤一烤切口部位使之融化，再用指尖捏紧即可。如果能在距两端一厘米处再涂上环氧树脂黏着剂固定的话，那么将会更安全。较粗的绳索或者是经常使用于野外的绳索都能这样处理。

（2）暂时性的绳端处理，可以利用透明胶带固定。但绳索如果在裁断后再用胶带包住，则切口处容易散开，所以最好是在切断前先在预定的切断处两侧卷上胶带后再行裁断。

（3）利用线来固定绳头是一种相当普遍的方法，它可以使用在编织绳或捻绳上。利

---

① 桂林这几个竹筏工人出名了！朋友圈被他们的这一举动刷屏！［EB/OL］.（2019 - 07 - 16）. http://www. sohu. com/a/327322029_650845.

用线来捆卷的方法有很多种，但以这一种使用最为普遍，它适用于编织或者搓捻的绳子上。所使用的线可依绳子的粗细来做选择，但一般以风筝线最常被使用。在处理时要注意，必须先将绳子捆绑后再切断：①用线牢牢地缠绕；②将线穿过环中；③拉紧另一端的线头；④切掉线的两端；⑤最后，在距离线头少许处切断绳子即告完成。（如图5-6）

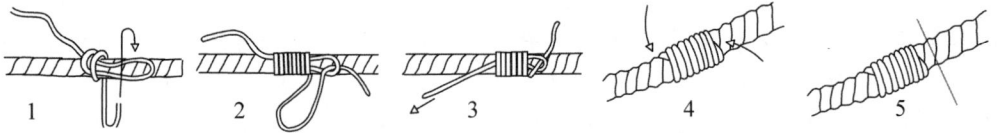

图5-6　固定绳头

（4）此外，如果绳索是由三部分搓捻而成的话，解开绳端再将之相互联结的处理法也可以使用。

（二）绳子的捆绑方式

很多人都有这样的经历，在紧急需要使用绳子时，却因为绳子缠绕在一起而无法快速理顺。如果只是将使用过的绳子随便地绕成环状，那么不仅携带不便，也无法顺利地使用。所以在捆绑绳子时，除了需为携带方便考虑外，也必须为容易解开做一些设想。

绳子的捆绑有很多种方法，当然，选择容易解开的捆绑法是明智的，但如果是捆绑捻制成的绳子，就需注意不要使用那种会让绳子过于扭紧或过于放松的方法。此外，在捆绑登山绳等又粗又长的绳子时，需留意纽结的产生，将绳子卷成环状的方法一定会产生纽结。最好是用先将绳子分成左右两边后再折起来的方式。这是目前被广泛使用的方法。

以下介绍几种方便的捆绑法，并要注意对绳子小心维护。在使用绳索后，一定要仔细检查有无伤痕，并将脏污的地方擦拭干净，充分阴干后再行捆绑。

1. 粗绳的捆绑方法

这是一种将绳子分为左右两边，在不产生纽结的状况下即可将绳子捆绑好的方法。在分绳子时，一次的长度最好等于两手张开的最大距离，如果长度不够则捆起来的绳子可能会变得比较大。在捆绑时，如果一只手无法应付，也可以放在手腕上。①将绳索分成左右两边；②将末端折返做成一个环；③用绳子的另一端缠住绳捆；④此末端穿入环中；⑤拉紧绳子的两端；⑥打一个平结；⑦将绳子背在背上携带时，用如图5-7所示的方法，将会相当便利。但需注意，此时绳子的两端需先预留2~3厘米的长度。

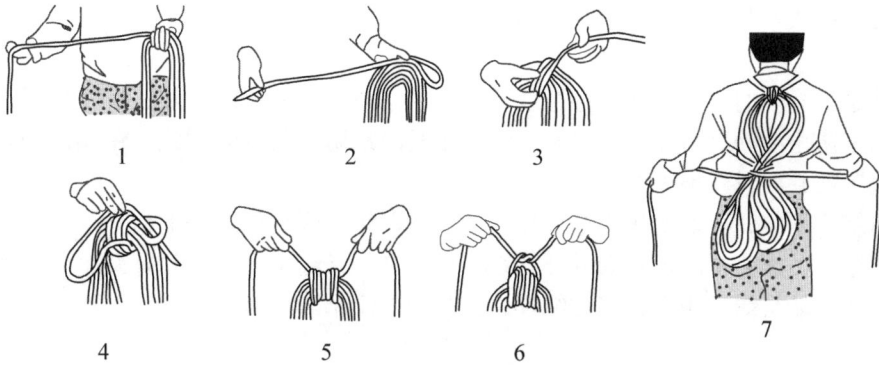

图 5-7　粗绳捆绑法

2. 细绳的捆绑方法

这是一种携带适当长度细绳时的重要结法，而且也可将之悬吊起来保管。收绳结一定要卷得刚刚好才会好看。在卷的过程中，需注意不要有太短或者是过长的情形发生，而要抓住技巧则需靠不断地练习。此外，由于在解开时容易发生纽结，所以必须一边解开一边将绳子弄直。①将绳子的一端来回地折几次；②由上往下紧紧地缠绕；③绕到最后，将绳子的末端穿入下方的环里；④拉上方的环使之固定。（如图 5-8）

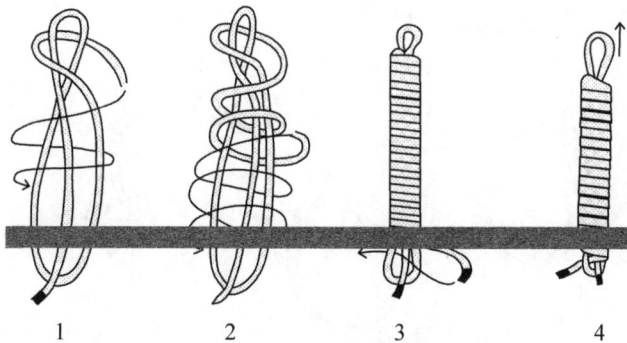

图 5-8　细绳捆绑法

（三）绳索的保管方法

绳索的保管很重要，湿气、阳光直射、高温等都是绳子的大敌，特别是长时间的紫外线照射会使绳子劣化并降低其强度，因此，捆绑好的绳子最好是放在没有阳光直射，且通风的地方。

二、几种基本结绳及用途

绳结有很多种，认真学习及掌握结绳的基本方法，并善加运用，则足以应付野外的各种状况。尤其是称人结、接绳结、双套结、八字结等，应用范围很广。以下将就绳结中最基本的几种结法及其用途详加说明。

1. 单结

单结是最简单的结。当绳子穿过滑轮时，单结可发挥绳栓的作用；在拉握绳子时，单结可以用来防止滑动；当绳端绽线时，可用来暂时地防止其继续脱线。单结的缺点是，当结打得太紧或弄湿时就很难解开。

以单结为基本，可以变化成结形较大的多重单结、圈套结之一的活索、将绳与绳连接的固定单结、做成一个固定圆圈的环状结，以及在一条绳子上连续打好几个单结的连续单结等。①将绳端与绳子相交，穿过绳环；②打成一个结。(如图 5-9)

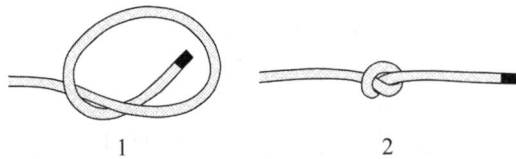

图 5-9　单结

2. 双重单结

双重单结主要用于加固绳子损坏部位的重要绳结。它的结法很简单，只要将绳子对折后打一个单结即可。绳环部分就是绳子的损坏部分，由于其无法产生施力作用，即使拉紧绳子两端，绳环部分也不会受力。(如图 5-10)

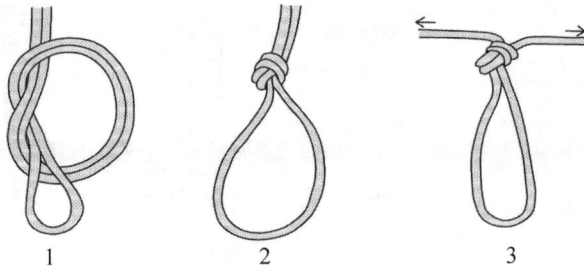

图 5-10　双重单结

3. 接绳结

接绳结是连接两条绳索时所用，打法简单，拆解容易，可适用于质材粗细不同的绳索，安全可靠程度高。当两条绳索粗细不一时，打结的时候必先固定粗绳，然后再与细绳相连。

接绳结的打法有两种，一般最常使用的是如下所介绍的打法一，打法二适用于连接细绳或需要迅速打好结时。

打法一：①将一条绳索（粗绳）的末端对折，然后把另一条绳索（细绳）从对折绳圈的下方穿过；②把穿过的绳头绕过对折的绳索一圈；③打结；④握住两端绳头拉紧结目。(如图 5-11)

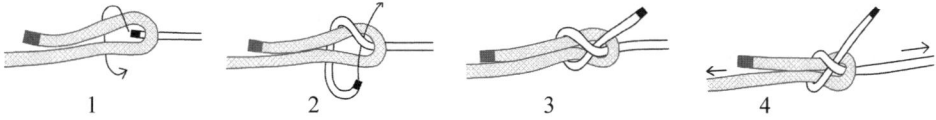

图 5-11　接绳结（一）

打法二：利用指尖，使细绳可以迅速打成接线结的方法。①将两条绳索先行交叉；②手握着交叉部分，然后把一端绳索（细绳）绕个圈；③把另一端的绳索（粗绳）对折；④将绳头穿过绳圈；⑤拉紧较细的绳；⑥用力拉紧结目后完成。（如图 5-12）

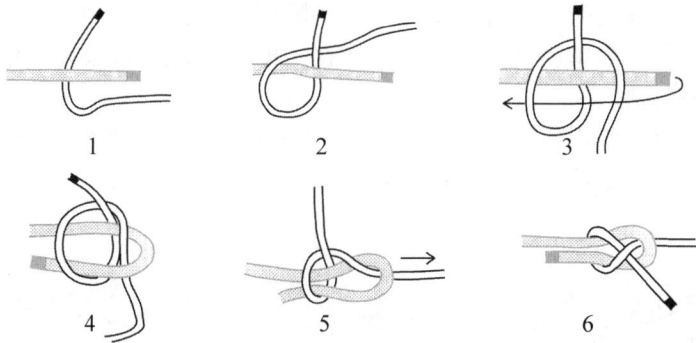

图 5-12　接绳结（二）

4. 平结

平结适用于联结同样粗细、同样质材的绳索；不适用在较粗、表面光滑的绳索上。打平结时，缠绕方法一旦发生错误，结果可能会变成外行平结。外行平结是个不完全的活结，用力一拉结目就会散开，缺少实用价值。平结完成后拉得太紧的话，绳结不容易被解开；为了改善这个缺点，拉结、蝴蝶结、外科结等变化结便应运而生，且应用范围广泛。①将绳索两端缠绕后拉拢；②在交叉的上方再缠绕一次。此时如果缠绕方向错误，结果会变成外行平结，这点要特别小心；③握住两端绳头用力拉紧。（如图 5-13）

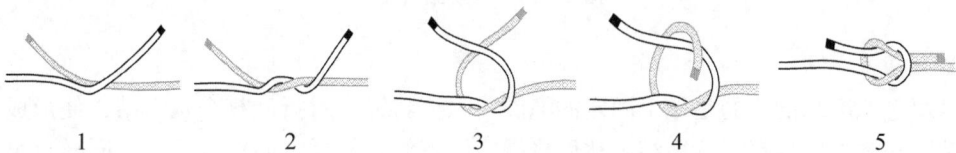

图 5-13　平结

5. 渔人结

用于连接细绳或线的结。在两条绳子各自打上一个单结，然后将其连接起来，结构简单，但其强度很高，也可以使用在不同粗细的绳子上。这个结不太适用于太粗的绳子，或是用在容易滑动的纤线等绳子，有时很容易就解开了。①将两条绳子的前端交互并列，其

中一条绳子像卷住另一条绳子般打一个单结；②另一边也同样打上一个结；③将两条绳端用力向两边拉紧。（如图 5 - 14）

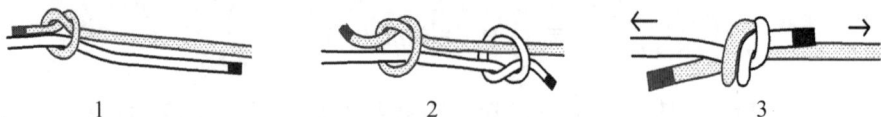

图 5 - 14　渔人结

6. 八字结

八字结主要是作固定防滑之用，八字结的结头比单结大，适合作为固定收束或拉绳索的把手。八字结的打法简单、易记，它的特征在于即使两端拉得很紧，依然可以轻松解开。以下介绍两种打法。

打法一：这是最常使用的打法，适合用于绳索较粗时。①如图将绳端先行交叉；②将一头的绳索绕过主绳；③将绳头穿过绳圈后拉紧完成。（如图 5 - 15）

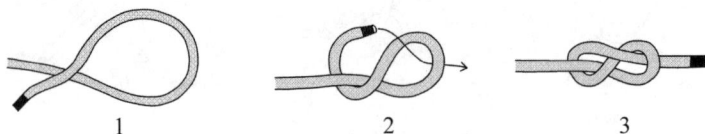

图 5 - 15　八字结（一）

打法二：适用于较细绳索。①将绳端对折，并用双手握住；②把对折部分朝箭头方向转两圈；③将绳头穿过绳圈；④拉紧两端打好结。（如图 5 - 16）

图 5 - 16　八字结（二）

7. 双重八字结

打双重八字结的目的是做个固定的绳圈。只要将绳索对折后打个八字结，便形成双重八字结。在绳索中部打个八字结，然后将绳头顺着结目从反方向穿过绳圈，同样也可以完成双重八字结。这个打法可以将绳索打在其他物品上，十分方便。由于双重八字结具备耐力强、牢固等优点，在安全方面非常值得信赖，经常被登山人士作为救命绳结使用。不过美中不足的是，双重八字结的绳圈大小很难调整，而且当负荷过重，结目被拉得很紧时，或是绳索沾到水时，要解开绳结比较困难。

打法一：把对抓的绳索直接打个八字结，并且做成绳圈，用力拉紧结目。（如图 5 - 17）

图 5 – 17　双重八字结（一）

打法二：利用双重八字结将绳索联结在其他东西时使用。①在绳索中部打个八字结；②顺着结目从反方向穿过绳索的末端；③用力拉紧结目。（如图 5 – 18）

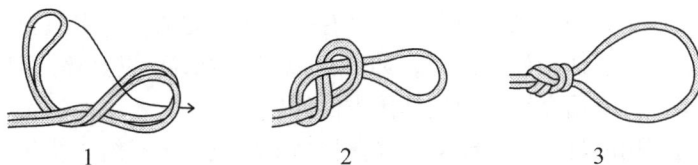

图 5 – 18　双重八字结（二）

8. 半扣结

半扣结的目的是把绳索套绑在其他物品上，可是它不适合套绑方形有角的物品，只能用在圆柱形的物品上。不过，由于半扣结的耐力很低，稍微一拉就会散开，所以很少单独使用。半扣结所扮演的角色是担当多复杂绳结的基本结，另外它还可以加在其他绳结完成后的末端，使整个绳结变得更牢固。①把绳索套在圆柱体上；②将绳头绕过绳索一圈；③朝箭头方向穿过绳头拉紧。（如图 5 – 19）

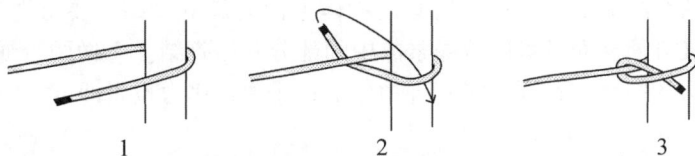

图 5 – 19　半扣结

9. 系木结

打一个半扣结后，再把剩下的绳头在绳圈上缠绕两三圈的结就是系木结；它适合用来架帐篷，在树上绑吊床或绑晒东西的绳索。系木结的优点是简单牢固，即使用力拉扯，也不用担心结会散开，但在需要考虑安全性的物品上，系木结不是很好的选择。应用系木结时，可以在完成后再加一个半扣结加强保障，适合用来搬运细长物体。①先打一个半扣结；②将剩下的绳头在绳圈上缠绕两三圈后拉紧。（如图 5 – 20）

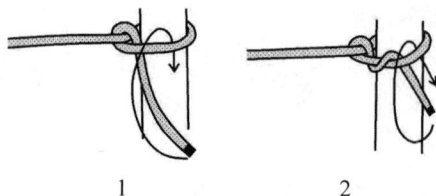

图 5－20　系木结

10. 双套结

双套结广泛地应用在将绳索系在物体上，它不但简单实用，而且在绳索两端用力均等时，双套结可以发挥更大的效果。如果绳索只有一端用力的话，那么只要在双套结完成后再打一个半扣结，效果同样很好。此外，如果打成双套滑结，想要解开时就可以更轻松。双套结的结法有很多，下面介绍三种最具代表性的打法。

打法一：普遍使用的打法，把绳索卷绕在物品上而成。①把绳索绕过物体一圈；②从上方再绕一圈；③用力拉紧绳索两端；④最后只要再打个半扣结，即使朝箭头方向用力拉扯绳子，也不用担心结形散开。（如图 5－21）

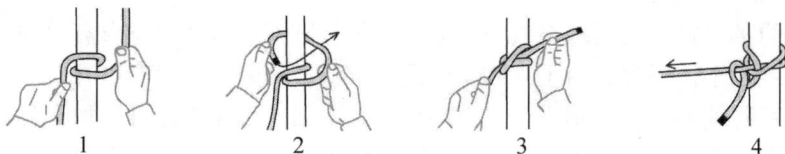

图 5－21　双套结（一）

打法二：做两个绳圈，将之重叠后套进物体上便完成双套结。要将绳环套住物体时，这个方法既快速又方便，而且可以从绳索的中间部分开始打结。①做两个绳圈；②把右边的绳圈重叠在左边的绳环上；③直接套进物体上；④两边用力拉紧即可。（如图 5－22）

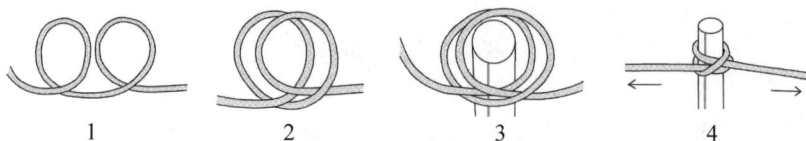

图 5－22　双套结（二）

打法三：当物体的位置处于横摆的状态，或者从下方用力时，可以应用这个打法完成卷结。如果只有一方承担负荷的话，那么最好还是加个半扣结比较保险。（如图 5－23）

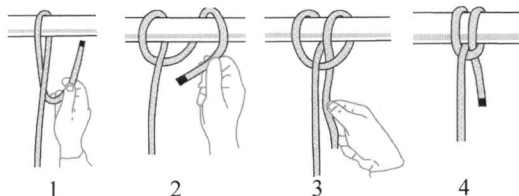

图5-23　双套结（三）

11. 称人结

　　称人结，也叫"普林结"，被称为绳结之王，用途广泛，适用在各种场合。称人结的特点：易解易结；安全性高；用途广泛，变化多端，以此种结法为基本，能衍生出各种不同的变化结，是野外活动必须掌握的结绳法。称人结有多种结法，应将每种用法都灵活运用。如果只记得一种结法，在紧急救人时会觉得应付不过来。以下将介绍称人结的各种打法。在桌上练习粗略的结法是很重要的，但如果能到野外实地演练，边试边学是再好不过的了。如此一来，在何种情况下要使用哪种结法，就能够亲身体验了。而且学习其他绳结，也必须切实地去操作。

　　正统结绳的方法：这是最基本的结法。①在绳索的中间打一个绳环；②将绳头穿过绳环的中间；③绕过主绳；④再次穿过绳环；⑤将打结处拉紧便完成。（如图5-24）

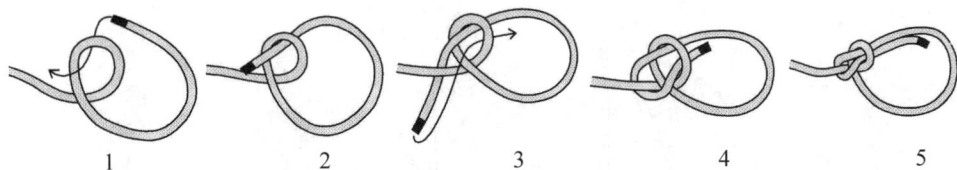

图5-24　称人结（一）

　　双手结绳的方法：这是在垂下的绳索的末端上用双手打一个称人结时使用，主要是用右手的拇指及食指来操作。①如图将绳索交叉，用拇指和食指扣住交错处；②转动手腕；③形成像图一般的形状；④最后参考前一种方法的要领来完成。（图5-25）

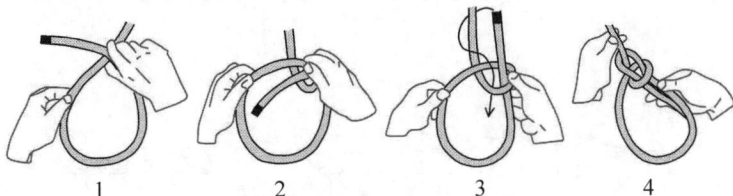

图5-25　称人结（二）

　　单手结绳的方法：在不得已须用单手结绳时的方法。举例来说，当落入海中的人可用一只手抓住救命的绳索，同时用另一只手将绳索结到腰上，或登山时，把绳索系在安全吊带上，或是直接将自己缠住固定起来。这是最实用的结法。①用右手握住绕过身体腰部的绳索末端；②交叉绳索；③反扭手腕绕过；④如图所示，形成右手在绳环内的形状；⑤用指头，将绳头绕至主绳；⑥抓住绳头直至右手从圆圈中抽出来为止。（图5－26）

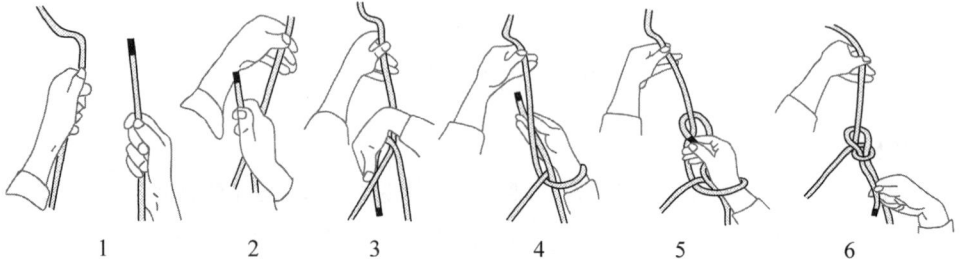

图5－26　称人结（三）

调整绳环大小的方法：此种是能够简易地调整圆圈大小的结法，用于在自己身上结上绳结的时候。重点是要不断地练习抓到调整的诀窍。①将原先绕过腰部的绳子形成一个圆圈，用左手穿过圆圈并抓住绳子；②保持原来的姿势，把左手伸出来，并取出部分绳索；③如图所示将绳头穿过去；④朝着箭头的方向拉；⑤左手握原来的部分；右手握住前端，稍微地拉一下。调节大小之后，再用力地拉紧。（图5－27）

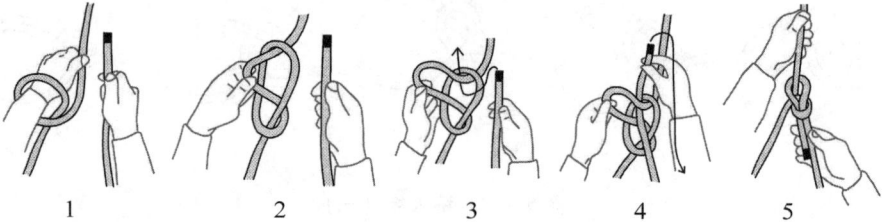

图5－27　称人结（四）

结在其他物体上的方法：此结法是用于将称人结系在树上及柱子上，此结法较多用于露营时。①用单结将绳子绑在物体上；②拉住绳子的末端用力地朝外拉；③如此一来就形成如图所示的形状向手腕方向拉；④将绳尾绕回主绳；⑤穿过绳环；⑥拉紧打结处。（如图5－28）

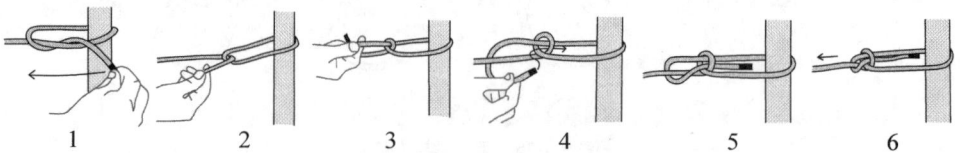

图5－28　称人结（五）

12. **双称人结**

主要是用在吊运人的工作。特征是可结出两个环圈，仍是使用重叠的绳索来进行。基本上最好两个绳环大小相同，但也有可能不尽相同。在结出同样大小时，各将一只脚放入一个绳环里。如果处理得像图 5 - 29 中的 6 一般的话，即便放开双手也是很安全的，对救助失去意识的人或是要用两手工作的人来说相当便利。要改变绳环大小的时候，两只脚坐在较大的圈里，而将较小圈套缠在腋下使用，如图 5 - 29 中的 7 一样。①在重叠成双条的绳子中间处做一个绳环，并从此绳环将末端拉出；②将拉出的末端穿进两个环中；③绕到后侧；④握住上方；⑤拉紧绳结后完成。此时，如将一绳环缩小，另一个则会变大。如图中 7 使绳索在胸前交叉，那么即使放开双手也不会翻转。（图 5 - 29）

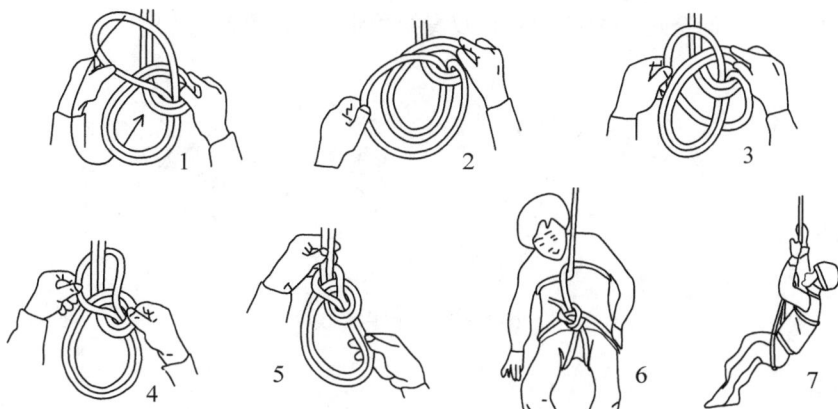

图 5 - 29　双称人结

三、捆绑木材的方法

利用绳索和木材，可以做成椅子和桌子等户外生活用具，此时所使用的便是用绳索组合木材的技巧。不过若要在野外利用组合方法制造桌椅，那事先必须准备相当数量的绳索与木材，十分花费功夫；另外还需要纯熟的技巧，所以一般露营活动很少从事这样的工作。然而，根据使用方法的不同，组合仍然是相当有用的方式；比如用柴火野炊时的脚架等。

1. **方回结**

将两根木材组合成十字架的方法，组合的开始和收尾通常都用卷结固定，诀窍是每一步骤都要把绳子拉得很结实。①在圆木上打双套结；②把绳头在主绳上缠绕数圈；③交叉圆木，如图将绳索朝纵方向用力绑紧两三圈；④接着朝横方向绕绳子；⑤同样绑紧；⑥最后用双套结固定。（如图 5 - 30）

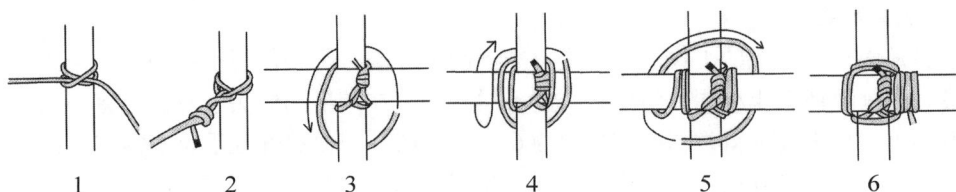

图 5 - 30　方回结

2. 十字结

捆绑斜交叉的圆木时使用，特征是开始时用系木结，结束时用双套结固定。①在圆木的交叉部分打个系木结；②用力拉紧，朝横方向绕两圈；③接着转到纵方向；④朝纵方向绕两圈；⑤再朝斜方向绕过一两圈；⑥打双套结固定。（如图 5 - 31）

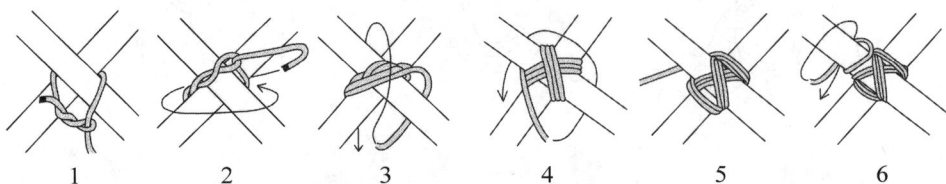

图 5 - 31　十字结

3. 剪立结

将两根木材平行绑在一起的方法，经常用来加接桌脚。起手时用双套结固定，然后把绳子绕圆木，最后仍用双套结收尾。①先在木上绑双套结，然后将绳端绕主绳三圈左右；②将绳缠绕两根圆木八圈左右；③最后用双套结固定，若在其中插入树枝，则结目不会松散；加接两根圆木时，如上方法用绳子缠绑的两处。（如图 5 - 32）

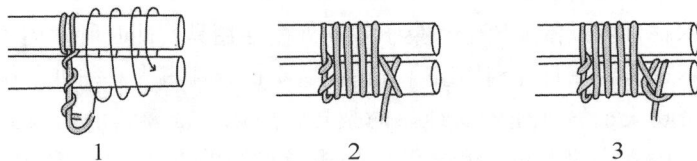

图 5 - 32　剪立结

相关链接

野战军：浅谈绳索在不同户外活动中的运用[①]

　　大家在户外出行时会带上绳索吗？如果没有携带的话，建议今后在整理行装时往包囊里放上几根不同直径、不同长度的专用绳索，绳索要重量轻而且便于携带，10米长的12毫米静力绳重量一般不会超过1 000克，10米长的5毫米静力绳的重量也就200克左右，带上绳索将能够给户外活动带来很大的便利，也有一定的安全保证。大家千万别简单地认为携带绳索只是领队的事情，户外环境不尽相同，希望大家在户外活动中不断地摸索出更多的绳索使用方法和发挥绳索更多的功能，在出现危情时能够很好地利用绳索展开一些力所能及的自救。需要提醒大家的是，要选择购买专用绳索，平时要经常检查绳索的完好（磨损）状况，发现问题应及时更换，与此同时还应了解掌握一些简单而又实用的结绳和绳索的固定方法。下面简单地谈谈绳索在户外活动中的一些运用方法（非登山、攀岩版）。

　　（1）危险路段可用绳索牵引、辅佐人员通过，在多人同时通过的情况下不可将绳索固定在身体和背包上，避免产生一人跌落后牵动多人跌落的多米诺现象，尽量采取单人牵引通过的方式。

　　（2）扎营休整时可作为凉（晒）绳，也可依照环境的需要与地席、手仗等物配合绑搭凉篷。

　　（3）可用于制作捆绑简易担架，还可根据需要与地钉、直形背包支撑用铝合金条、树棍等可利用物结合用于固定人员的受伤肢体等部位（使用鞋带捆扎是下策）。

　　（4）探测河流、沟渠深度和大致宽度（采取一头绑石块抛向对岸，依照石块的落水点判断宽度），并可利用绳索将人员和装备等运送过去（根据实际环境，在保证安全稳妥的前提下也可采取绳索高、低固定的滑降方式）。

　　（5）用以照明或充当防兽火把，在特殊情况下将绳索紧密缠绕在干燥的树枝一端，然后浇上携带的燃料油或者食用油点燃，此法的特点是燃烧时间较长，比较耐用。

　　（6）可用作夜间宿营报警拉绳，徒步露营后由于疲劳睡眠程度较深，可将绳索的两端分别绑在两顶帐篷上，一旦发生意外可互相拉扯，起到警示作用。也可根据营地环境在营区外围拉起绳索作为营区警戒绳（绳索上可绑缚诸如套锅和金属水瓶等使其互相碰撞发出清脆声响的物品）。

　　（7）在不方便背负背包同时通过的狭隘地段或者湿滑、陡坡地段，可用绳索辅助采取人、包分离的方法分别通过。

　　（8）人员滑（跌）落沟壑后可利用绳索实施救援（根据实际情况可用多条绳索并联或者串联的方式），为更好地帮助人员攀爬，可在绳索每隔50厘米左右打一个绳结，长度

----

　　① 野战军：浅谈绳索在不同户外活动中的运用 [EB/OL]．（2007 - 09 - 16）．http：//www. 8264. com/viewnews - 25963 - page - 1. html.

一般控制在人体手臂长度以内，被施救者是女性的话可将绳结距离适当缩短，必要时也可用多根绳索编结软梯。

（9）在危险地段（如陡坡、山崖边等）的探路人员要系上安全保护的绳索。

（10）在高温季节为防止食物变质，可将食物密闭后放（沉）入水体并用绳索分别系在食物袋和岸边树木或其他物体上，防止水流将食物冲走。

（11）在特殊气象条件下用于加固帐篷，可增强帐篷的抗风性、抗积雪能力。

知识点小结

◇ 绳头要进行保护处理。

◇ 绳索在使用后要检查，擦拭干净，阴干后再行整理捆绑。

◇ 绳索的保管要放在没有阳光直射，且通风的地方。

◇ 绳结应牢固，并易结易解。

◇ 平常应多进行绳结的练习，在活动前应对可能用到的绳结进行练习。

第六章

野外生活技能

学习目标

理论目标：了解野外生存生活应掌握的知识，知道特殊地区野外生存的相关知识，知道掌握几种野外生火与野炊的技巧，了解野炊食物准备的原则，掌握必要的烹调方法，了解获得水和食物的方法。

实践目标：能够学会野外生火与野炊，掌握两种找水及食物的方法。

导入案例

吉林省穿越沙漠失联大学生已找到：一人获救一人死亡[①]

据中国之声《新闻纵横》报道，2015年5月27日，中国登山协会山地救援培训人员接到救援报警称，吉林建筑大学两名男生，于17号从阿拉善盟额济纳旗进入巴丹吉林沙漠，计划徒步穿越，原定于27号走出沙漠，但至今未与亲友取得联系。

接到报警后，内蒙古阿拉善右旗、额济纳旗已经调动多方力量启动沙漠搜救，记者刚刚从阿拉善右旗宣传部得到最新消息，今天凌晨牧民已经发现了他们的行踪，因为沙漠地区行车特别困难，今天早上6点，救援队伍才分别到达这两个地点。现在传来最新消息，一个失联人员潘某意识清醒，但是身体虚弱，救护人员已经对他进行了救援。特别不幸的是另一位失联的游客赵某现在已经没有任何的生命体征，确认死亡。

赵某和潘某在临行前各携带了30瓶矿泉水，其中24瓶为600毫升，其余6瓶是更大容量的，他们于5月17号出发，但走到第九天，水就喝光了。两人在缺水的情况下，通过卫星定位发现6公里外有水源，而赵某就是在寻找水源的过程中，因体力不支就再也没回来。当救援队发现两人时，距离走出沙漠还有100多公里。

失联学生潘某从24日开始到被搜救人员发现，他在已经没有水的情况下坚持四天多，这已经达到他的生理极限，如果再晚几个小时发现，可能就会有生命危险，人在极度脱水的情况下，在沙漠中极容易产生幻觉，导致意识不清。

总结：在沙漠中求生，有这样六个原则。

一要喝足水、带足水、学会找水的各种方法。

二要"夜行晓宿"，千万不可在烈日下行动。

三要在动身前通告自己的前进路线、出发与抵达的日期。

四要在前进过程中留下记号，以便救援人员寻找。

五要学会寻找食物的方法。

六要学会发出求救信号的各种方法。

第一节　野外如何获取饮用水

水对于人的生存非常重要。没有水，人就支撑不了多久。每天我们都会因出汗、代谢等流失大量水分。我们一天至少需要2升的水以维持正常的生理需要。所以，野外生存的

----

① 曾珂. 吉林省穿越沙漠失联大学生已找到：一人获救一人死亡［EB/OL］.（2015 - 05 - 29）. http：//news. 163. com/15/0529/09/AQP9HDM0000 14SEH. html.

重要任务之一就是获得足够的水。

一、饮用水的寻找

从一定意义上说，几乎任何环境都有水存在。在各个地区，草木的生长分布，鸟、兽、虫等的出没活动，常常能给寻找浅层地下水提供一些线索。

（1）在干旱的沙漠、戈壁地区，柽柳、铃铛刺等灌木丛指示出地下水位距地表不过 5 ~ 10 米；芨芨草指示地下水位于地表下 2 米左右；如果发现喜湿的金戴戴、马兰花等植物，从该处下挖 50 厘米或 1 米左右就能找到地下水。

（2）在南方，竹丛常生长在河流岸边，或在与地下河有关的岩溶地、洼地，成串的或独立的竹丛地，往往就是有大落水洞的标志。这些落水洞，有的在洞口能直接看到水，有的在洞口看不到水，但只要深入下去，往往能找到地下水。

（3）在地下水埋藏浅的地方，泥土潮湿，蚂蚁、蜗牛、螃蟹等喜欢在此做窝聚居；冬天，青蛙、蛇类动物喜欢在此冬眠；夏天的傍晚，因其潮湿凉爽，蚊虫通常在此盘旋飞绕成柱状。

同时，请注意，由于水在自然界广泛分布和流动，特别是地面水流经地域很广，一般情况下很难保证水源不受污染。如河川的石块有异常的茶红色或黄色，此处河水不喝为好；若没有鱼类或其他生物栖息，就更要慎重。

二、水质的鉴别

在野外，如果没有可靠的饮用水源，又没有检验设备时，我们可以根据水的色、味、温度、水迹等概略地鉴别水质的好坏。

1. 观察

纯净的水在水层浅时无色透明，深时呈浅蓝色。可以用玻璃杯或白瓷碗盛水观察，通常水越清澈水质越好；水越浑浊则说明水里含杂质多。水色随其所含污染物不同而变化，如含有腐殖质呈黄色，含低价铁化合物呈淡蓝色，含高价铁或锰呈黄棕色，含硫化氢呈浅蓝色。还可以用一张白纸，将水滴在上面晾干后观察水迹。清洁的水是无斑迹的；有斑迹则说明水中杂质多，水质差。

2. 闻

一般清洁的水是无味的，而被污染的水则常有一些异味。如含硫化氢的水带臭鸡蛋味，含盐的水则带咸味，含铁较高的水带金属锈味，含硫酸镁的水有苦味，含有机物质的水带腐败、臭、霉、腥、药味。为了准确地辨别水的气味，可以用一只干净的小瓶，装半瓶水，摇荡数下，打开瓶塞后立即用鼻子闻。

3. 触摸

地面水（江河、湖泊）的水温因气温变化而变化；浅层地下水受气温影响较小，深层地下水水温低而恒定。如果水温突然升高，多是有机物或工业废水污染所致。

三、水的收集

（1）雨水通常可直接饮用。下雨时，可用雨布、塑料布大量收集雨水，也可用空罐头盒、杯子、钢盔等容器接收雨水。

（2）在野外，最好不要饮用杂草丛中流出的水，而以断崖缝或岩石流出的清水为佳。

（3）饮用河流或湖泊水时，可在离水边一两米的沙地中挖个小坑，坑里渗出的水比从河湖中直接提取的水清洁。

四、水的净化与消毒

在野外，许多小溪、河流表面看起来清澈干净，实际上却含有多种有害的病菌。人一旦喝下去就会染上像痢疾、疟疾这样严重的疾病。必须要对水进行净化与消毒，下面介绍几种常见的野外净水方法。

（1）目前市面有多种便携式净化水的工具，方便携带，非常适合野外活动中使用。

（2）如何没有净水工具，可以用饮水消毒片、漂白粉精片以及明矾等药品净化水。

（3）还可以用一些含有黏液质的野生植物净化浑浊的饮用水。如贯众的根和茎，榆树的皮、叶、根，木棉的枝和皮，仙人掌和霸王鞭的全株，水芙蓉的皮和叶，都含有黏液质及糖类高分子化合物。这些植物与水中的钙、铁、镁等二价以上的金属盐溶液化合，形成絮状物，在沉淀过程中能吸附悬浮物质沉底，起到净化浑水的作用。

用野生植物净水，最好挑选新鲜的植物，将其捣烂磨碎，放少许到水里，搅拌3分钟后再静止10分钟，浊水即能澄清。通过植物净水的饮用水最好再加少许漂白粉消毒。

切记，无论多么口渴，都不要饮用不洁净的水，以防病从口入，尤其是热带丛林地区，如果万不得已，则一定要将水煮开再喝。

五、简便的取水方法

（1）用一个塑料袋套在树枝上，将袋口扎紧，树叶蒸发出来的水分就会聚集在袋里。

（2）早晨收集露水，太阳出来前，用塑料袋套在枝叶上来收集露水。

六、解渴的植物和应急的解渴方法

（1）在野外，有很多植物富含水分，如黑桦、白桦的树汁，山葡萄的嫩条，酸浆子的根茎，南方的芭蕉茎、扁担藤、热带丛林中储水的竹子等都含有大量的水分。

（2）在特殊的条件下，如果不能获得水源，在短时间内也可以通过喝自己的尿液来暂时解渴。

第二节　野外如何觅食

　　到野外活动，我们应带上足够的食物，在遇到食物比较少的时候应有计划分配食物以保证最低生存需求。为了保护环境及自身安全，只有不得已时才向自然寻求食物。

　　野外觅食是野外生存的主要手段，包括采食野生植物、猎捕动物两个方面。

　　在多数环境下，最可能得到的食物来自植物界。但你还得了解如何避开那些有毒的植物，本节列举了一些常见植物的指导性常识。而几乎任何一种野生动物都是富有营养价值的食物源，比如各类易于消化的蠕虫、昆虫等。大范围布下有效的陷阱和罗网将会给我们带来好运，而在等待的过程中，还可以收集水分、采集植物或者从事其他求生活动。也可以狩猎，但狩猎之前你必须自制一些武器，并逐渐掌握、精通它们。肉类在食用前需要预先处理，当有剩余时，还应学会如何保存。鱼类是另一类富含营养的食物来源，本节也将介绍一些简便的捕鱼方法。

一、食物及其价值

　　人体需要食物提供热能和营养，以保证基础代谢及各种生理需要。而人类是广谱型的杂食性动物，无论是植物还是动物，只要是无毒的种类，我们都可以食用。如果你愿意，投入一些精力去掌握如何烹调，则更能增加你在野外生存的信心。

　　对于长期在野外生存者来说，均衡食物中的营养成分是至关重要的。如果长期食用单一食物会导致营养缺陷综合征。所以食物除能保证日常生理活动外，种类还须多样化，营养比例合理均衡。

　　如果食物稀缺，那么你应尽可能放松并保持心境平和，节省能量，等待救援或设法自救。

二、人体所需的营养成分

1. 碳水化合物

　　碳水化合物由碳、氢、氧三种元素组成，主要来源于植物性食物，是人体能量的主要来源，而机体的某些生理反应必须依赖碳水化合物供能。碳水化合物在有氧或无氧情况下都能生成能量，且不需消耗过多的水分。它还可以阻止酮类化合物的生成，避免饥饿状态下体内脂肪过度分解，导致消化不良、呕吐恶心等各种不适症状。

2. 脂肪

　　脂肪也由碳、氢、氧三种元素组成，但构成方式各不相同，也是能量的主要来源，完全分解时能提供双倍于碳水化合物的热量。脂肪通常贮存在皮下脂肪组织及分布在器官周围，不溶于水，在被身体吸收之前需要很长的消化过程，需要充足的水分，而分解供能也必须在有氧条件下进行。脂肪能产热以维持身体正常体温，具有保护器官组织，润滑消化道以及贮存能量等功能。它们存在于各类动物、蛋类、奶类、坚果以及某些种类的植物和真菌中。

3. 蛋白质

蛋白质由碳、氢、氧、氮四种元素构成，它为有机体生长和代谢所必需的营养素。

蛋白质主要来源于肉类、鱼类、蛋类，以及植物中的谷类、豆类和坚果等。在某些植物块茎和蔬菜中也含有少量蛋白质。真菌类是蛋白质的重要来源之一。动物蛋白含有人体必需的所有氨基酸，但是单一来源的植物类食物则不能提供全部的必需氨基酸。

一般情况下蛋白质不分解产热，只有在饮食中严重缺少碳水化合物和脂肪时，或在极度饥饿状态下，蛋白质才会分解供能。

4. 矿物质

人体所需的矿物质包括部分常量元素，如钙、磷、钠、氯、钾、锰和一些微量元素如铁、氟、碘等。钙离子除了是骨骼和牙齿生长所必需外，也参与肌肉运动和血液凝结等生理功能。这些矿物质在人体行使正常的生理功能中，发挥着不可缺少的作用。

5. 维生素

维生素在防治疾病，维持人体正常生理功能中，都具有极为重要的作用。人体所需要的维生素有 12 种，必须从食物中摄取。脚气病、维生素 C 缺乏病、佝偻病和糙皮病都是由缺乏某种维生素所引起的。

三、获取植物类食物

在野外，在没有食物的情况下，可向自然界获得食物，自然界可食用的植物很多，但不能食用的有毒的品种也不少，要谨慎小心辨别。

1. 可食用植物

可食用野生植物，包括可食的野果、野菜、藻类、地衣、蘑菇等。如桃金娘，山桃、胡颓子、小果蔷薇、余甘子、沙棘、山荆子、稠李、山樱桃、山柿子、猕猴桃、茅莓、棠梨、坚果等，也可仔细观察猴子都选择哪些野果、干果为食，一般来说这些食物对人体无害。下面介绍几种野外常见的可食用植物。

（1）番木瓜：小型乔木，高 2～6 米，茎柔软中空，茎顶簇生羽状叶，叶基部着生大型暗绿色坚果，形似木瓜，成熟时变为橙色或黄色。广泛分布于所有热带潮湿地区。浆果可生吃，幼叶、花和幼茎可煮熟后食用。煮时至少要换一次水，且注意别把未成熟浆果的乳汁溅入眼里。

（2）芒果：广布于温暖潮湿地带，中型至高大常绿乔木，长黑色革质叶簇生枝头。卵形浆果，直径 7.5～13 厘米，绿色至橙黄色不等，可以生吃。但有些人会对芒果及其叶片产生过敏反应。

（3）酸果：分布广泛，高达 12 米，大型浆果，形似鳄梨，绿色，坚韧，坚果皮上有脊，重可达 2 公斤，酸味相当浓。

（4）野无花果：广泛分布于热带亚热带，有些种类分布于沙漠地区。茎蔓生，有气生根，常绿革质叶。果实直接生长于枝上，类似梨果，可以生吃。木质化果实或外刺激性茸毛的果实都不要采摘。

（5）面包果：乔木，高 15～20 米，大型叶，具深裂。瘤状浆果，外壳光亮，内有乳状汁液。分布于热带大部分地区。浆果富含淀粉，可以生吃，但首先要剥去果皮以及果皮内粗糙的斑块。

（6）花生：果实埋在地面下的一种小型灌木。盾形小叶对生，黄色花。成熟季节沿茎向下可以挖出表面多皱褶的果荚。种仁营养丰富，果荚晾干后也易贮存。广布于热带亚热带地区。

（7）木薯：广布于热带地区。生长在适宜的土壤中，茎高可达 5 米。叶柄很长，掌状复叶，具 5～9 片小叶，着生于节状茎上。肥厚块根没煮熟前含有致命毒素，必须煮熟后吃。易于贮存。

（8）芋头：热带潮湿地带广为分布，茎高约 1.5 米，心形或箭形叶较大，着生在基部；橙黄色花。块根味似马铃薯，但生食有害，必须煮熟后方能食用。

（9）莲：水生植物，茎长，蓝绿色盘状叶，伸出水面。花瓣为白、黄或淡紫红色。幼叶和剥去外皮的茎可以煮熟后食用，种子在除去较苦的胚皮后可以生吃，根茎也可食用。主要分布于亚洲、非洲和北美部分地区。

（10）野山药：亲缘种很多，分布于热带、亚热带丛林及开阔草地上。藤本，茎扭曲缠绕在木本植物上。有些种类具有了可食用的气生块根。地下部分有一至多个更大体积的块根。晾干后很易于保存。有些野生种生吃有毒，为了安全起见，务必烧熟后食用。块根在沸煮前应剥皮。

（11）野稻谷：单子叶草本，高 90～120 厘米，广泛分布于热带及温带地区。搓揉稻穗以除去粗糙多茸毛的谷壳，种仁或煮或炒，弄熟后食用，晾干后也很易于贮存。

（12）甘蔗：热带地区栽培范围很广，偶尔也能见到野生种。高而细长的圆茎分成许多节段。剥去外苞叶，茎可以咀嚼，吸取甜美的汁液。

（13）竹类：大型草本，多分布于潮湿地带，竹笋生长迅速，鲜嫩味美，可食用。剥去外包的竹叶，用水煮熟后，用水泡一段时间后切成片状炒熟。

（14）番石榴：小型乔木，茎干稍有扭曲，高可达 10 米，树皮淡棕色，卵形叶对生，叶背面有微茸毛。花白色，浆果淡黄色，苹果状，果髓白色至淡紫色，酸甜可口，内有许多种子。生吃或烹煮都可以，富含维生素 C。

（15）柿树：分布于东亚和美国南部温暖干燥地带，各地都有引种。高达 20 米，小型波纹叶，梭形，可制茶，富含维生素 C。浆果类似西红柿，黄、红至紫红色，可以生吃，也可烹煮。

（16）橡树：大量分布于山坡多林地区。许多种类具有深裂叶，但裂叶前端均为圆盾形。剥去橡外壳，沸煮几分钟，换水以减少苦涩味，或者在冷水中浸泡 3～4 天。也可与岑木和木炭混埋在一起烤烧；橡栗烤熟后碾成粉，可作饮料。

（17）山毛榉：树型相当高，伸展挺拔，树皮光滑发亮。角质叶尖卵形，具波纹，叶前端盾尖。多分布于阔叶林区。坚果小，三角形。根据种的差异。每个多毛外壳内有 2～4 个坚果不等。坚果仁富含蛋白质，可以生吃、烧烤或榨油。

（18）甜栗：高 5~30 米不等，具大型角质叶，长条形，边缘锯齿状。分布于温带多林地区。坚果 2~3 个聚在一起，外被球状厚实多刺毛外壳，捣碎后可剥出果实，沸煮并捣成糊状。别与马栗相混淆，后者有大的掌形叶，其坚果有毒。

（19）毛栗：高大灌木，分布于山坡野地。卵形至心形革质叶，边缘锯齿状。棕黄色壳果，富含营养的果实外被叶状多毛外壳。

（20）核桃：高达 30 米，复叶对生，小叶狭长，多齿，树皮多皱褶。成熟坚果棕褐色，外被绿色厚壳。分布于温带地区。每公斤核桃果实含热量 6 600 卡路里，富含 18% 的蛋白质，60% 脂肪。

（21）松树类：为大家熟悉的裸子植物。常绿叶披针形，簇生于短枝上；分布于多数温带及其北部地区。成熟的松果中含有种子，可以生吃，不过烤熟会更香，也便于贮存。幼嫩的松果沸煮后也可食用。嫩叶和树皮也可以煮熟后食用。

（22）野葡萄：蔓生，攀高生长。大型心形叶，多具缺裂。花绿色，浆果成串，成熟时亮紫色。广泛分布于温带地区。幼叶也可煮熟后食用。

（23）野桑树：一般高 6~20 米，卵形叶。叶腋部着生有柔荑花序，浆果红褐色，可以生吃。广泛分布于温带多林地区。

（24）山梨树：在森林及多岩地区很常见，高 15 米，树皮灰色，光滑，复叶对生，边缘具小齿，白色花着生于伞房花序上，果实簇生，成熟时橘红色，可以食用，具刺激性酸味，烹煮后可以制成果冻。

（25）山楂类：有刺小灌木，分布于灌木丛林及野外荒地，羽状叶深缺刻，花枝上簇生白或淡紫红色小花，秋季结出亮红色浆果。果肉酸甜，可以生吃。嫩茎顶端也可食用。

（26）野草莓类：小型匍生，分布于树林草地之中，有些分布于高山上。果实类似栽培种草莓小果。翻开叶片，你会找到鲜嫩甘甜的浆果。浆果富含维生素 C，新鲜洗净后生吃最好。

（27）野洋葱：分布广泛，特殊的气味易于辨识，长条草状叶基生，顶生球状花序，花六瓣，白或淡紫红色。球茎可食，有时埋在 25 厘米深处。

（28）野防风草：全株外被多毛，气味刺鼻，平均高约 1 米。齿形叶，顶端簇生复伞形花序，黄色小花。分布于荒野草丛中。根可以生吃或煮熟后食用。

（29）野大黄：南欧大陆至中国东部皆有分布。体形类似栽培种大黄，但叶片更多皱褶。大的花茎沸煮可食，其他部分则有毒。

（30）梅树：分布于所有温带地区的灌木丛林地带，种类繁多。多年生小灌木或乔木，形似野樱桃树，但浆果体积更大，布满茸毛，绛黑色、红色或黄色；有些果实酸味太重，无法生食。

（31）野当归：高约 15 厘米，茎中空，部分有髓汁。对生叶序，小叶边缘有齿。顶生复伞形花序，小花白色至淡紫色。分布于阴暗草地或多林地区。沸煮后，根茎叶皆可食用。药用可治疗感冒，外用可治肌肉痉挛。但不要把它与水毒芹相混淆！

（32）蕨类：几乎随处可见，常大群簇生。老的腹叶会有毒；幼茎头部可以食用，味道也不错。

（33）荞麦：多分布于温带野草地中。主茎高可达 60 厘米，常为红色。梭形叶，花小，白色，生于顶端花序上。种子是很好的可食用谷物。

（34）蒲公英：几乎随处可见，不同地区形状可能会有所差异。顶端着生黄橙盘花，叶基生。幼叶可以生吃。老叶沸煮，换去锅中的水以去除苦涩味。根既可沸煮也可油炸。蒲公英的汁液富含维生素和矿物质。

（35）白芥菜：高可达60厘米，茎多毛，有斑纹，叶深基部着生，苍白黄色小花，分布于欧洲各地。嫩叶和花可以生吃，煮熟后整株都可食用。

2. 可食用植物的加工方法

（1）生食：如苦菜、蒲公英、小根蒜等。

（2）直接炒食或蒸食：如已知无毒或无不良味道的野菜。

（3）煮浸：如一些具有苦涩味并可能具有轻微毒性的野菜。

3. 常见有毒植物

在野外进行旅行、探险等活动时，多数人在吃了几天方便食品后便会觉得倒胃口，于是往往利用大自然众多的野菜来烹调出美味佳肴。或在遇特殊情况时，如粮食补给断绝，野菜就成为主要的应急食物。然而常常有许多有毒的野菜混杂在可食野菜中，给采食者带来极大危险。下面把一些毒性强且分布广的植物介绍给大家，供采食时鉴别。

（1）狼毒草：又名断肠草。根浅黄色，有甜味。叶片呈线形，花黄色或白色，也有紫红色。全棵有毒，根部毒性最大。吃后呕吐、胃灼热、腹痛不止，严重的可造成死亡。

（2）老公银：又名蛇床子、野胡萝卜。根在幼苗时为灰色，长大后成浅黄色，像胡萝卜。叶柄黄色。老公银的臭味很大，叶和根都有剧毒。吃后会造成死亡。

（3）苍耳子：又名耳棵。生长在田间、路旁和洼地。三四月份长出小苗，幼苗像黄豆芽，向阳的地方又像向日葵苗；成年后粗大，叶像心脏形，周围有锯齿，秋后结带硬刺的种子。全棵有毒，幼芽及种子的毒性最大，吃后可造成死亡。

（4）曲菜娘子：冬季根不死，春天出芽，长出小苗。叶狭长较厚而硬，边有锯齿，大部分叶子贴着地面生长，秋后抽茎，高15～30厘米多。籽很小，上有白毛。幼苗容易和曲菜苗相混，但曲菜叶较宽而软，锯齿也不明显。吃了曲菜娘子脸部会变肿。

（5）毒芹：又名野芹菜、白头翁、毒人参。生长在潮湿地方。叶像芹菜叶，夏天开折花，全棵有恶臭。全棵有毒，花的毒性最大，吃后恶心、呕吐、手脚发冷、四肢麻痹，严重的可造成死亡。

（6）野生地：又名猪妈妈、老头喝酒。春天开紫红色花，有的带黄色，花的形状像唇形的芝麻花。根黄色，叶上有毛，有苦味。吃后吐、泻、头晕和昏迷。

（7）毒蘑菇：其种类很多，常见的有毒伞（又称蒜叶菌、鬼笔鹅膏、绿帽菌）、褐鳞小伞、白毒伞、黑包脚伞、内绿菌、褐脚伞、残托斑毒伞、鬼笔。生长在腐烂的物品上，形状特殊，有像小笔、小伞。颜色鲜艳，有白色、红色、黄色，上述8种都含剧毒。值得一提的是，蘑菇的颜色、外形、生态等特征与其毒素没有必然的联系。民间有许多关于毒蘑菇和可食蘑菇的识别方法，但经专家鉴别，没有一条完全靠得住。因此在采食蘑菇时，应分外小心，若有疑虑拿不准是否有毒，则坚决不采、不食，以免发生不测。

此外，曼陀罗（山茄子）、毛茛（猴蒜）、天南星（蛇玉米）、红心灰菜（落黎）、牛舌棵子、石蒜（野大蒜）等植物都有毒，不能食用。

同步案例

- -

深圳"驴友"登山时误食野菜 3 人中毒 1 人死亡[①]

"五一"黄金小长假，21 名来自深圳的登山爱好者相约到韶关翁源县铁龙镇登山，登山时，因采摘有毒野菜进食，造成 3 人中毒，一人死亡的惨剧。

5 月 1 日晚上 9 时许，翁源县公安局接一男子报警称，他们是来自深圳的登山爱好者，一行 20 多人到翁源铁龙镇登山（具体位置不详）。其间，有 3 名同伴吃了山上采摘的野菜中毒，其中一人已经休克，他与另一名同伴走了 3 个小时的山路，接收到手机信号后才报警。

据救援队介绍，登山爱好者均来自深圳"山友"登山爱好者协会，中毒的 3 人分别是张某（男，46 岁）、沈某（男，36 岁）、孟某（男，约 40 岁）。搜救人员最终确定登山爱好者被困在铁龙镇一个黄草营（音）的山谷里。

5 月 2 日上午 9 时许找到了被困人员。经确认，被困人员共有 21 人，其中 3 人因采食了野菜出现中毒现象。3 名中毒人员中，张某已死亡，沈某、孟某 2 人中毒较轻，无生命危险。

3 日 2 时 30 分，救援队已将被困人员护送下山。2 名中毒人员已送市第一人民医院救治，情况稳定。

四、获取、辨别真菌类食物

真菌类植物烹烧后味道鲜美，但必须辨别是可食种还是有毒种。真菌类植物无法应用品尝方法来确定其有无毒性。有时人体对于某些致命的毒蕈也不灵敏，在吃下去几小时内甚至也无任何不适症状。

多数真菌直接生长在地表，单生、线生，有时也群生。在肉质茎干上有一碗盖或杯盖形顶部，孢子着生在顶盖腹面海绵样组织中，这类组织的大小、形态与色彩是辨别某类菌株的重要依据。有些真菌，比如块菌属，完全生长在地表下面，很难找到；还有些生长在树上及树桩截面上；有些从形状上可以辨别，如托座真菌；还有些种类体型很大，单个分布。而某种真菌是否出现还要参考季节与气候。

（一）真菌的营养价值

真菌类的营养价值介于肉类和蔬菜之间，比蔬菜含有更多的蛋白质，有时也会有更多的脂类。比较好的真菌如牛肝菌属真菌，其热量值与同质量蔬菜差不多。而在矿物质含量

[①] 朱宏. 深圳"驴友"登山时误食野菜 3 人中毒 1 人死亡［EB/OL］.（2011 - 05 - 03）. http：//news. sohu. com/20110503/n306728957. shtml.

方面，真菌比菠菜含有更多的磷，较少的钙。多数真菌还含有微量维生素 B 复合物，偶尔也含维生素 C，许多可食真菌含维生素 D。而双耳大杯真菌还含维生素 A。

真菌分布面广，夏秋季节时的量充足。放弃有疑虑的种类，将采集来的无毒真菌洗干净，撕成条状碎片，沸煮。许多托座真菌略带苦涩味，必须彻底烹煮。而鲜嫩的地面真菌类可以直接加入肉汤或与其他食物一起烧煮。

（二）真菌贮存

真菌类富含水分，但也易于晾干。在供应量充足时，尽可能多收集一些，贮存备用。先分开茎干与菌盖，放在干燥岩石上晒干，菌盖可腹面朝上晾晒。对于牛肝菌属真菌来说，要先除去菌盖下的海绵组织。彻底晾干后，尽可能放在隔绝空气的密闭容器里。吃前先放入水中浸泡以除去膻味，最好是加入汤中沸煮。

（三）如何确认伞形毒蕈类

有毒的伞形毒菌——尤其是能致人死命的毒伞，很容易与可食种相混淆。确认真菌时要遵循以下原则：避开长有白色菌褶，茎干基部有菌托（杯状附着圈）以及带菌环茎干的真菌，避开任何发生腐败的真菌，除非能确认是可食品种，否则扔掉。

表 6-1　伞形毒菌与无毒伞菌的区别

	伞形毒菌	无毒伞菌
孢子	白色	紫棕色
菌帽与茎干	无变化	有些种擦伤后变黄
菌帽	黏滑有松散补丁	较干，仅有部分小鳞片
成熟菌褶	白色	灰红色、淡紫色或巧克力色
菌褶	部分或全部隐蔽	无隐蔽
气味	马铃薯或萝卜	杏仁或扁桃
分布	从来不在开阔草地上分布	开阔草地

（四）辨认可食用真菌

注意确认可食用真菌并无统一可靠的规则，别相信"有毒真菌剥皮后就会无毒；有毒种沸煮时会变色"。烹烧并不能破坏真菌的毒性。学会辨认一些常见真菌，还应记住一些致命的毒菌家族，如伞形毒蕈家族。

1. 树生真菌
树生真菌生长在树干或树桩上，个体常较大，羽状，无毒，分布广。

（1）牛排真菌。常着生在橡树上，顶盖鲜红，肉茎紫红色，圆盖形似一条大舌头，红色菌帽含鲜红汁液，菌肉粗糙，略有苦味，幼菌味道更好。浸泡使之发软，然后彻底焖煨。常出现于秋天。

（2）多孔硫菇。菌帽直径可达 30～40 厘米，菌盖亮橙黄色至黄色。海绵样组织黄色多肉。着生于阔叶乔木上，尤喜橡树及其他常绿林。多于夏季出现。

（3）鳞多孔菇。菌帽直径达 60 厘米，常群生。菌盖背面有黑色条斑，腹面白色。着生于叶乔木，尤喜榆树、山毛榉和假挪威槭。春秋都能见到。挑选幼菇，彻底煨炖。

（4）胸膜牡蛎菇。群生，深蓝色贝壳状菌帽，直径 6～14 厘米，白色菌褶，菌肉也为白色，常年分布于阔叶乔木上。味道鲜美，可以撕成碎片煨炖，也可晾干保存。

（5）蜜黄环菇。绛黄色或棕色菌帽，直径 3～15 厘米，白色菌褶，成熟时逐渐变成棕色。菌肉白色。带状菌根。常分布于阔叶乔木和针叶木上，春夏秋季都可见其集群生菌落。撕碎后煨炖。

2. 地生真菌

地生真菌生长于地面土壤中，种类很多，有些种毒性非常大。

（1）巨胀球菇。球状，直径 30 厘米，外表光滑坚韧，白色，随着生命期的延长逐渐变黄。可重达 9 千克。分布于夏末秋初时节的丛林草地中。挑选完全纯白色菌肉的菇，味道相当鲜美，也可晾干贮存。

（2）鸡油菌。杏黄或卵黄色漏斗形菌株，直径 3～10 厘米。外展折叠的菌褶也为黄色。集群生于树荫下，尤喜山毛榉林。夏季出现。味道相当鲜美。煨炖 10 分钟。

（3）号角菇。号角或漏斗形外表，菌帽边缘粗糙，下褶，呈棕黑色，直径 3～8 厘米。手感光滑，茎干灰色条形。菌株常分布于阔叶林中，尤喜秋季时节的山毛榉林。炖煨后食用，也可晾干备用。

3. 伞形真菌类

伞形真菌类中任何毁开的伤口处菌肉变黄的种类都不要食用（见黄斑蘑菇）。有些幼生菌株彼此间很难区分，容易与剧毒的伞形毒蕈类相混淆。

（1）地蘑菇。类似相应的栽培种，白色菌帽直径达 10 厘米，成熟时略带微棕色。菌褶紫红色，烹后变为棕黑色。秋季分布于草地中，周围很少有树。生吃或烹烧都可以。

（2）木蘑菇。分布于森林——常为针叶林中。可以生吃或烹煮。

（3）墨水帽。圆形菌帽上有淡棕色或白色斑纹；菌褶白色，成熟后变为淡紫红色，最终变为黑色墨汁状。夏秋季节群生于开旷草地之中。采集菌褶仍为白色的幼株。切记，与酒精同时食用会中毒！

（4）蓝帽。菌帽淡蓝紫色，成熟时转为棕红色，具波纹状菌边。菌帽直径达 10 厘米，菌褶略带蓝色，菌茎石纤维状，也为淡蓝色。秋冬季常见于混合林中。味道香甜鲜美，有些人对之会产生过敏反应。

（5）牛肝蕈。棕色菌帽，直径达 20 厘米，厚实粗圆柱短茎，菌肉白色，秋季分布于森林开旷地带。所有的牛肝蕈类都有一层海绵状微孔或块状菌褶。许多可食种分布于全球各地，可以采集晾干贮存。

注意避开任何带有淡紫色或红色孢子的菌株，除非你熟悉其为可食种。因为许多具有这类特征的真菌都是有毒种。

4. 真菌的其他用途

许多檐状菌是极好的引火物，可用来保存火种——点燃后可以熏烧好几个小时；磨刀皮带菌相当坚韧，可用来磨刀或制作软木塞、硬膏和引火物等；巨马勃菌可用来止血；树菌富含丹宁酸，可治疗烧伤。

（五）有毒真菌

警告：以下仅介绍部分有毒真菌，如果无法肯定某种真菌能否食用，就千万不要冒险。

（1）毁灭天使。整菌白色，菌托不很明显，茎干有鳞片，菌帽直径可达 12 厘米，幼生株形似松蕈伞菌。夏秋之季分布于树林之中。嗅闻时有甜味，含有致命毒素。

（2）死人帽。菌帽橄榄绿色，茎干苍白，菌托大而明显，白色菌肉和菌褶。常分布于橡树或山毛榉林中。是所有真菌中毒性最强种之一。

（3）美洲豹帽。棕色菌帽，厚实，有斑点。菌褶白色，茎基部有 2～3 圈菌环。生存于树林荫地，尤喜山毛榉林。毒性强，常致人死亡。

（4）飞伞菌。菌帽亮红色，上着生白色斑纹，菌帽直径可达 22 厘米，秋季常见于针叶林中。

（5）黄斑蘑菇。外形与其他伞形真菌相似，但菌株破损处会出现黄色污斑。基部有很显眼的亮黄色斑。有毒种，味若木炭，夏秋季草地及森林中都有分布，别去惹它！

（6）中毒症状。

误食有毒真菌后的中毒症状各异，以下介绍一些典型症状：

①死人帽/毁灭天使。中毒症状发展缓慢，在误食 8～24 小时内出现呕吐，腹泻，极度口渴，盗汗和痉挛等。一天后症状明显缓解，然后又会重新加剧发作。90% 的中毒者在 2～10 天内死于肝功能衰竭。尚无解药。

②蕈毒碱毒素。好几种毒菌都具有该毒素，会引起神经系统受毒害。

③飞伞菌。误食后引起严重肠胃不适、精神错乱、非自主性扭动身体及痉挛，随之会昏睡不醒。病人通常可以通过治疗恢复。

同步案例

- -

2019 年食物中毒事件中 70 种毒蘑菇现原形[①]

1 月 10 日，新近创刊的公共卫生专业学术期刊《中国疾病预防控制中心周报》（Chi-na CDC Weekly，以下简称《周报》）发布了《2019 年中国蘑菇中毒事件报告》。报告了在刚刚过去的 2019 年，中国疾病预防控制中心共牵头处理了来自全国 17 个省份的 276 起蘑菇中毒事件，共计 769 人中毒，造成 22 人死亡。

报告有四项关键提示：2019 年有 70 种蘑菇造成数百人中毒；致命鹅膏（Amanita exi-

---

① 崔雪芹. 2019 年食物中毒事件中 70 种毒蘑菇现原形［EB/OL］. （2020 - 01 - 11）. http：//news. scien-cenet. cn/html. news/2020/1/434738. shtm.

tialis）是我国危害最大的蘑菇；市场销售的野生蘑菇有中毒风险；华东地区蘑菇中毒增加明显。事件涉及的 70 种毒蘑菇，有 7 种为新发现的毒蘑菇种类（Entoloma strictius, Gymnopilus lepidotus, Inocybe serotina, I. squarrosolutea, Lactarius atrobrunneus, Lactifluus vellereus 和 Psilocybe thaiaerugineomaculans，其中 Inocybe serotina 和 Psilocybe thaiaerugineomaculans 为中国新纪录种），可造成 6 种临床伤害类型。最终死亡的 22 例病例中有 20 例是由造成急性肝损害型（含鹅膏肽类毒素）的毒蘑菇引起的，在涉及的 7 种剧毒鹅膏中，致命鹅膏共导致 13 人死亡，成为我国危害最为严重的毒蘑菇。

据悉，我国蘑菇中毒发病集中在每年 6—10 月份，全年均有发生。西南地区和华中地区是我国毒蘑菇中毒的重灾区，其次为华南、华东地区，华北、东北和西北地区最少。2019 年浙江、福建和江苏等地蘑菇中毒发病增加明显。中毒主要原因为误食自采野生毒蘑菇，因食用购买的野生蘑菇共导致 9 起中毒事件，涉及 26 人中毒并造成 1 人死亡。

五、获取动物类食物

（一）狩猎

从保护动物的角度出发，一般情况下不可猎取动物，特别是受保护动物。

1. 陷阱及其布置

对付大多数野生小型动物，设置陷阱比追逐狩猎要有效得多。即便猎枪已瞄上一只小动物，可是由于其体型过小，很难一击便中。布置陷阱反而更容易一些，同时可省出时间搜寻其他食物。对于求生者，需要掌握的是相对容易记牢和构建简单的实用型陷阱。由于每种动物都有各自独特的习性，有针对性的独特陷阱类型还是得掌握。如果某种陷阱不适用，再试试其他的，这是一个不断从失败和错误中获取新经验的过程。

不幸的是，某些很简单的陷阱会给动物带来相当大的磨难。某类为捕获特定类型动物而设置的快速死亡型陷阱，比如勒死型，要是碰巧套住了其他种类动物的翼或肢腿，可能会使它们痛苦好几个小时。定时查看是必须的，否则会无端延长猎物的痛苦，也增加了被其他肉食性动物偷食的可能性，也有可能猎物在经过长时间痛苦的挣扎尝试后重新获得自由——动物本能地咬断一翼或肢，或用其他自我伤残法成功地逃离陷阱。

仔细研究动物身体特征及生活习性可以避免许多错误。诱饵和设置位点的选择都是至关重要的。要不断尝试，要耐心等待。猎物初次遇到新鲜事物会很狐疑，便会逐渐接受，这时也就更容易上当了。

即便是在行走途中，设置一些简便的过夜陷阱也可能会有收获。如果准备在某地露营较长的时间，那么就可以很好地策划和设置了。陷阱设置得越是适当，数量越多，成功的概率也越高。

尽可能设置大范围且能控制的陷阱线，早晚各检查一次，收集猎物后重新布置好。必要时要加以修复，重复不起作用的可以移往别处。为了提高效率，设置陷阱时必须考虑到动物有足够的反应灵敏性，使得"弹无虚发"。一次成功可能是好几次失败的结果，没必要因猎物落空而失望。如果陷阱虽没被触动，诱饵却已不见，这可能是由于诱饵没放准位置，或者是由于触动机制不灵，重新设置时这两方面都应考虑。

在进行规律性查看过程中，可以同时巡查该地区，留意各种蛛丝马迹，扩充或修正已有的有关周围环境的知识。同时也可搜集植物及其他有用资源，使以后采集时有所准备。

2. 地点选择

查找猎物的踪迹，奔跑时留下的足印可能是它们从巢穴至饮水或进食处经过的路线。沿着这条路线找到任何自然形成的隧道，在动物必须经过的位置设置落石阱。猎物穿过障碍物之下的通道，也是布置陷阱的好地方。

陷阱设置别太靠近猎物的巢穴，这里常是它们静伏聆听及嗅探气息之地，有点风吹草动就会引起狐疑，从而静伏不动，或改变行走路线。也不要把陷阱设置在动物饮水之处，这里它也会很警觉，稍有异味就会引起注意。

如果将陷阱设置在动物自然通过之地，也许它们会避开并改变行动路线。但惊慌失措时，动物会慌不择路，本能地选择最短的捷径逃跑，这常是那些既明显又粗劣的陷阱也能时常成功的原因，譬如受到惊吓的兔子很容易就会落入陷阱。

3. 陷阱的设置

设置简单的陷阱需要绳子或金属线。金属线可以很容易保持绳索的张开状态。更复杂的装备也不过增添一把利刃，用来加工必需的木块。材料的选择至关重要。材料要选择弹性强而且坚韧耐用的。不要选择枯死的树木。榛木易于弯曲，富有弹性且很有力量，是很理想的首选材料。

4. 陷阱的类型

设陷阱需要以下材料：轧刀，扼绳，吊架，缠网，落石，圈套等。利用弹性幼树设计的吊架可以把上当猎物吊在空中。幼树越高，承受力越强，就越有效。有些陷阱综合运用两种或两种以上的方法。

（二）捕鱼

野生动物当中，或者至少在淡水动物中，鱼类大概是最难捕捉的。但是如果知道在何时、何地以及如何捕鱼的话，即使没有现代化的工具，还是可以捕到鱼。

1. 钓鱼

鱼钩和渔线很容易制作，而且在靠水的多数地区，鱼饵也很容易找到。

制作鱼钩：既可以用大头针、缝衣针、金属线、小钉子或者其他任何金属品；也可以用木头、椰子壳、骨头、荆棘、燧石、海贝、海龟壳等制；还可以将这些东西组合起来制作鱼钩。

制作渔线：既可以用吊绳做渔线，也可以用植物纤维或者衣服中的纤维来做渔线。树的内皮是最好用的纤维之一。用纤维做渔线的步骤如下：

将两根线的一端结在一起，结一定要牢固；一手拿一根线，按顺时针方向拧；然后将拧好的两根线按逆时针方向搓在一起。如果需要，可以增加纤维以增加渔线的长度。

注意：从大麻、荨麻、普通地区及沼泽地的马利筋、丝兰，以及芦苇中获取的纤维都是很好的制线材料。

寻找鱼饵：通常来讲，鱼会咬那些和它们生长于同一环境中的饵食，因此可以在靠近岸边的水里寻找螃蟹、鱼卵以及小鱼，在岸上寻找蠕虫和昆虫来当鱼饵。捕到鱼之后，剖开鱼的胃和肠子，检查一下它吃什么东西，试着找一份相同的食物来作诱饵。还可以用羽毛、颜色鲜亮的布、发亮的金属或贝壳来作假饵。

钓鱼的时机：一般来说，钓鱼的最佳时机在黎明、黄昏、暴风雨前、月圆或月亏的夜晚。鱼儿不停地跳出水面表明它们需要进食了，这时也是钓鱼的好时机。

钓鱼地点：选择钓鱼地点时，要考虑到水域、水域所在地区、季节以及时间等诸多因素。在湖泊或比较大的溪流里，鱼在清晨和夜晚喜欢靠近河岸或浅水区域。

溪流里的鱼经常聚集在水坑或深而平静的水流中、浅滩或小湍滩的底部、水槽尾部、岩石或圆木下面的漩涡中、河岸深陷处、悬于河面的矮树丛投射的阴影处，以及被淹没的岩石或圆木附近。

当河流的主干道水位高涨或变浑浊时，鱼会到支流入口处寻求庇护。

炎热天气的浅水中，鱼会聚集在最深的水坑里，或者有地下水渗出的泉眼处，或者藏身于岩石下面。

温带地区，在凉爽的春季，鱼会游到有太阳照射的浅水区，因为那里的水比较暖和。

2. 其他钓鱼方法

如果用渔竿、鱼钩、渔线以及诱饵没有钓到鱼，那也不要灰心，试试其他方法，比如下面这些方法。

安放渔线：如果你需要在湖泊、溪流附近待一段时间，那么这个方法是很实用的。在渔线上绑几个鱼钩，鱼钩上串好鱼饵，然后将鱼线系在低垂的树枝上，鱼上钩时树枝要能弯曲。不时检查渔线，取下已经上钩的鱼，然后重新布置鱼饵。

障碍鱼钩或叉状鱼钩是安放渔线时最好的鱼钩。做障碍鱼钩时，将一小截骨头或木头的两头削尖，在中间刻一圈凹槽，将渔线绑在凹槽上，然后在鱼钩上放好鱼饵，使得鱼钩入水后能把渔线往后拉。将渔线固定在水里，当鱼吞下鱼饵后，渔线装置和鱼钩交叉摆动，鱼钩会卡在鱼的食道或者胃里。

立桩监视：这是一种可以秘密进行的捕鱼装置。可以设很多机关而不被其他人发现。设计机关前，将两根芦苇固定在溪流或湖泊的底部，两根芦苇之间拉一根渔线（渔线可以在芦苇上上下滑动），在这根渔线上再系两根装有鱼钩的渔线，要确保两根渔线不会纠缠在一起，也不会缠到两边的芦苇上。

天黑前，将蠕虫、蜜蜂幼虫，或者其他合适的鱼饵装在鱼钩上，天黑后，将渔线放到水中，一至一个半小时检查渔线一次，如果有鱼上钩，取下鱼，重新布置鱼饵，过一个小时后再次检查渔线。天一亮的时候也要立即检查渔线。

假饵钓钩：这个方法在夜间特别有效。需要一根柔软的2.4~3米长的棍子或竿子，一根约3米长的渔线，一个鱼钩，一小片发亮的金属片——状似市场上出售的匙状假饵，一小条白肉或者鱼的肠子。将渔线绑在竿子的一端，然后把匙状假饵和鱼钩系在渔线上，使鱼钩在假饵下面，把鱼饵装到鱼钩上，把鱼钩放入靠近荷叶或水草的水中，使得匙状假饵稍稍低于水面。间或用竿子的顶端拍打水面吸引大鱼来咬饵。

3. 徒手抓鱼方法

这种方法在河岸下部凹陷的小河里，或者在河水退后留下来的水坑中很有效。将双手放入水中，慢慢靠近河岸的下面，手尽可能贴近水底。手指慢慢移向鱼直到触摸到它，然后沿着鱼的腹部移动，不要太用力，当手移到鱼鳃部位时，从鳃后面紧紧抓住。如果你对付的是鲇鱼，或者脊背多刺的鱼，要小心不要被刺伤。

浑水摸鱼。河水泛滥退后形成的小水坑里常常有很多鱼。在水底踩两脚，或者用一根棍子搅动水底的泥土，水就会变得浑浊，然后鱼就会跑到水面上来透气，这时可以用棍棒打，或者用手抛，把鱼弄出水面。

4. 渔网捕鱼方法

用渔网捕鱼比上面提到的任何方法都有效得多。但是要做一个大一点的渔网需要花不少时间。不过制作简便的捞网，可以捕捉小一点的鱼，既可做饵也可食用。在湖泊、溪流的边缘或者其支流的入口处有大量小到无法用鱼钩或鱼叉捕捉的小鱼。找一根分叉的小树苗、一块布，例如衬衣，将小树苗的两个分支弯曲、紧紧连在一起，形成一个圆形的框架，把衬衣的领口、袖口都打结扎紧，将衬衣下部连在圆形框架上，用大头针、金属线，或其他合适的东西把衬衣固定住。

5. 陷阱和篓筐

这些捕捞方式对于淡水鱼和咸水鱼都适用。不过制作起来比较费劲，要花很长时间，而且很难随身带走。

在淡水中设置陷阱时，记住结合前面介绍的鱼的生活习性。

也可以用陷阱捕捉海水鱼，因为鱼群会定期随着涨潮涌向岸边，它们经常平行于海岸线活动。在海水涨潮时选择好设陷阱的地点，退潮后就去设陷阱。在多岩石的海滨，可以直接利用岩石间的水坑；在珊瑚岛上，可以利用珊瑚礁表面上的水坑；退潮时，堵住出口。在沙质海滨，可以利用沙洲以及沙洲围成的沟渠。或者围一圈低低的石墙，朝着水的方向向外延伸，和海岸形成一个角度。

6. 叉鱼

如果你身处的水域不深（大概齐腰深），而且那里的鱼又大又多，那么可以用鱼叉叉鱼。用手边的材料制作鱼叉很容易。叉杆可以用一根长的、直的小树或者一根竹子来做，如果小树茎干够硬，可以将其一头削尖，如果木质不硬，可以绑一个刺刀、一片尖利的金属、一根削尖的骨头、一把小刀或者荆棘在上面。如果叉杆是竹子，在竹节下方削两个箭头。

在有鱼群经过的水边耐心、安静地等候，夜晚在手电筒的帮助下，叉鱼的成功率会更高一点。灯光会将鱼吸引过来，光线照射到鱼时，会从鱼的眼睛反射回来，而且手电筒能照亮溪流底部，可以发现并采集其他水生生物。

如果需要下水去鱼群聚集的地方，那么——慢慢地涉水过去，动作必须足够缓慢，以免引起水面的震动。将鱼叉放入水中，等几分钟，让鱼适应你的出现。尽量靠近目标，鱼叉要一直在水下。将鱼叉置于目标上方，要尽可能靠近。迅速朝鱼刺过去，并且使鱼叉紧紧抵住河底，然后用手去把鱼抓上来。

7. 药鱼

另一个抓鱼的方法是使用毒药。这种方法见效很快，可以暗中进行，还能一次获得大量的鱼。有些温暖地区的植物含有鱼藤酮，该物质可以麻醉或杀死冷血动物，但是对食用该动物的人类并无影响。可以使用鱼藤酮或含有鱼藤酮植物的地方是水塘或小溪的上游。在21℃或以上温度的水里，鱼藤酮会很快起效，鱼会马上失去活力，浮出水面。如果水温在10℃～21℃之间，鱼藤酮效果比较慢，而水温低于10℃，鱼藤酮就会失去效用。下述植物，如果按照说明使用，也能使鱼类昏迷或死亡。

防己属植物：这种木本藤蔓植物生长于南亚及南太平洋岛屿上。可将其豆状种子碾碎，然后撒到水中。

巴豆属植物：这种灌木或小型乔木生长在南太平洋岛屿开阔的荒地上，它的种子长在呈三角形的豆荚里。碾碎种子撒到水中。

玉蕊属植物：这些高大的乔木长在马来亚及波利尼西亚部分地区的海边，它们长有单种子的肉果。碾碎种子，剥去种子的外皮，然后撒到水里。

鱼藤属植物：这种热带灌木或木本藤蔓植物是商业生产鱼藤酮的主要来源。将该植物的根部磨成粉，或者浸泡使其变软，然后和水混合在一起，将混合溶液大量撒入水中。

灰叶属植物：这是一种小型灌木，生有豆荚，几乎遍生于热带地区。将叶子和茎干碾碎撒入水中。

石灰：石灰也可以毒杀鱼类。可以焚烧珊瑚或海贝来获得石灰，将石灰撒入水中。

往水里投放毒药之前要先设计好捞鱼的方法，捞网就很好用，也可以在下游建一道围堰来捕捉鱼。

8. 砍鱼

如果身处水滨，并且不担心光线会招致危险，那么可以在夜间退潮的时候试试砍鱼这种方法。需要一支火把、点火的工具以及一把砍刀。

一手拿着点燃的火把，一手拿着砍刀，走到约0.6米深的水中，亮光会把鱼吸引过来，用砍刀刀背把鱼打昏然后捡起来。

9. 冰上钓鱼

冬天你可以在冰上挖一个洞来钓鱼。为使洞口不再冻上，可以在洞口盖上一些树枝，然后堆一些雪在树枝上。

警告：一定要确保冰层能够承载自身重量。带一根3米长、直径5厘米的竿子，这样，如果万一冰层裂开了，可以帮助自身离开水里。

（三）捕鸟

在一般情况下不要轻易去捕食鸟类，特别是国家级的保护鸟类。以下介绍几种常见捕鸟方法。

（1）扣捕。用柳条、草茎、树枝、芦苇等编制一个浅口筐，选择一块鸟类出没的地方，把筐用短棒顶住，下面放好鸟食，木棒用绳系好，远远地监视。等鸟进入取食时，拉绳即可将鸟扣住。然后在筐底活口处伸手捉住猎物。

（2）钓捕。可以用钓鱼的方法及工具来捕鸟，用谷物或虫子做饵，做好伪装。

（3）套捕。用细绳线做成活套，将套子固定在有弹性的小树上，向下拉弯，将有套的一端拉到地上做成一个机关。在套内放上饵，当鸟取食时触动机关，小树向上弹起，活套将鸟套住。

（4）射杀。用弹弓或弓箭射杀鸟类，这需要进行多次练习以提高准确性。

（四）捕食昆虫

很多种昆虫在世界上大多数地方都能大量繁殖，可以成为重要的食物来源，而且大多数昆虫用手就容易捕捉到，包括大的蛴螬（昆虫的幼体）、蝗虫、蚱蜢、蚂蚁以及白蚁。可以将其煎炸、煮或者烧烤，也可以把它们和其他食物放在一起炖，这样味道会更好一点。甚至可以生吃。蚱蜢可能带有寄生虫，切勿生吃，不要吃蚱蜢的大腿，因为上面长有倒钩，可能会卡在喉咙里。

在腐烂的圆木中、地底下、枯死的树皮下面可以找到木蛴螬。蝗虫、蚱蜢、蚂蚁生活在温带和热带地区。白蚁通常生活在丛林里。

（五）拾捞甲壳类动物

这一类动物包括生活在淡水和咸水里的螃蟹、小龙虾、龙虾、小虾以及对虾等，都可以食用，不过淡水甲壳类动物食用前要煮一下，因为它们可能携带寄生虫。

热带溪流中有很多淡水小虾，特别是滞缓的溪流中。它们或游于水中，或吸附在水中的树枝或植物上。

咸水小虾生活在海底附近的水域中，可以把它们搅动上来，或者在晚上，用灯光把它们吸引上来，然后用网捕捉。

淡水螃蟹和小龙虾有时栖息在岩石底下长满苔藓的地面，有时在溪水或浅水里游泳。既可以用手直接抓，也可以用捞网捞。很多螃蟹和龙虾是夜间活动的，所以夜间捕捉会更容易。螃蟹爬着行走，还会挖洞，用捞网很容易就捞到或设陷阱，用鱼头或动物内脏吸引它们。

（六）寻找软体动物

这一类动物包括生活在淡水和咸水里的贝类，如蜗牛、蛤、贻贝、牡蛎、玉黍螺、石鳖以及海胆等。牡蛎和淡水贻贝很像，陆生及水生蜗牛分布世界各地，只要是有水的地方都会有。

北部针叶林地区的河流、溪水、湖泊中有很多蜗牛或淡水玉黍螺，这些蜗牛的形状可能是尖头的，也可能是圆头的。

在淡水中寻找软体动物时，要在浅水处寻找，特别是河底为沙质或淤泥的浅水中。寻找它们在泥上留下的细细的痕迹，或者隐秘的椭圆形的裂口，那是它们的藏身之处。

在海边，等到退潮时，检查潮汐留下的小水坑和潮湿的沙子。海边的岩石上，或者再深一点的海水中的珊瑚礁上经常会粘着许多贝类。蜗牛和帽贝黏附在岩石水位较低的部分，大一点的蜗牛，也叫石鳖，则紧紧地依附在岩石水线以上的部分。

贻贝通常大量聚集在布满碎石的池塘中、圆木上，或者巨石的基部。（警告：在夏天，热带地区的贻贝是有毒的。）

食用软体动物前应该先将其蒸一下或煮一下，或者带壳烘烤。将它们和绿色植物及块根一起炖，味道十分鲜美。（警告：不要吃那些即使水位很高时也没有被水覆盖的软体动物。）

第三节　野外生火

一、生火

在野外，火有着很大的用途：将食物煮熟；释放热量产生暖意，减少人体的热量散失；烘干衣服；吓跑危险的野兽；通过烟熏以延长肉食的保鲜时间；其烟雾可驱走害虫；发求救信号；还可以用火煅烧金属打制工具等。可以说，野外生火的能力高低可决定一个人在野外生存能力的强弱。在困境中，能否成功生火取暖可能会成为决定生死的关键。所以，我们在向野外出发前，一定要准备好生火的工具，并掌握好生火的方法、技能，炉灶的搭建，野外煮食的要领，篝火的点燃等，同时谨记野外用火的注意事项。

二、生火的步骤

生火并不能一蹴而就，耐心十分重要。大多数人在野外活动时遭遇生火的困难，就是因为太急着想要把火生起来，在心急的情况下草率选择了一些不利生火的材料。因此，要把生火的过程看作一个经过精心设计的建构过程，一旦发现了正确的方法，就会得到回报。

生火的正确步骤如下：

第一步：准备火种。

火种泛指仅需一点热量就可以点燃的材料，优质火种只需一个火星即可引着。桦树皮、干草、细木屑、鸟绒、蜡纸、衣服上露出的蓬松棉花、汽油等都是很好的火种；烤焦的棉花和亚麻，昆虫如树黄蜂钻孔打洞留下的粉末，鸟巢里鸟儿落下的羽毛等都易于点燃，适合作火种；也可将干燥的真菌、鸟类和蝙蝠排泄物精研细磨成粉末用作火种。注意必须使火种保持干燥，可随身携带防水容器，将火种收集在里面，并要在平时多注意采集火种，以备不时之需。

第二步：寻找易燃的引火物。

引火物是用来引烧燃料用的，生火之前必须要准备好，因为一般的嫩树枝、大树杈及湿柴草是很难直接用火种点燃的。

以下方法有助于我们寻找引火物：①干草、小树枝、枯树叶、小木块都可用来引火。如果是雨天，可在树底下或岩石下寻找干燥的引火物。②针叶松的干果和落果通常是多树脂的，是极好的引火物。枯死的松树的节子上常有"松树油"或树脂。有时，在枯死的老树根上，也可挖到树脂。即使是雨天，桦树皮仍是很好的引火物，因为里面含有易燃的油脂。③在没有树的地区，同样有天然燃料，如拧成绳的干草、枯死的灌木、煤泥干、油页岩、含油的沙土、干动物粪便和动物油。④如找不到干燥的天然引火物，可利用棉衣里的棉絮、药箱里的绷带、口袋里积聚的绒毛等。

第三步：捡拾足够的干柴。

干柴要选择干燥、未腐朽的树干或枝条，要尽可能选择松树、栎树、柞树、桦树、槐树、山樱桃、山杏之类的硬木，这些硬木燃烧时间长，火势大，木炭多。干枯的竹子是一个不错的选择，但在燃烧前最好能使竹子开裂，以免竹节在燃烧中爆炸。有时也可使用动物干燥的粪便。不要捡拾贴近地面的木柴，因其湿度大，不易燃烧，且烟多熏人。

第四步：选定和清理用火区。

用火区要求避风、平坦、干燥，并将其周围直径2米以内的枯草和堆积物清理干净，直至露出地面以下的土壤。如果地面潮湿，则要先用树木搭建一个平台，上面铺上一层沙子或石子，再在上方生火。拾获的枯草和干柴留下用于点火稍微多一点的分量，其余的则放在离点火地点稍远的上风处空地。（如图6-1）

图6-1　用火区

第五步：做好防火措施。

在野外生火，容易引致山火，特别是在干燥的季节里，所以我们一定要做好防火措施。除以上提到的清理用火区和将多余的木柴放至安全的地方外，我们还要在火堆旁边准备好一桶水、一堆沙子或一堆湿润的泥土，以备火势难以控制时能及时灭火。

第六步：点火。

将引火物放置中间，上面轻轻放上细松枝、细干柴等，然后用火柴或打火机点燃引火物，随后根据火焰的情况，适当添减干柴；也可利用石块支起干柴，或把干柴斜靠在岩石壁上，在其下面放置引火物后点燃生火。

三、特殊的生火方法

使用火柴、打火机等工具生火当然是最好的方法，如果没有这些工具，则必须使用一些特殊的生火方法。学会和掌握这些生火方法，将有助于提高我们在野外的生存能力。下面介绍的前5种方法是用木棍和木板等木材，通过摩擦生热来点火。先将木头削出木屑，然后让其在摩擦产生的热量影响下冒出烟，再将燃屑移到火绒上，最终生出火苗。注意，在这里，木板和木棍不是用来当燃料的。木棍的前端不要像削铅笔那样削尖，而是切成平头。而木板上也不要事先挖出小洞。（如图6-2）

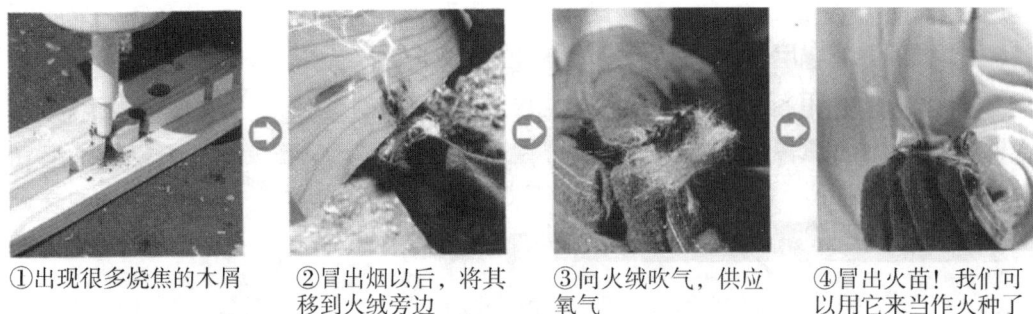

①出现很多烧焦的木屑　②冒出烟以后，将其移到火绒旁边　③向火绒吹气，供应氧气　④冒出火苗！我们可以用它来当作火种了

图6-2　生火方法

1. 钻木取火法

一提到古人的点火方法，我们最先想到的就是钻木取火的方法。这是被了解得最广泛，但同时也是最困难的一种方法。首先，找到一块合适的木板，干燥的白杨、柳树等是不错的选择，因为它们的质地较软。再找到合适的木棍做钻头，相对较硬一些就可以了。其次，把钻板边缘钻出倒"V"形的小槽。最后，在钻板下放入一个易燃的火绒或者枯树叶，双手来回地搓木棍，并向钻板的方向施加向下的压力。在此过程中，双手要

图6-3　钻木取火法

一直不停地来回搓，一定不要停下来，以免摩擦产生的热量扩散出去。（如图6-3）

2. 火沟式取火法

用木棍在木板的同一个位置用力地反复摩擦，木板上就会渐渐出现一个小沟。周围摩擦出的木屑会变成茶色，并渐渐冒出烟来。在实际操作过程中，热量往往会非常高，甚至无法用手直接接触。（如图6-4）

图 6 - 4　火沟式取火法

3. 拉绳取火法

　　一个人将木棍压在木板上，另一个人把绳子绕在木棍上，然后双手拉着绳子的两头交替拉拽，让绕在木棍上的绳子来回转动。与火沟式点火法相比，拉绳取火法能够节省一半的力气，较为轻松。（如图 6 - 5）

4. 弓弦式取火法

　　弓弦式取火法的原理和拉绳取火法类似，但是可以一个人独立完成。这种方法实际上并不需要真正的弓。在点火的时候，要在棍子的两端系上绳子，看起来像是一个小小的弓。（如图 6 - 6）

图 6 - 5　拉绳取火法

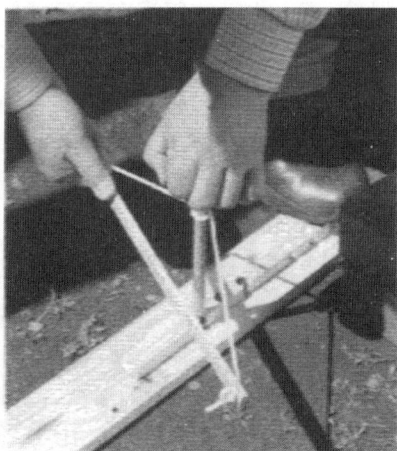

图 6 - 6　弓弦式取火法

5. 弓钻式取火法

木棍的一端用两根绳子缠绕，绳子的另一端分别固定在一个硬质横板上。木棍的中间部位用一个硬质木轮做加速器，然后把绳子螺旋式地缠绕在木棍上。上下旋转木棍，注意用力的节奏，就能使钻轴产生极快的转速，然后钻出火花。虽然道具的准备需要下一番功夫，但是对于不习惯摩擦木棍点火的人来说，这种方法是最有效的。在现代社会，这种方法仍然被使用在神社庆典等需要点火的场合。(如图6-7)

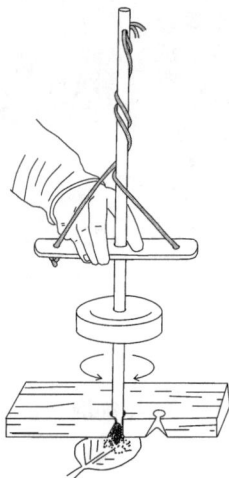

6. 打火石取火法

打火石又叫燧石，主要由隐晶质石英组成，是简易便携的取火工具，不受雨水影响。打火石和铁器相互击打会产生火花，是古人常用的取火工具。打火石遇水也可以正常使用。将打火石晾干、用衣服或纸巾擦干后即可使用。

打火石的使用方法很简单，用反削铅笔的方式，刀刃向上，用力摩擦打火石就会产生火花。让产生的火花掉落在火绒上就可以成功点火。

图6-7　弓钻式取火法

7. 凸透镜取火法

在太阳比较强烈的环境下，利用凸透镜的聚焦功能是常见的取火方法。任何一个直径为5厘米或更大些的凸透镜，在明亮的阳光下，都可用来聚集太阳的光线。在没有凸透镜的情况下，也可使用深度的远视镜片和从望远镜、瞄准镜、照相机上取下的凸透镜。首先，根据太阳照射的方向，调整好站位，让太阳的光线垂直照射在凸透镜的镜面上；其次，摆放好火绒，调节好凸透镜与火绒的距离，把聚焦点对准火绒；最后，保持聚焦点位置不动，耐心等待一段时间，聚焦的时候千万不要移动凸透镜的位置，要让火绒持续升温，直至最后被点燃。

8. 电池取火法

这个方法利用的是电池短路的原理来取火。找一节5号干电池和一张包装口香糖的锡纸。因为锡纸会导电，将它与电池的正负极相连，造成电池短路，从而发热起火。

具体步骤为：第一步，将一张包装口香糖的锡纸剪裁成中间窄两边宽的条形。纸条不要太宽，中间一定要剪小一点，这样锡纸的电阻才会小一点，成功率才会高。第二步，将锡纸与电池的正负极相连，用手按住。等待电池发热了，让锡纸燃起来。

在尝试这种方法的时候，失败的原因一般有两个：第一，电池电量不够，可以用增加电池的方法，将多节电池进行串联，从而达到增大电量的目的；第二，锡纸剪裁不合理，电阻太大，锡纸中间狭窄的部分聚集的热能不够。所以在剪裁的时候中间部分尽量减小一点。另外，需要特别注意的是，电池发热的时候温度很高，很容易烫伤手，最好戴上手套或者手上包一块布再操作。

9. 铝制易拉罐取火法

把铝制易拉罐的底部磨得发亮，直到能够照出人影为止，然后就可以聚集太阳光来点火了。除了使用专门的金属打磨剂之外，还可以使用牙膏、巧克力来打磨。因为罐底的焦点距离非常近，所以聚集阳光的时候要非常小心，找到最佳的位置。

10. **塑料瓶取火法**

在塑料瓶中装满干净透明的水，将瓶子倒过来，用接近瓶口的圆弧部分代替透镜来聚集太阳光。虽然找聚焦点需要花费一定时间，但是一旦找到合适的聚焦点，很容易就把火点燃。

11. **火柴取火**

点燃一根木质火柴，请遵循以下步骤：①背着风坐下，靠近引火物，一手稳稳地握住火柴盒，避免被风吹到。②另一只手抓住火柴，专注地向下朝着木堆的方向划动。③火柴点燃后，给它一点时间（1~3 秒），让它充分点燃前四分之一的木材。④小心将点燃的火柴挪向引火物（除非处于引火物旁边点燃火柴；如果仅有微风或下小雨，这样做也还是可行的）。

相关链接

用冰来取火的人①

如果说这个世界上有人用冰来取火，你是否好奇：冰怎么能够取火？但这的确是真的。多年前有一个探险队到达了南极洲，那时正是南极洲的夏季。虽是夏季，但温度也在零下 20℃ 左右。南极的天气变化无常，探险队员们顽强地抵抗着寒冷和风暴进行科学探测。当他们到达一个孤岛上时，打火器却找不到了。没有火，就不能工作，不能生活，甚至生命受到威胁。

正在大家一筹莫展、陷于绝望之际，一位年轻的队员取了一块冰，用小刀轻轻地刮，用温暖的双手不断摩挲，做成了一个光洁透明的半球形"冰透镜"。他举着"冰透镜"，向着太阳，让太阳光穿过"冰透镜"，形成焦点，射在一团干燥蓬松的火绒上。一分钟，两分钟……火绒冒出一缕淡淡的青烟。又过了一会儿，火绒上出现了一个红点，接着竟燃烧起来了。

四、火堆的种类

有许多种方法可以把火种妥善安置好，并且通过添加燃料让它生生不息。因此在生火之前，最好先决定此火的主要功能为何，这样才能让燃料发挥出最大的经济效用。一般而言，最好是生两处较小的火，一处用来烹煮食物，另一处拿来提供温暖和照明，这样要比只生一处较大的，但两种功能却都缺乏效率的火来得好。用来烹饪的火堆火势必须均匀，不至于太大或是太小，这样烹饪器具才能轻易地置放在它的顶层，一般来说，交叉堆放的

---

① 科学原理一点通. 用冰来取火的人［EB/OL］.（2020－11－17）. https：//www. scimall. org. cn/article/detail？id＝4809390.

设计是最理想的。也可以把较小的圆形木材堆成个平台，它的好处是可以隔开地上的湿气。在十分寒冷的天气里，应该把地上的雪完全清除干净，或是在雪地的顶端建起一处由大树枝架起的平台。

1. 十字押式

用适当的角度把较小的圆形木材一层层互相交叠在一起，就会投射出大量的热度，而且它的基础也十分牢固。这样可以形成较深层的残火或是余烬，对于烹饪食物而言是最完美不过的了。（如图 6-8）

2. 星式

可以把较粗的圆形木头缓缓添加到中央的区域，并使之呈星星状，这种方法也可避免体积庞大的木材在燃烧时所可能产生的问题，并为炊具提供一个较稳定的平台。（如图 6-9）

3. 圆锥式

它的形状类似于印第安人的圆锥形帐篷，火焰可以透过中央的空穴而向上卷烧，就好像一座通风良好的烟囱一样，把火势和烟不断往上抽。这种方法可提供更大程度的照明，但缺点是这种火堆往往烧得快，而且不够稳定。（如图 6-10）

图 6-8　十字押式

图 6-9　星式

图 6-10　圆锥式

4. 长木式

较长的圆形木材可以互相平行置放，是隆冬季节中在避难所的最佳取暖方式。此外，它也可以提供许多空间，并为许多炊具提供一处稳定的平台。（如图 6-11）

5. 壕沟式

在风势较大的地方，不妨用这种方式生火。不过正如它的名称所暗示的，我们得挖掘出个 30 厘米深、30 厘米宽、1 米长的壕沟并用石头沿着边缘排列，用完火后还可以把它埋起来，为整个晚上提供绝佳的地热来源。不过自

图 6-11　长木式

始至终都得小心有气孔的潮湿岩石如砂岩等，因为它们可能会爆炸。（如图 6-12）

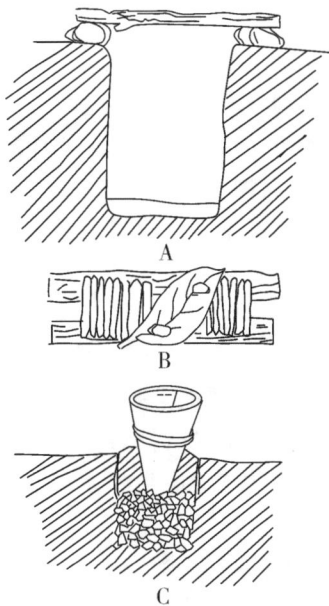

图 6－12　壕沟式

6. 蛇洞式

可以在河床边的下风处掘个洞，并堆放枯枝或是其他东西；使它的上方形成一处空穴，实际上就相当于制造了一个烟囱。在地下起火可以提供一处焦点较集中的热源，可用它来烹饪，也可以保存好燃料。此外在这种方式下，火会从缝隙处吸入大量的空气，减少浓烟量，而且可以很容易在风势较强的地方点燃。（如图 6－13）

图 6－13　蛇洞式

五、特殊环境中生火

（一）潮湿环境

潮湿环境中生火变得更加困难，但如果坚持到底，还是有机会点起火来。最关键的一点是，在以下地点寻找到干燥的引火物、引燃物和燃料：①岩屋或岩洞中；②倒下的树木和木头的下方和内部；③积雪中，如果气温在冰点以下，积雪以上的东西都会被融化的雪水浸湿，但厚厚的积雪下面就有相对寒冷干燥的木头；④动物洞穴，如松鼠或土拨鼠的洞穴。

有时可以收集那些微微有些发湿的树枝，削掉那些潮湿的部分后就可以使用了。也可以从衣服和行李里找，尤其是钱包里。有时候当身上的一切都被浸湿，钱包里还会有保持干燥的纸甚至钱可以拿来用。如果还没湿透，可以把内衣拿来引火。棉絮是十分理想的引火物，但是它的问题主要在于量够不够多。找到足够制成一个球大小的棉絮可能要花上 1

小时。

在潮湿情况下，尝试在某些东西的庇护下生火。在生火前要给火堆准备好一个基座，一个平板或一片金属都是较好的选择，布和塑料布也可以。可以在石头上生火，几乎任何东西都比直接在潮湿的地面上更理想。庇护也是十分必要的，避免雨滴掉到火堆里。

在潮湿环境中，考虑不使用引火物。通常情况下，潮湿环境中引火物比木材更难点燃，尤其是树叶或纸张。如果是这样的情况，直接引燃细树枝更明智。但这些树枝必须足够细，要用那些所能找到的最细的树枝。

（二）雪地生火

低温本身并不会影响生火效率。只要能点燃，无论在多冷的环境中，火都能持续燃烧。寒冷环境中的生火问题其实是：难以找到燃料，火会被融化的雪水浇灭。但不要担心，掌握以下几个要点，就能在寒冷的雪地中生起火来。

1. 在雪地中寻找材料

有森林覆盖的地区就有大量的燃料可供燃烧。在高山上或开阔的极地平原（冻土地带），树木则十分稀少，甚至完全没有。可以利用起来的燃料有以下几种：

（1）浮木。浮木可能冰冻在沙滩上，如果你可以发现并把它们砍下来，它们或许也可以燃烧。

（2）苔原植被或苔藓。一年中的大部分时间，这些植被都覆盖在雪地以下，只要坚持往下挖，即便在冬天也一定能够找到它们的身影。把它们揉搓成棍状或束状，这样燃烧起来会更容易。

（3）干燥的动物粪便。北美驯鹿、北极熊、麝牛和狼的粪便都具备可燃性。

（4）动物脂肪。比如海豹脂肪就能很好地燃烧。如果有这样的资源，一定要省着用。举个例子，要生火做饭或烘干衣服的时候再使用，一般取暖时不要轻易使用。它们燃烧速度非常快。

（5）所有燃料的使用都要遵循我们在第六章里介绍过的生火技巧。

2. 在雪地里保护火源

在雪地上生起火后，燃烧产生的热量很快就会融化冰雪，雪水反过来又会将火浇灭，熊熊大火很容易化为一堆潮湿的灰烬。即便在已经清理干净冰雪的地面上生火效果也不太好，在极地地区，土壤里的冰含量也很高，火同样很容易熄灭。在这些情况下，可以用以下办法在几种平面上生火。

（1）利用金属片。可以用锅（如图6-14a）或从车上拆下的任何一块金属板（但请先烧掉有毒塑料或涂料），甚至一张锡纸（对折之后使用，确保不会烧穿）。如果只有一个水壶，需要另找一个容器来烧水，但如果只是想煮东西吃，直接在火上烤即可。

（2）利用木质平台。用几层树枝搭起一个平面，两层之间交叉90°（如图6-14b）。这样的木质平台最终自己也会烧起来，这样一堆木头确实能让火烧得很旺。

（3）石板上。暴露在冰雪之上的石板是不错的选择。也可以用小石头在雪地上搭起一块石板，如图6-14c所示。

图 6 - 14　保护火源

六、炉灶

（一）便携式炉灶

如果计划要用便携式炉灶来做饭，则一定要在通风良好的地方使用，并且不要将燃料存放在睡觉的帐篷里或其附近。不要在封闭的空间或者有火苗的地方更换炉子的燃料罐。如果需要，通过拆下燃料罐来拆卸炉子，要等它冷却后再快速拆卸燃料罐，然后检查燃料罐是否自行密封，是否存在泄漏的情况。

如果遇到多风的天气，则使用炉子专用的防风罩或使用现有的材料临时做一个防风罩。做完饭以后一定要把炉子关掉，确保用火安全。

1. **煤气炉**（如图 6 - 15）

①在外面将燃料罐接到灶头上（不要在狭窄的空间里进行该操作）

②打开煤气阀门，用火苗将炉子点着

③如果要拆卸炉子，等它冷却之后再快速把燃料罐拆下来

图 6 - 15　煤气炉

2. 甲基化酒精炉（如图 6 - 16）

①组装好炉子并把它放在平整的地方。给灶头添上甲基化酒精

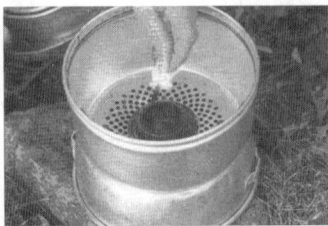

②小心地点着甲基化酒精（甲醇）

③要熄灭火苗时，把旋盖盖在灶头上

图 6 - 16　甲基化酒精炉

3. 固体燃料炉（如图 6 - 17）

①打开燃料罐，撕开铝箔纸，把炉子组装起来

②点着固体燃料。如果是胶状燃料，小心双手不要沾上任何燃料

③盖上盖子熄灭火苗，等炉子冷却之后再打包

图 6 - 17　固体燃料炉

4. 汽油炉（如图 6 - 18）

①确保汽油罐是满的，然后组装炉子

②推几下汽油罐的充气杆，然后打开阀门

③点着炉子。做完饭之后，关掉灶头并关闭阀门

图 6 - 18　汽油炉

（二）搭建炉灶

如果想用正式的烹饪工具来做一顿像样的饭菜，炉灶是必不可少的：炉灶能够让烹调工具保持一个稳定的状态，点火之后不仅能直接烤制食物，还可以使用煮、蒸、炒等各种各样的烹饪方法，制作出各色各样的食物。另外，炉灶也可以保护做饭的人不直接被高温的热量烫伤，并可以缩短烹饪的时间。一个好的炉灶可以增加燃烧效率，节约燃料。想要制作好的炉灶，最重要的一点就在于保证充分的空气流入，并保证空气通道的顺畅。历史学家认为，一个炉灶能够一次性为很多人烹饪食物，这就促进了人口集中，从而促进了人类文明的发展。因此可以说，炉灶是人类历史中一个相当重要的发明。

现今，我们可以携带汽油炉、煤气炉等现代化设备到野外开展生活体验，但当不具备这些条件时，则需要利用地形地物修建简易、实用的炉灶，用以烧水、做饭等。修建炉灶是野外生活中很重要的一项技能，是野炊的基础和必备条件。各种炉灶要根据我们所能寻找到的燃料、所处的地形地势和当时的风力情况进行修建。

1. 三石炉灶

三石炉灶是最简单且历史最久远的一种炉灶。取三块高度相同的石块呈三角形摆放，锅或壶架放在当中，一般情况下锅底或壶底需距地面 20 厘米左右（高度需视所用燃料确定，如用牛粪燃料高度不宜超过 20 厘米，如用木柴可适当加高）。其优点是：简单易操作，通风性好，适合于各种地形。其缺点是：热能利用率比较低。

2. 吊灶

找两根上方有杈的树枝平行插在地上，中间横一木棍或树枝、帐篷杆等，将锅或壶吊挂在横木上，下方生火。也可用石块垒一道 U 形墙，在其上架一木棍或树枝，锅或壶吊在木棍上，下方生火。U 形的口应向吹风方向，以利于燃烧。其缺点是：火焰不稳定，防风性能差，热能利用率低。

3. 木架灶

在森林地区有时找不到合适的石块建灶，可找 4~6 根长 30~40 厘米的粗树枝（最好是新的或湿树枝），一端用刀削尖，按所用的锅或壶的底面积，呈方形或六角形钉在地上，将锅或壶架在木桩上，下方生火。其缺点是：防风性能差，不能较长时间使用。

4. 坑灶

在既无合适的石块又无树枝的情况下，也可在地上挖一坑灶。在地面上挖一深 20~30 厘米、长约 120 厘米、宽 30~40 厘米的斜形穴坑，坑口向风吹方向，用木棍或帐篷杆架在坑的两边用土堆起的土包上，将锅或壶吊挂在木棍或帐篷杆上（一般掌握在锅底、壶底和坑底之间的距离需在 20 厘米以上）。其优点是：热能利用率高，安全性能好。其缺点是：挖灶的操作比较复杂。

5. 火塘灶

火塘是篝火的一种，应选择坡坎下避风处，挖一深 20 厘米左右的方形或圆形塘坑，上支三脚架以供烘烤食物、烧水、做饭。火塘坑可以较好地保存火种，还可以将食物埋在火塘中烘烤。

此外，野炊灶还有很多种，例如垒灶、散沿灶、避光灶等，可根据人数多少，就地取材修灶。

相关链接

西安一驴友失联 5 天获救　靠打火机生火幸存①

2019 年 11 月 13 日上午，有市民在朋友圈发出了通告，称有一名驴友进山失联了，已经 4 天了还没找到，并感慨"进山需谨慎"。

从通告中可以看出，这位失联的队友是一名 40 岁的男子，住在西安。11 月 9 日下午 1 时许，他和队友走散。最后一次与团队见面是在山顶。他带有户外手表、抓绒衣和羽绒服，体能好，有西安周边全部成熟景区徒步经验，但野外经验少。

据了解，9 日上午，这个队伍共 34 人，是从西汉高速的秦岭服务区进的山，半路上，有队友脱离队伍。9 日中午 1 时 30 分许，其他队员都下山了，但那名单独行动的队友却始终不见踪影。10 日清晨 5 时许，领队再次组织人上山去找，依然没有找到人。搜救的时候，大家最担心这位失联的驴友会因失温倒下。

事发后，曙光、鄠邑、蓝天、雷霆等多支救援队进山搜寻。救援区域条件艰苦，几乎没有路，很多路都是救援队员用刀边走边砍周边的杂草才能通行，有的草比人还高。除此之外，山里风很大，雾大到能见度仅有 10 米，有的区域已经下雪了，把人的衣服都冻到结冰了。

11 月 12 日，还动用了直升机参与搜救，但还是没有发现。12 日晚 9 时，家人发现走失驴友的手机有开机，后又关机，由于山里没信号，猜测他可能是在找信号，这样的行为给了救援队搜救的希望，最后关机的地方是东梁菜子坪，于是，救援队前往该地区搜寻。

13 日下午 3 时许，经过近 5 天的搜寻，救援队在宁陕县新场镇东沟区域找到这位驴友，他用随身携带的打火机在户外生火两天，得以幸存。

第四节　野炊

在野外活动，吃是一件头等大事。出发前食物的准备是比较考究的，最好是轻便、美味又富有营养。现在市面上有较多的方便食品可供选择，如各式各样的方便面、罐头、饼干、面包等，都是比较理想的野外活动食品。当我们在野外喝着冒热气的热汤，吃着香喷喷的米饭时，会觉得这次野外之行更加完美。在遇险情况下，最好能保证每天吃一顿热食，这样对我们虚弱的肠胃有着莫大的调理作用。

------

① 卿荣波. 西安一驴友失联 5 天获救　靠打火机生火幸存 [EB/OL]. (2019 - 11 - 13). http://news.hsw.cn/system/2019/1113/1129454.shtml.

一、准备食物的原则

野外活动出发前，可参照下列原则准备食物。

（1）美味。当你疲劳、食欲不振时，可增进你的食欲。

（2）营养。在冬天或活动消耗大的时候，特别要注意碳水化合物的补充，因其可迅速地增加血糖的浓度，对体力恢复很有效，所以，我们应随身携带一些糖果或者巧克力，以便随时补充体力。如需长时间在野外生活，则应补充蛋白质，携带一袋奶粉会是一个不错的选择。

（3）清洗和烹调都不复杂的食品。如瓜果、番茄、紫菜、罐头等。

（4）能配合所携带的炊具来烹调。

（5）食物的分量应计算好，能吃饱又不至于有太多剩余，以免造成浪费和耗费体力。

二、利用炊具烹调

在野外煮食，虽没有家中齐备的炊具，但我们同样可以煮出美味可口的饭菜。

1. 利用饭盒做饭

野外利用饭盒烧饭，既方便又好吃。将米盛入饭盒，加上适量的水，盖上饭盒中盖，烧饭时可增加盒内的压力，并可避免热水喷出，烧出来的饭更好吃。吃剩的饭，第二天还可加水煮稀饭。

2. 用锅做饭

用锅烧饭，要特别注意锅盖是否紧密盖住。如果锅盖松动，锅内的水分不断蒸发，米不容易煮熟，可在锅盖上放石头增加锅压。野外负责炊事的人，烧饭时不要离开现场，要随时注意火候，以便调节火的强弱。用锅烧饭，容易把锅底烧黑，野外活动时带家中的旧锅子即可。

三、无炊具的烹调方法

在没有炊具的情况下，可尝试用下面的方法烹煮食物。

（1）器皿煮食法：将铁脸盆、军用水壶、罐头盒、钢盔等架在三石灶上，或用铁丝吊挂，用火加热，烹煮食物，烧开水等。

（2）烧烤法：可将食物穿插缠裹在铁丝或木棍上，放在火边烧烤熟化。

（3）石板煮食法：用火将石板烧烫，然后将切成薄片的食物放在石板上烙熟。也可将若干拳头大小的石块放在火中烧热，随后用棍拨到一个 40 厘米深的土坑内铺成一层，上铺一层大树叶，放上食物，上面再铺一层树叶，将剩下的热石头铺在树叶上，然后再铺上厚厚的树叶并压住，三四个小时后即可取食。

（4）黄泥煮食法：用和好的黄泥在地上摊一个 3 厘米厚的泥饼，上面铺一层树叶，将野鸡、兔、鱼等动物去内脏、脱毛刮鳞，放在泥饼上，用泥饼将食物包裹成团，放在火中或炭中烧两个小时即可食用。

（5）土坑烤食法：先在泥地上挖一个 30～40 厘米深的坑，在坑内放上绿色植物的叶子、青草或能保持食物清洁的布，放入肉块、鸟蛋、块根或贝类食物，再盖上绿叶、青草等，然后在小坑上盖一层 2 厘米厚的沙子或泥土，把火堆设在上面。但是不可把肉块放在树叶堆里烧，这样会产生烟熏味。

（6）竹筒煮食法：如附近有粗壮的苗竹、毛竹等，则还可选用这种方法。将竹子砍倒，每 2～3 节竹筒砍成段，将竹节的一端打通，将米和水灌入竹节里，米约占三分之二，然后将竹节放在火中烘烤，约 40 分钟可做成熟饭。

知识点小结

◇在野外，可以通过植物找到水源。

◇可以通过看、闻、触来辨别水质。

◇野外收集到的水应进行消毒和净化，并煮开才能饮用。

◇也可以通过食用某些植物来补充身体水分。

◇可以从植物界中获得食物，但要了解哪些植物有毒。

◇可以通过捕获动物来获得食物。

◇食物的处理和保存。

第七章

野外急救

学习目标

理论目标：了解野外活动常见需要急救产生的原因，能讲述几种野外急救的处理方法和预防措施。明白野外急救的基本原则，掌握野外伤病的急救处理方法。

实践目标：野外活动出现恶劣情况时能够科学预防，人体不适时能正确应对。发生了野外伤病，能够科学处理。对于野外突发意外情况，能冷静处理，有效实施急救手段。利用现有资源尽最大努力将野外伤病风险降至最低。

导入案例

- -

驴友登山途中骨折求救　医生用树枝和护膝包扎救治①

登山途中，一位骨折驴友求救，医生立即飞奔前往，就地取材用树枝和护膝将其伤处进行了包扎固定，后被团友送医救治。

11 日下午 4 点 15 分，武汉市第六医院医护人员和家属一行 12 人正在黄陂龙王尖登山。途中，护士曾剑君接到另一个登山团好友打来的求助电话，称下山途中一位同行的男驴友腿不能动了，不停地喊疼，表情很痛苦，大家不知道该怎么办。

12 人中只有一个外科医生，其余都是内科医生和护士。挂断电话后，曾剑君立即向神经外科医生赵安浩求援。正搀扶着妻子爬山的赵安浩听闻后，立即飞奔至求援的山腰处。伤者 60 多岁，赵安浩检查发现，他的胫骨远端错位，仔细辨听骨擦声较为明显，当即判断为胫骨骨折。必须将骨折处固定，以免搬动时进一步错位，但身处郊外，没有专业器械，赵安浩手法复位后，就地取材找来粗树枝，进行支撑固定，然后用护膝将伤处包扎好，并叮嘱其团友轮流背着他下山，尽快送医救治。

赵安浩判断，骨折后伤处没有出血，又及时复位固定，送医后应无大碍。赵安浩提醒说，去登山时，除了穿专业的登山鞋，戴上护膝护踝保护关节外，最好还带上手杖。不要刻意地追求登山往返速度，尤其是下山时，小步走、全脚掌着地，增大受力面积，防止扭伤骨折。

第一节　心肺复苏术

心肺复苏术是指用人工的方法帮助心跳和呼吸骤停的患者尽快建立呼吸和循环，从而保证心、脑等重要脏器的血液供应，为进一步挽救患者的生命打下基础。在常温下，心脏停搏 2 秒患者就会感觉到头晕；10 秒就会出现晕厥；30～40 秒后瞳孔散大；60 秒后呼吸停止、大小便失禁；4～6 分钟后大脑发生不可逆的损伤。因此，对呼吸骤停和心脏停搏抢救应在 4 分钟内进行心肺复苏术操作，在 8 分钟内由专业人员进一步心脏救生，死而复生的可能性最大，因此时间就是生命。

据美国近些年统计，每年心血管患者因心肺骤停死亡数达百万人，约占总死亡病因的二分之一。由于心脏停搏突然死亡者60%～70%发生在入院前，为此，美国心脏病学会

---

① 刘璇，刘望. 驴友登山途中骨折求救　医生用树枝和护膝包扎救治［EB/OL］.（2018－03－13）. HTTP：//NEWS. CJN. CN/SYWH/201803/T3170408. HTM.

（AHA）倡导对国民进行心肺复苏术的培训。截至 2016 年，美国成年人中约有 85% 的人有参加心肺复苏术的初步训练，结果使 40% 心脏骤停者复苏成功，每年抢救了约 20 万人的生命。心脏跳动停止者，如在 4 分钟内实施初步的心肺复苏术，获救的可能性是 44%，6 分钟内实施心肺复苏术，获救的可能性不到三分之一，10 分钟后实施心肺复苏术迄今为止没有救活的案例。

心搏骤停一旦发生，如得不到及时抢救复苏，4 ~ 6 分钟后，会造成患者脑和其他人体重要器官组织的不可逆的损害，因此心搏骤停后的心肺复苏，必须在现场立即进行。可见，正确及时地使用心肺复苏术是多么重要！现就对心肺复苏术的操作流程进行论述。

一、评估程序

（1）评估现场环境是否安全：如果周围环境安全且适合做心肺复苏术，施术者即可走到患者的右侧进行下一步操作；如果现场环境存在安全隐患，就必须尽快将患者转移至安全和坚硬平整地面，然后再进行下一步操作。

（2）意识的判断和呼救：施术者用双手轻拍患者双肩，问："先生（小姐），需要帮助吗？"如果没有反应，立即请周围人帮忙拨打 120 急救电话，如只身一人则先打电话，再进行下一步操作，打电话时间应控制在 1 分钟内。（如图 7 - 1）

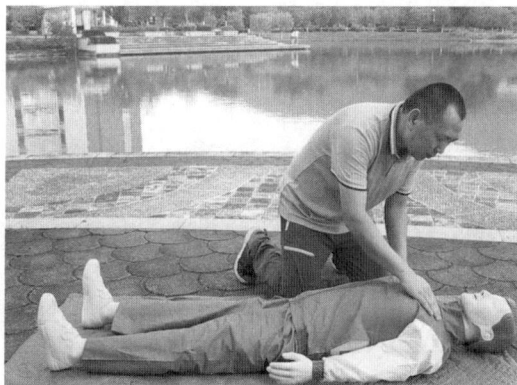

图 7 - 1　意识的判断和呼救

（3）检查呼吸心跳方法：用"一看二听三感觉"来总结。一看，头部侧向患者胸腹部，眼睛观察胸、腹起伏情况。二听，施术者耳朵贴近患者口鼻处，听呼吸道有无气流响声，告知有无呼吸。三感觉，即判断是否有颈动脉搏动：用右手的中指和食指从气管正中环状软骨，划向近侧颈动脉搏动处，检查是否有无颈动脉搏动，然后判断患者是否需要做心肺复苏术。尤其要注意的是检查的时间控制在 10 秒以内，方法是从 1 001 数到 1 008。（如图 7 - 2）

图 7 - 2　检查呼吸心跳

二、胸外按压

1. 找按压点

胸外按压前，松解患者衣领及裤带，对女性患者要解开其内衣。施术者双膝跪于被施者肩腰部的右侧，两腿与肩同宽。下面介绍两种找按压点的方法：

（1）右手食指、中指并拢沿右肋侧缘处向上方游走，当中指触摸到胸骨的剑突处即停止，这时右手食指处即为按压点。（如图7－3）

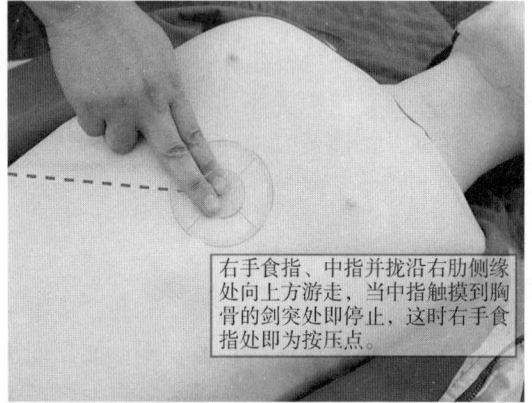

右手食指、中指并拢沿右肋侧缘处向上方游走，当中指触摸到胸骨的剑突处即停止，这时右手食指处即为按压点。

（2）两个乳头连线和人体正中线，相交中点的下端胸骨处（胸骨中下1/3处）即为按压点。

图7-3　找按压点

2. 按压方法

用左手掌根紧贴患者的胸部，两手掌根重叠，左手五指翘起，双臂伸直，施术者伸直手臂，以髋关节为轴，借助上半身的重量，将胸骨下半部向脊柱方向有节奏地冲击性按压。用力按压30次，按压频率至少100次/分钟，按压深度至少5厘米（注意这是成年人的标准），按压时掌根不能离开患者胸壁。（如图7－4，图7－5）

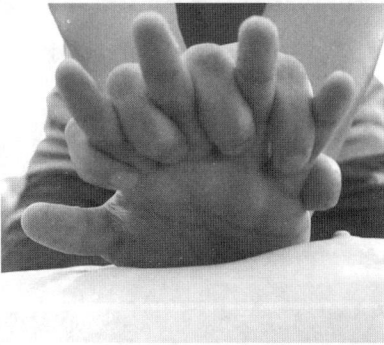

图7-4　按压方法（1）

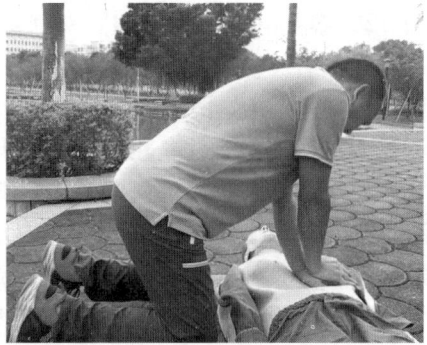

图7-5　按压方法（2）

三、开放气道

开放气道前，先检查口腔内是否有异物或假牙，如有则清除。（如图7－6）开放气道一般采用仰头抬颌法，即右手食指、中指托住患者下颌，左手小鱼际轻压患者前额，左手食指、中指捏住患者鼻子，使患者下颌和地面垂直，或使患者下颌、耳垂、地面三者在一条直线上。（如图7－7）

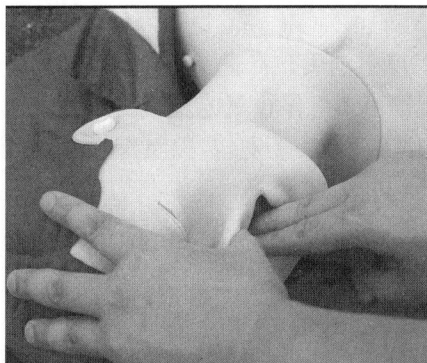

图 7-6　开放气道（1）

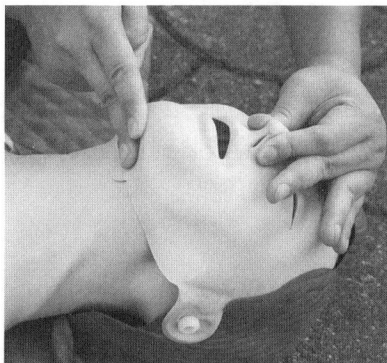

图 7-7　开放气道（2）

四、人工呼吸

施术者的口要完全包裹住患者的口，在 5 秒内吹两口气，每次送气 800～1 200 毫升，频率为吹一秒停一秒，吹时捏住鼻子，停时放开鼻子，人工呼吸时用眼睛的余光看被施术者胸部是否有起伏，如果有，则表示吹气成功。（如图 7-8）

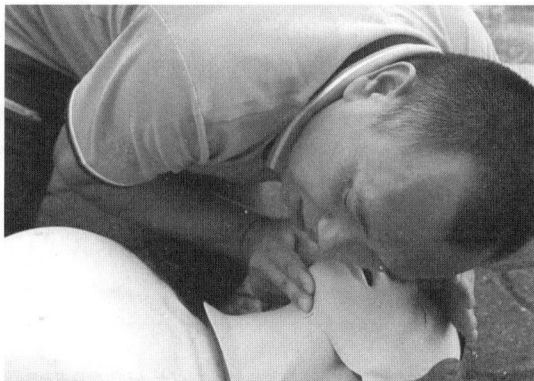

图 7-8　人工呼吸

五、操作 5 个周期

按压 30 次，吹 2 口气为 1 个周期，5 个周期后，判断复苏术是否有效，判断方法即上述讲的"一看二听三感觉"。如果还没有心跳和呼吸，则继续进行 5 个周期，如此循环往复。

六、心肺复苏有效的体征和终止抢救的指征

那么什么情况下才能停止心肺复苏术的操作呢？下面简单介绍 6 种情况。

（1）观察颈动脉搏动，有效时每次按压后，就可触到一次搏动。若停止按压后搏动停止，表明应继续进行按压。如停止按压后搏动继续存在，说明患者自主心搏已恢复，可以停止胸外心脏按压。

（2）若无自主呼吸，人工呼吸应继续进行，或自主呼吸很微弱时仍应坚持人工呼吸。

（3）复苏有效时，可见患者有眼球活动，口唇、甲床转红，甚至脚可动；观察瞳孔时，可由大变小，并有对光反射。

（4）心肺复苏持续 30 分钟以上，仍无心搏及自主呼吸，现场又无进一步救治和送治

条件，可考虑终止复苏。

（5）脑死亡，如深度昏迷，瞳孔固定、角膜反射消失，将患者头向两侧转动，眼球原来位置不变等，如无进一步救治和送治条件，现场可考虑停止复苏。

（6）当现场危险威胁到抢救人员安全（如雪崩、山洪暴发），以及医学专业人员认为患者死亡，无救治可能时。

七、心肺复苏术操作注意事项

（1）当只有一个施术者给患者进行心肺复苏术时，应是每做 30 次胸心脏按压，进行 2 次人工呼吸。

（2）当有两个施术者给患者进行心肺复苏术时，首先两个人应呈对称位置，以便于互相交换。此时，一个人做胸外心脏按压；另一个人做人工呼吸。按压次数和频率和一人操作相同。

（3）同时要注意，严禁在正常人身上练习心肺复苏术。

（4）由于儿童的解剖、生理及发育等与成人不同，儿童与成人心肺复苏术的徒手操作有较大差异。8 岁以上儿童与成人徒手做心肺复苏术基本相同。婴儿按压深度一般要求达到 1 ~ 2cm，约为胸廓厚度的 1/3，可根据患者体型大小等情况灵活掌握。

（5）患者需要躺在木板或坚硬平整的地面上。

相关链接

自动体外除颤器（AED）有效急救

自动体外除颤器，是一种便携式、易于操作，稍加培训即能熟练使用，专为现场急救设计的急救设备，从某种意义上讲，AED 不仅是种急救设备，更是一种急救新观念，一种由现场目击者最早进行有效急救的观念。它有别于传统除颤器，可以经内置电脑分析和确定发病者是否需要予以电除颤。除颤过程中，AED 的语音提示和屏幕显示使操作更为简便易行。自动体外除颤器对多数人来说，只需几小时的培训便能操作。美国心脏病协会认为，学用 AED 比学心肺复苏术更为简单。

AED 适用于心室颤动（或心室扑动）、无脉性室性心动过速心律失常患者。国际通用标志是，这两种患者和无心率一样不会有脉搏，在这两种心律失常时，心肌虽有一定的运动却无法有效将血液送至全身，因此须紧急以电击矫正。在发生心室颤动时，心脏的电活动处于严重混乱的状态，心室无法有效泵出血液。在心动过速时，心脏则是因为跳动太快而无法有效打出充足的血液，通常心动过速最终会变成心室颤动。若不矫正，这两种心律失常会迅速导致脑部损伤和死亡。每拖延一分钟，患者的生存率即降低 10%。

自动体外心脏除颤器于伤者脉搏停止时使用。然而它并不会对无心率，且心电图呈水平直线的伤者进行电击。简而言之，使用除颤器本身并不能让患者恢复心跳，那是许多影视节目的误导，而是通过电击使致命性心律失常终止（如室颤，室扑等），之后再通过心脏高位起搏点兴奋重新控制心脏搏动从而使心脏恢复跳动（但有部分患者因其心脏基础疾病可能在除颤后无法恢复心跳，此时自动体外除颤器会提示没有除颤指征，并建议立即进行心肺复苏）。

第二节　溺水急救

夏天到了，很多人都喜欢去野外清凉的河流或湖泊中游泳。然而，每到这个时候，溺水事件却最容易发生。更让人遗憾的是，许多人遇到这种紧急情况，不知道该如何自救或营救，从而导致悲剧的发生。

一、溺水定义与危害

人淹没于水中，水与杂物充满呼吸道及肺泡，引起缺氧和窒息的情况称为溺水或淹溺。溺水者吸水入体内后，可能会对人体造成伤害，甚至危及生命。

溺水的种类有很多，不管是何种原因造成的溺水，都会引起全身缺氧，导致脑水肿。呼吸道吸入污水可发生肺部感染。病情恶化可发生急性疾病，严重者可能导致死亡。

溺水发生时，掌握正确急救方法对挽救溺水者的生命十分重要。俗语说"求人不如求己"，溺水时最好的方法是自救。

二、溺水之自救

几种溺水自救的方法：

1. 不熟悉水性者的自救方法

当一人在野外活动时，如果不熟悉水性误入水中，落水后不要心慌意乱，应保持头脑清醒。这时候溺水者应该：

（1）采取仰面位，头顶向后，口向上方，尽量使口鼻露出水面，以便能够进行呼吸。

（2）呼吸时，呼气宜浅，吸气宜深，则能使身体浮于水面，以待他人抢救，千万不可将手上举或拼命挣扎，因为举手反而容易使人下沉。

（3）还要注意的是在流动的河水中，要尽量保持浮姿，任水冲流，并注意水波流向，再一点一点由水平方向往岸边移动。

2. 熟悉水性者的自救方法

在野外，即使是熟悉水性者，也会有溺水现象的发生。熟悉水性者溺水绝大部分是由手脚抽筋导致，下面我们以手脚抽筋为列，谈谈熟悉水性者溺水自救的方法：

（1）如果是手指抽筋，则可将手握拳，然后用力张开，迅速反复多做几次，直到抽筋消除为止。

（2）如果因小腿腓肠肌抽筋而致溺水，应息心静气，及时呼救求得援救。同时，自己应将身体抱成一团，浮上水面后，深吸一口气，再把脸浸入水中，将抽筋下肢的拇趾用力向前上方抬，使拇趾翘起来，持续用力，直到剧痛消失，抽筋也就停止了。

（3）要是大腿抽筋的话，可同样采用拉长抽筋肌肉的办法解决。

同步案例

防溺水口诀

我防溺水有高招，大人陪伴第一招。私自游泳很危险，不去深水很重要。
我防溺水有高招，游前热身第二招。伸手踢腿弯弯腰，预备动作不可少。
我防溺水有高招，解除抽筋第三招。赶紧上岸很重要，喝补糖水解疲劳。
防溺措施要知道，不可逞能不骄傲。安全二字记心中，远离危险身体好。

三、溺水的营救

遇到溺水者，千万不要慌张着急，要保持冷静，观察周围环境，在确保自身安全的前提下，对溺水者实施营救。下面是一些常见的营救方法。

1. 岸上营救溺水者方法

当遇到有人溺水时，首先是先想办法借助工具帮助溺水者，如考虑用竹竿、树枝、绳索拖拉，或者用大木头、塑料桶等能很好地浮于水面的物体作为浮具，实施间接救护；实在无法解决问题了，才入水施行直接救护。

2. 入水营救溺水者方法

如果有人溺水，救护者应保持镇静，下水前尽可能脱去外衣裤，尤其要脱去鞋袜，迅速游到溺水者附近。

（1）对于筋疲力尽的溺水者，救护者可从头部接近。

（2）对神志清醒的溺水者，救护者应从背后接近，用一只手从背后抱住溺水者的头颈，另一只手抓住溺水者的手臂游向岸边。

注意，救援时要防止被溺水者紧抱缠身，避免双双发生危险。如被抱住，应放手自沉，从而使溺水者手松开，以便再进行救护。

3. 救出水域后方法

如果被救上岸的溺水者神志不清，就要采取以下急救措施。

先拨打120急救电话，再进一步评估患者情况。如果没有心跳和呼吸，就需要施行心肺复苏术，具体操作见本章第一节内容。

四、医疗急救

救上岸后，如果现场没有专业医务人员在场，可以简单采取以下措施进行急救。

（1）清除口鼻淤泥、杂草、呕吐物等，如有假牙应取出，打开气道。

如果发现溺水者喉部有阻碍物，可将溺水者脸部向下，在其后背用力一拍，将阻塞物排出气管。

如果溺水者牙关紧闭，口难张开，施救者可在其身后，同时用两手食指和中指向下扳其下颌骨，将口掰开。为防止张开的口再闭合，可将小木棒放在溺水者牙床之间。使头颈后伸，打开气道，有条件的可以给予氧气。

（2）控水，控水施救者一腿跪地，另一腿屈膝，溺水者腹部置于施救者屈膝的大腿上，借体位迫使其呼吸道和胃内的水流出，时间以1分钟为宜，且不可因倒水时间过长而延误心肺复苏术的操作。也可采用将溺水者上身下悬，抖动溺水者，这样既控掉了喝入体内的水，又起到了人工呼吸的作用。

（3）对呼吸、心搏停止者应迅速进行心肺复苏，尽快行口对口呼吸及胸外心脏按压，对于溺水者口对口人工呼吸时，吹气量要大（具体方法参见本章第一节内容）。

在野外时如无必要，千万不要随意跳进不知名水域，以免使自己身处险境。

相关链接①

- -

悲剧｜溺水事件频发　安徽近期又发生两起4名少年儿童溺亡！

暑期将至，青少年儿童溺水事故进入易发、多发期。相关数据显示，我国每年有2万名儿童溺亡，尤其是6月到8月暑假期间，溺水是造成青少年儿童意外死亡的第一杀手。近期安徽又发生了两起溺水事故。

事故一，发生在"歙南第一村"的歙县昌溪乡昌溪村。6月3日，该村留守儿童小可（化名）和哥哥摘茶归来蹚水过河时，不料水流湍急，小可不慎滑倒后被冲入下游溺水身亡。据死者家属介绍，小可过河地方平常水位只没过脚踝，当时遇到上方一水电站开闸放水，水位增高，水流加快，才发生悲剧。而溺亡地水电站却表示没接到放水通知，将增设警示标志。

事故二，发生在6月3日下午2点30分左右，宿松县某中学的7名学生带着啤酒到江边游玩。喝完啤酒后一时兴起，四位同学准备下江游泳，但其中一位同学被岸边的同学劝阻后没有下水。

很快，下水游泳的3位同学，其中一位出现腿部抽搐，另外两人则体力不支，边游边喊救命。岸上的同学发现情况不对，立马向路人求救。可惜，三人被救上来后已无生命体征。

---

① 章鑫涛. 悲剧｜溺水事件频发　安徽近期又发生两起4名少年儿童溺亡！［EB/OL］.（2017－06－05）. https://www.sohu.com/a/146211542_670003.

每年夏天都会上演溺水悲剧，溺水已成为孩子非正常死亡的主要"杀手"。暑期将至，希望家庭、学校、社会和政府共同努力，构筑起孩子的安全网络，家长要看好自己的孩子，学校要教育孩子远离危险区域，相关部门要在一些危险的地方设置护栏和警示标志。

第三节　中暑的预防与急救

当人体处在高温湿热并且没有风的山区，或者高温环境下进行野外活动时，由于身体无法靠蒸发汗液来降低体温，人就容易中暑。

一、中暑的定义

中暑是人体在高温和高湿环境长时间作用下，机体体温调节中枢出现功能障碍，水、电解质代谢紊乱，从而导致循环系统及神经系统功能损害症状的总称，是热平衡机能紊乱而发生的一种急症。

二、人体散热方式

中暑，是由于人体散热功能出现障碍。人体必须通过散热来降温，下面是几种人体散热的方式。

（1）辐射：辐射是散热的最好途径。当气温在15℃～25℃时，辐射散热约占散热量的60%，辐射散热最多部位是头部（约50%），其次为手及足部。当外界温度大于或等于33℃时，辐射散热降至为零。

（2）传导与对流：通过对流与传导，接触和靠近皮肤的冷空气变暖，变热的热物质分子离开，而较冷的物质分子则取而代之，逐渐又变热，如此反复进行。

（3）蒸发：蒸发就是人体通过排汗或湿润皮肤，让身体表面的水由液态变成气态。人体每蒸发1克水，可散发2.4千焦的热量。

三、中暑的分类

通过人体的散热方式不同可以把中暑分为以下几个类型。

1. **热痉挛**

人在高温环境中，身体会大量出汗，丢失大量盐分，使血液中的钠含量过低，引起肌肉痉挛。

2. **热衰竭**

水盐的大量丢失使得有效循环血量明显减少，发生低血容量休克。机体为了散热，心排血量大大增加，使得心血管系统的负荷加重，从而导致心血管功能不全或周围循环衰竭。

3. 热射病

如果人们在野外烈日下活动或停留时间过长，直接曝晒在烈日下，强烈的日光会穿透头部皮肤及头骨，引起脑细胞受损，进而造成脑组织的损伤；因为受到伤害的主要是头部，所以，最开始只有头部温度增加，但体温不一定升高。

四、中暑的发生过程

首先，一般人体在高温下出现大汗、口渴、无力、头晕、眼花、耳鸣、恶心、心悸、注意力不集中、四肢发麻等症状，体温不超过38℃，我们把这种情况称为先兆中暑。

其次，如果上述症状加重，体温在38℃以上，出现面色潮红或苍白，大汗，皮肤湿冷，脉搏细弱，心率加快，血压下降等呼吸及循环衰竭的症状及体征，我们称之为轻度中暑。

最后，当因大量出汗，外周血管扩张，使血容量不足，引起周围循环衰竭，临床表现头晕、头痛、恶心、呕吐、面色苍白、皮肤湿冷、血压下降、昏厥甚至昏迷。这种表现称为中暑性衰竭，多见于老年人及身体虚弱不能适应高温者。

五、野外中暑后的处理方法

（1）移动：在野外一旦有人中暑，如果意识清醒，应尽快将其移到阴凉通风处，让其以半坐姿休息，头与肩部给予其支撑，并且脱掉患者外衣，以有利于呼吸和散热。

（2）冷敷：可用冷水浸湿毛巾敷头部，或用冰袋、冰块置于患者头部、腋窝、大腿根部等处。

也可把浸水的湿衣物或长方形的湿睡袋盖在其身上。如果患者的体温降至正常，可以把盖在其身上的湿物移开，并替其擦干，以免着凉，然后可以扇风。

当其体温又开始上升时，重新盖上湿的衣物。如果患者失去知觉，应让其平躺，并判断一下是否需要施行心肺复苏术，如需要，参见心肺复苏术操作。

（3）促散：如有条件将患者置于4℃水中，并按摩四肢皮肤，使皮肤血管扩张，加速血液循环，促进散热。待肛门温度降至38℃，可停止降温。注意：年老体弱者、心脏病患者禁用。

（4）浸水：如果野外条件允许，可将患者躯体呈45度浸在18℃左右水中，以浸没乳头为度。

（5）涂擦：四个人同时用毛巾擦浸在水中的患者身体四周，把皮肤擦红，一般擦15~30分钟，用清凉油涂于患者太阳穴等处，即可把体温降至37℃~38℃，大脑未受严重损害者大多能迅速清醒。

（6）服药：也可口服十滴水、解暑片、人丹丸、藿香正气水、清暑益气丸等。剂量请参照各药医嘱。

（7）救助：若患者自感症状严重，应向人求助，或请求他人为自己拨打120救助电话，尽快送医院救治。

六、野外中暑的救护原则

中暑的急救，应该遵守以下两点原则：

（1）抓紧时间、迅速降温、环境降温（将患者放置到阴凉通风处）、人工降温。

（2）补充水和盐分，防止中暑症状的进一步加重。

七、预防野外中暑方法

（1）天气炎热时，应尽量避免在太阳直射下运动。

（2）夏季进行野外活动时，准备一些清凉水、电解质饮料。

（3）野外运动时要携带太阳镜、遮阳帽等防暑装备。

（4）在进行野外活动前一定要准备好预防和治疗中暑的药物，如十滴水、清凉油、人丹等。

相关链接

持续高温多名市民中暑进医院　多补充水分并注意散热[①]

　　女子户外逛街数小时后心慌头晕，厨师连续冒高温工作后四肢无力，农民工户外作业半天全身发麻……原来，他们都是出现了中暑症状。记者获悉，连日高温天气，一些市民出现中暑情况进了医院，医生提醒，高温天气长时间在户外工作和休闲时，要注意防止中暑。

　　出现中暑的还有36岁的进城务工人员曾师傅，前日他从早上7时起便和工友们一起在工地露天作业，中午休息一会儿后，下午又工作了几小时，此后便感觉自己全身乏力、恶心呕吐、全身发麻，人也站不稳，工友赶紧把他送到武汉市第一医院急诊科，检查发现他已中暑，体内严重缺水，血液浓度较高，经治疗，曾师傅已无大碍。

　　刘霖医生说，夏季高温尽量避免大中午在外工作或逛街等，也不要长时间暴露在户外。若需长时间暴露在户外或在室外进行体力活动，一定要做好防晒防护，多补充水分。一旦发现有人中暑，应将其抬到阴凉通风处躺下休息，解开中暑者衣扣散热，用冷水毛巾敷在中暑者头部和颈部。饮用一些含盐分的清凉饮料，可以缓解症状，如遇情况严重者，应立即将其送往附近医院治疗。

----

　　① 郑晶晶，彭夏丽．持续高温多名市民中暑进医院　多补充水分并注意散热［EB/OL］．（2018 – 07 – 17）．http：// hb. sina. com. cn/news/b/2018 – 07 – 17/detail – ihfkffak9861 117. shtml.

第四节　冻伤的预防与急救

冻伤又称冷伤，是低温引起的人体损伤。在野外活动时，除了外界气温过低导致冻伤外，冻伤还与潮湿、风大、鞋袜过紧、局部和全身抵抗力降低、局部静止不动或少动等因素有关。

一、冻伤的征象

我们把人体冻伤的轻重程度分为三度。

1. 一度冻伤（红斑级）

一度冻伤是皮肤表层冻伤，复温后的早期症状是充血和水肿，皮肤呈紫色或红色斑块，以后皮肤逐渐发热、变干，数小时内出现水肿。身体表现为局部麻木、刺痛、灼热、发痒。若及时处理，症状在数天内消失，痊愈后有表皮脱落，不留疤痕。

2. 二度冻伤（水泡级）

为皮肤全层冻伤。此时皮肤红肿外，12～24小时内出现水泡，水泡内为血清状液体或稍带血性，疼痛较重。如果没有感染，一般经2～3周水泡即可干燥、表皮脱落、真皮再生而恢复，很少有瘢痕；如果有合并感染，创面就会形成溃疡，愈合后有瘢痕。

同步案例

65岁登山客在喜马拉雅失踪36小时　幸被无人机发现后得救[①]

65岁的英国登山客里克·艾伦（Rick Allen）在喜马拉雅山脉失踪，被推定已死亡。然而，他失踪36个小时后，一架无人机发现了从冰崖上跌落的里克。这位著名的登山客来自英国阿伯丁郡，事发时，他正徒步返回海拔26 401英尺（约8 047米）的世界第十二高峰——巴基斯坦的布罗德峰（Broad Peak）。直到营地的厨师在山坡上发现里克的背包，队员们才知道他从冰崖上滑落了。同行的波兰登山家巴尔泰克·巴吉尔（Bartek Bargiel）和安德雷杰（Andrzej）兄弟用高科技无人机DJ - Mavic Pro为里克定位。无人机飞到海拔约27 559英尺（约8 400米）高的地方，俯视布罗德峰和世界第二高峰乔戈里峰上空附近时发现了正在移动的里克，同行的队员也知道了他的确切位置。随后，其他登山客和当地的夏尔巴人将他救出并送回营地。幸运的是，里克状态良好，只受了轻微冻伤。之后，里

① 65岁登山者在喜马拉雅失踪36小时　幸被无人机发现后得救［EB/OL］．（2018 - 07 - 19）．https：//baijia-hao. baidu. com/s？id =1606377540264727420&wfr = spider&for = pc.

克乘直升机离开营地紧急处理了冻僵的脚趾。这位经验丰富的登山客在上次探险中因冻伤失去了半截脚趾，而此次里克·艾伦 36 小时内没有进食。

3. 三度冻伤（坏死级）

除皮肤坏死外，损伤可深达肌肉甚至骨骼，皮肤呈青紫或黑紫色，局部感觉完全消失，其周围有红肿、疼痛，可出现血性水泡。如果没有感染，坏死组织干燥结疤后，逐渐脱痂和形成肉芽创面，愈合很慢并且会留有疤痕。

野外活动中一般以一度冻伤较多，三度冻伤较少。那么冻伤后应怎样处理呢？下面介绍一下冻伤的处理方法，冻伤的处理一般分为急救与复温、局部治疗两个部分。

二、冻伤的处理

1. 急救与复温

（1）脱离：迅速使病人脱离低温环境和冻伤物体。衣服、鞋袜和冻伤肢体联结者，切不可勉强脱卸，应用 40℃ 左右的温水使冰冻融化后脱下或剪开。

（2）复温：脱离后，立即实行局部或全身复温，适宜的温度为 38℃～42℃。复温开始后，可把伤肢放在温水中浸泡，如条件允许，水足够且水温定，可浸泡全身。局部浸泡 20 分钟，全身浸泡 30 分钟，每天可进行 2 次复温。

（3）按摩：浸泡时，可轻揉、轻轻按摩没有冻伤的部位，帮助改善血液循环。

（4）涂药：局部冻伤部位可涂抹冻疮膏，应注意保暖和清洁，避免挠破冻伤部位表皮。

2. 局部治疗

（1）一度冻伤创面要保持清洁干燥，数日后可自愈。

（2）二度冻伤，经复温消毒后，创面干燥的可用软纱布包扎，注意不要弄破水泡；对于较大的水泡，将水泡内的液体吸出后，用干燥的纱布包扎，或涂抹冻疮膏后暴露；冻伤感染的，先用抗菌的纱布消毒后，再用冻疮膏涂抹。

（3）三度冻伤，如发生干性坏疽和腐烂的伤肢，尤其是手脚指（趾）端脱落的，应及时送往医院治疗。

三、冻伤的预防

野外活动时如果准备充分，很多冻伤是可以避免的，可以采取下面的预防措施避免冻伤。

（1）要求野外装备要保暖和宽松，鞋子不能太小。

（2）冬季野外活动时，要准备御寒工具，如手套、护耳等。

（3）要保持鞋袜干燥，行走导致鞋袜潮湿时，要及时更换。

（4）身体静止不动或疲劳时，要注意保暖。

（5）饮食要适当补充蛋白质和脂肪等高能量的食物。

相关链接

挑战不可能！69 岁无腿老人夏伯渝成功登顶珠穆朗玛峰（节选）[①]

8848 米，世界屋脊珠穆朗玛的峰顶，一双钢制的假肢深深地插在山岩的积雪上。此时此刻，世界上没有一座山比这双假肢的主人更高，他，就是 69 岁的"无腿老人"夏伯渝。

据夏伯渝登山团队消息，尼泊尔时间 2018 年 5 月 14 日 8 时 26 分，北京时间 10 时 41 分，夏伯渝第五次挑战登顶珠峰终于成功。然而在成功的背后，有多少难熬的等待和艰辛，只有他自己知道……

1975 年，24 岁的夏伯渝第一次随队攀登珠峰，在海拔 8 600 米时，一名藏族队友的背包掉下山崖，物资全失，夏伯渝把自己的睡袋让给了瑟瑟发抖的藏族小伙。

那天，夏伯渝在零下 35 摄氏度高山缺氧的环境下睡着了，等睡醒后才发现双脚严重冻伤。下山后，夏伯渝被截去了双脚，这令他的生活一度跌入谷底。

第五节　止血的临时处理

血液是维持我们生命活动的重要物质，成年人血量约占体重的 8%，即 4 000～5 000 毫升，如果出血量达到总血量的 20% 时，人体就会出现乏力、头晕、口渴、面色苍白、心跳加快、血压下降等全身不适症状。若出血量达到总血量的 30%，可出现休克，甚至危及生命。出血伤员的急救，只要拖延几分钟就会造成无法弥补的危害。因此，野外活动中，外伤出血是最需要急救的危险情况之一。必须要进行止血，正确及时地止血可起到临时止血、抢救生命的作用。

一、出血的种类

出血的情况有很多，可以简单地把出血归纳为以下四类。

（1）动脉出血：血液颜色鲜红，血液自伤口呈间歇性、喷射状流出，出血速度快，血流量多，危险性大，人体常因动脉失血过多，导致心跳、呼吸停止。这种情况急需止血。

（2）静脉出血：血色暗红，血液自伤口呈持续性，缓慢外流出，危险性小于动脉

[①] 挑战不可能！69 岁无腿老人夏伯渝成功登顶珠穆朗玛峰［EB/OL］.（2018－05－15）. https：//www.sohu.com/a/231685522_119432.

出血。

（3）毛细血管出血：血色介于动脉血和静脉血之间，血液在伤口处呈点状渗出，并逐渐融合成片，最后常能自行凝固，一般没有危险。

（4）混合型出血：指出血可能包含有动脉出血、静脉出血和毛细血管出血中的两种或两种以上的出血。

二、止血方法

同步案例

西安交大研发出针对不可按压止血的快速止血材料①

近日，在郭保林研究员和马晓龙教授的指导下，西安交通大学前沿院博士生赵鑫使用壳聚糖衍生物和碳纳米管材料制备成具有可注射的形状记忆纳米复合多孔凝胶止血材料。该工作以 *Injectable antibacterial conductive nanocomposite cryogels with rapid shape recovery for noncompressible hemorrhage and wound healing* 为题，发表在国际权威期刊 *Nature Communications* 上。

壳聚糖衍生物作为凝胶的主要骨架，可以提供很好的止血性能、促进伤口愈合以及血液触发形状记忆恢复功能。碳纳米管材料作为纳米填料，可以提高凝胶的力学性能，赋予凝胶良好的导电性以及出色的近红外触发响应性（例如止痛药物缓释、光热杀菌等），同时碳纳米材料也可进一步提高复合凝胶的促凝血性能。

该复合凝胶的血细胞和血小板吸附与激活能力使其在小鼠尾部截肢模型和肝脏损伤模型中表现出出色的止血性能。此外，该复合凝胶的快速血液吸收性、血液浓缩性能以及快速的血液触发形状恢复作为具有足够机械性能的物理填充屏障，使其在兔子肝脏体积缺损、不可压缩性出血致死模型中表现出优异的止血效果。此外，该形状记忆复合凝胶止血敷料的原料来源广、便宜，制备简便，具有巨大的应用潜力。

野外止血的急救处理的方法很多，可以根据具体情况选一种，也可以把几种止血方法结合一起使用，以达到最快、最有效、最安全的止血目的。下面介绍几种最常用的止血方法。

（1）冷敷法：这种方法常用于急性闭合性软组织损伤。

（2）抬高伤肢：将受伤的伤肢抬到高于心脏，使出血部位的压力降低，此法适用于四肢小静脉或毛细血管出血。

---

① 西安交大研发出针对不可按压止血的快速止血材料［EB/OL］.（2018-08-07）.http：//www.texleader.com.cn/article/29662.html.

（3）加压包扎止血法：在没有无菌纱布的情况下，可使用干净的衣物，或使用干净魔术头巾等，覆盖压迫伤口，这种方法适用于小静脉和毛细血管出血的止血。

（4）加垫屈肢止血法：前臂、手、小腿出血时，如果没有骨折和关节损伤，可将棉垫或衣物等，放在肘或膝关节窝上，屈曲前臂或小腿，再用绷带做"8"字形缠好。

（5）直接指压止血法：用手指指腹直接压迫出血动脉的近心端。为了避免感染，可用干净的衣物或清洁的毛巾等盖在伤口处，再进行指压止血。

（6）间接指压止血法：此法又称止血点止血法，是止血方法中最重要、最有效，且最简单的一种方法。压迫时，用手指把身体浅部的动脉压在相应的骨面上，阻断血液的来源。

常用的重要止血点有8个，分别是颞浅动脉止血点、颌外动脉止血点、锁骨下动脉止血点、肱动脉止血点、桡动脉和尺动脉止血点、指动脉止血点、股动脉止血点、胫前和后动脉止血点。下面来分别认识一下：

（1）头部出血：头部前额、颞部出血，要按压颞浅动脉，压迫点在耳屏前方，颞骨上。（如图7-9）

（2）面部出血：面部出血应用拇指或食指在下颌角前1.5厘米处，将下颌动脉压在下颌骨上。（如图7-10）

（3）上肢出血：肩部和上臂出血可压迫锁骨下动脉，用拇指压在锁骨上窝、胸锁乳突肌的外缘，将该动脉向后内第一肋骨压迫。（如图7-11）

（4）前臂出血：可压迫肱动脉，让受伤的前臂外展外旋，用拇指触及上臂肱二头肌内缘中点后，向肱骨处按压。（如图7-12）

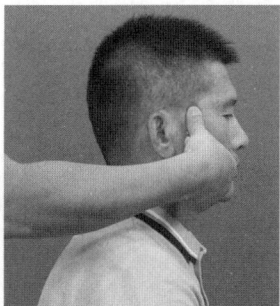

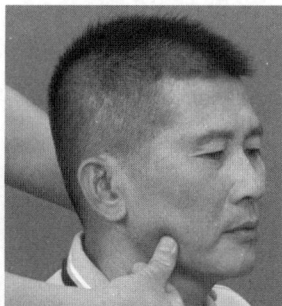

| 图7-9 头部出血 | 图7-10 面部出血 | 图7-11 上肢出血 | 图7-12 前臂出血 |

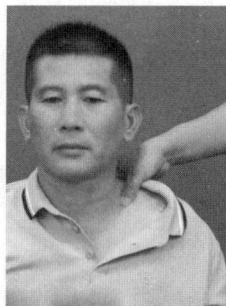

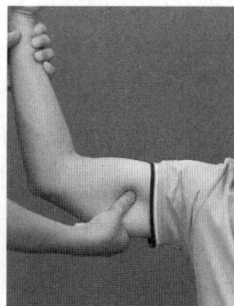

（5）手掌出血：将伤者手臂抬高，用双手拇指分别压迫腕横纹上方内、外侧搏动点，向尺骨和桡骨处按压尺、桡动脉。（如图7-13）

（6）手指出血：可压迫指动脉，压迫点在第一指节近心端两侧，用拇指和食指相对夹住。（如图7-14）

（7）下肢出血：大小腿出血可压迫股动脉。压迫点在腹股沟中点处，摸到动脉后，用手掌或拳头向下方的股骨面按压。（如图7-15）

（8）足部出血：用两手的拇指分别按压，出血足的内踝与跟骨之间的胫前动脉，和足

背横纹中点的胫后动脉。(如图7-16)

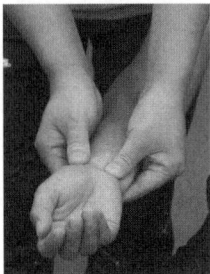

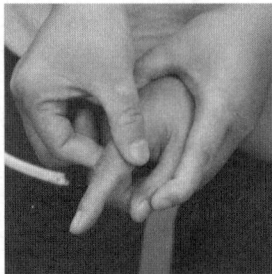

图7-13　手掌出血　　图7-14　手指出血　　图7-15　下肢出血　　图7-16　足部出血

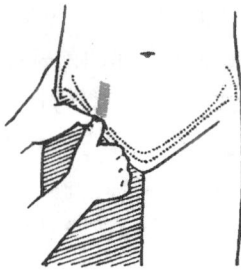

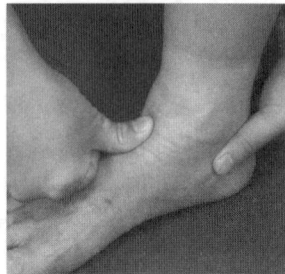

（9）布制止血带止血法：一般用于四肢大动脉出血，将长袜或布条绕上肢一圈，打一个结，取一根小木棒穿在长袜或布条圈内，提起小棒拉紧，将小木棒依顺时针绞紧，直到不流血为止，然后将小木棒固定在肢体上。

三、注意事项

（1）布制止血带的部位要在创口上方（近心端），尽量靠近出血口，但又不与出血口接触。

（2）在布制止血带的部位，必须先衬垫绷带、布块，或绑在衣服外面，以免损伤皮下神经。

（3）绑扎松紧要适宜，太紧损伤神经，太松不能止血。

（4）绑扎止血带的时间、放松止血带和重新扎紧止血带的时间记录好后，最好贴在使用止血者的前额或胸前，容易发现的部位，每隔半小时（冷天）或者1小时应放松一次，放松时间1~2分钟。

以上是野外止血的应急处理，至于进一步的处理，还应尽快送医院治疗。

相关链接

20岁小伙山上骑行摔成重伤，野外创伤如何急救？[①]

20岁的年轻小伙小王有两年多的骑行经验。近日，他和朋友在岳麓山崎岖山道骑行下坡时，疑刹车失灵不慎摔下山，其朋友不幸罹难，小王也头晕眼花昏迷过去，全身到处

————————————

① 20岁小伙山上骑行摔成重伤，野外创伤如何急救？［EB/OL］．（2018-07-02）．http：//www.cqcb.com/yangshen/2018-07-02/933156.html.

有皮肤破损出血。游客帮忙呼救后由交警大队紧急送入就近医院，急诊检查发现有急性重型颅脑损伤、蛛网膜下腔出血、颅底骨折、肋骨骨折。拿着病危通知单，看着左眼肿胀成"熊猫眼"的小王一直昏迷不醒，狂躁不安、心急如焚的小王妈妈迅速将他转送湖南省第二人民医院（湖南省脑科医院）重症医学科。

小王因为头部受到暴力撞击，颅脑内组织受到损伤，受伤以后持续昏迷了6个小时以上，被确诊为重型颅脑损伤。

经过严密监护，小王逐渐苏醒，神志转清，各项生命体征均平稳，已转入神经外科三病区进一步治疗。

知识点小结

◇心肺复苏术包括胸外按压和人工呼吸两个部分。

◇胸外按压要求是每分钟按压30次，成人按压深度大于5厘米。

◇人工呼吸吹气量是800~1 200毫升，5秒内完成两次人工呼吸。

◇人淹没于水中，水与杂物充满呼吸道及肺泡，引起缺氧和窒息称为溺水或淹溺。

◇中暑是人体在高温和高湿环境长时间作用下，机体体温调节中枢出现功能障碍，水、电解质代谢紊乱，从而导致循环系统及神经系统功能损害症状的总称，是热平衡机能紊乱而发生的一种急症。

◇中暑的分类：热痉挛，热衰竭，热射病。

◇冻伤的处理：急救与复温。

◇人体出血达30%时就会出现休克甚至死亡。

◇出血的种类：毛细血管出血、静脉出血、动脉出血。

◇止血的方法：冷敷法、抬高伤肢、直接指压止血法、加压包扎止血法、加垫屈肢止血法、间接指压止血法。

◇人体止血点：颞浅动脉止血点、颌外动脉止血点、锁骨下动脉止血点、肱动脉止血点、桡动脉和尺动脉止血点、指动脉止血点、股动脉止血点、胫前和后动脉止血点。

第八章

野外损伤的处理

学习目标

理论目标：了解野外活动常见损伤产生的原因，能讲述几种野外损伤的处理方法和预防措施。明白野外损伤救治的基本原则，掌握野外伤病的处理方法。

实践目标：野外活动中遇到危险情况时能够科学预防，不适时能正确及时应对。发生了野外损伤，能够科学及时处理。对于野外突发意外情况，能冷静应对，有效实施救治手段。利用现有资源将野外损伤的风险降至最低。

导入案例

小伙夜晚野外独自抓金蝉,失足坠井身体多处骨折[①]

2018 年 7 月 4 日 21 时 52 分,淄博消防指挥中心接到报警:淄博市周村区北郊镇大房村附近树林中一人坠入深井。接到报警后,淄博公安消防立即调派力量赶往现场处置。

救援官兵到达现场了解询问得知,一名青年男子失足掉入井内,井深约 8 米。中队救援官兵与现场指挥员研究决定使用在井口横置拉梯、悬绳"垂钓"的方式救助被困男子。最终,消防救援人员成功将被困男子救出,其由救护车送往医院救治。

事后,救援人员询问被困人员得知:被困人员为外地人在淄博打工,深夜抓金蝉,因天黑看不清路,失足坠入井内。被救出后,他经现场医生检查为左臂骨折,右肩脱臼,左腿骨折。

对此,公安消防部门在此提醒:野外采摘抓捕一定要多加留意,少去不熟悉或者视线不清的区域,也要注意附近的标识。

第一节　损伤包扎

现在越来越多的人喜欢参加野外活动,受伤的情况就难免发生,因此,学会基本的伤口包扎技术,有利于提高野外的生存技能。伤口包扎在急救中应用范围较广,既可起到保护创面、固定敷料、防止污染和止血、止痛作用,也有利于伤口早期愈合。包扎结束时,绷带末端应固定或将带尾撕开成两头打结。

以下介绍几种常见简单的伤口包扎方法。

一、绷带包扎法

绷带适用于头颈及四肢的包扎,操作时要适当地使用拉力,以达到固定伤口辅料及加压止血的目的。

根据受伤部位的不同,应采用不同的包扎方法。

1. 环形绷带包扎法

环形绷带包扎法适用于头额部、手腕和小腿下部等粗细均匀的部位,以及作为其他包

----

① 尉伟. 小伙夜晚野外独自抓金蝉,失足坠井身体多处骨折 [EB/OL]. (2018 – 07 – 05). http://3g.163.com/news/article/DLVNODE600018AOP.html.

扎方法的开始与结束。包扎方法：包扎时打开绷带，把绷带头斜放在伤肢上，用手压住，将绷带卷绕肢体一圈后，再将带头斜放的小脚反折过来，然后继续绕圈包扎，用后一圈覆盖着前一圈，将带头固定，包扎 3～4 圈即可。（如图 8－1）

图 8－1　环形绷带包扎法

2. 螺旋形包扎法

螺旋形包扎法适用于包扎肢体粗细差不多，但范围较大的部位，如上臂、大腿下段等处。包扎方法：包扎时以环形包扎开始，然后将卷带斜行向上缠绕，后一圈盖住前一圈 1/2～1/3 即可，最后以环形包扎结束。（如图 8－2）

图 8－2　螺旋形包扎法

3. 转折螺旋形包扎法

转折螺旋形包扎法又称螺旋反折包扎法。适用于包扎粗细差别较大的部位，如小腿、前臂等。包扎方法：包扎以环形包扎开始，将绷带直接旋转一周，然后，后一圈压住前一圈的 1/2～1/3，每圈转折点应避开伤处，并互相平行。（如图 8－3）

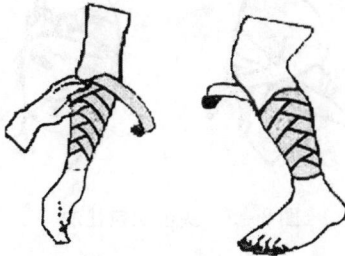

图 8－3　转折螺旋形包扎法

4. "8"字形绷带包扎法

"8"字形绷带包扎法多适用于包扎肘、膝、踝关节处。包扎方法：从关节下方开始，先以环形包扎在关节远端，然后由下而上，再由上而下，来回作"8"字形缠绕，逐渐靠拢关节，最后以环形包扎结束。（如图8-4）

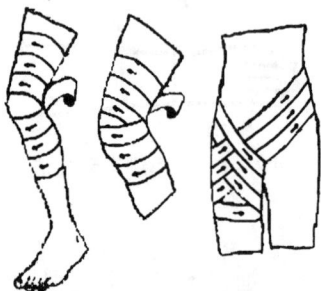

图8-4　"8"字形绷带包扎法

二、三角巾包扎法

三角巾的应用包扎，适用全身各处。本节只简单介绍四种常用的三角巾包扎法。

1. 手部和足部的包扎

包扎方法：三角巾平铺，手指对顶角，将手放平在三角巾的中央，底边横放于腕部，先将三角巾顶角向上反折，再将三角巾两底角向腕背部交叉围绕一圈，在腕背部打结。

2. 头部包扎法

头部三角巾的包扎法有两种，适用于头部不同部位的受伤。

（1）头顶部受伤时，应用头巾式包扎法。包扎方法：将大三角巾底边折成两指宽放在额部，顶角放枕后，然后把两底角经两耳上方分别绕至枕后作半结压住顶角，再绕至前额打结。最后把枕后部的头角拉紧，并上翻固定。（如图8-5）

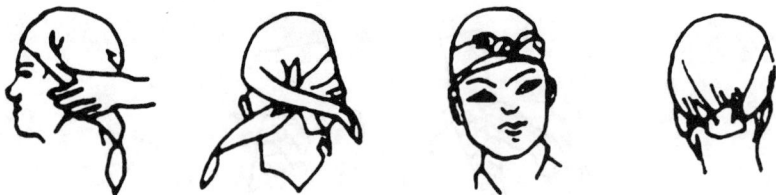

图8-5　头巾式包扎法

（2）头顶、面部或枕部有伤口者，应用头、耳部风帽式包扎法。包扎方法：在三角巾顶角处打一结，呈风帽状，然后将顶结置于前额中央，头部套入风帽内，包住头部，向下拉紧两底角，再将底边向外反折2~3指宽的边，左右交叉包绕下颌，绕至颈后打一平结

固定。（如图 8 - 6）

图 8 - 6　头、耳部风帽式包扎法

（3）背部、一侧胸包扎法用于背部或一侧胸部有伤口者。包扎方法：应将三角巾的顶角放在伤侧肩上，然后把左右底角从腋窝拉过到背后（健侧边要长一些）打结，再把顶角拉过肩部与双底角结系在一起。如一侧背部损伤时，方法一样，但结应打在胸前。（如图 8 - 7）

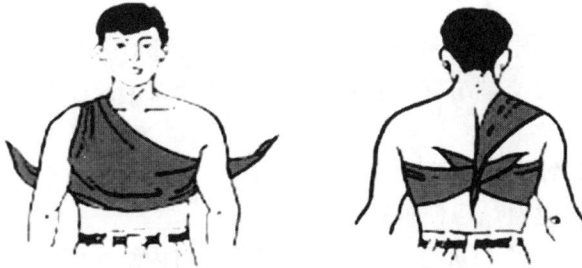

图 8 - 7　背部、一侧胸包扎法

（4）大臂悬垂：用于除锁骨与肱骨骨折以外的上肢损伤。包扎方法：将三角巾顶角放在伤肢后，顶角向外，肘关节屈曲 90° 放在三角巾中央，一底角在健侧肩上，一底角在肘下，然后将下底角上折，包住伤肢前臂，在颈后与上底角打结，最后将肘后顶角向前折，用别针固定。（如图 8 - 8）

图 8 - 8　大臂悬垂包扎法

（5）小臂悬垂：用于锁骨与肱骨骨折。包扎方法：将三角巾折成四横指宽的宽带，中央放在伤肢前臂的下 1/3 处，两端在颈后打结。（如图 8 - 9）

图 8 - 9　小臂悬垂包扎法

三、包扎时注意事项

（1）包扎动作应熟练柔和，尽可能不要改变伤肢位置，以免增加伤员痛苦。

（2）包扎一般应在受伤部位放一块敷料，然后用绷带、三角巾等扎好。绷带包扎一般应从伤处远心端开始，近心端结束，末端用胶布或别针固定，如需缚结固定时，打结不能打在伤口上。

（3）包扎松紧度要合适，过紧会影响血液循环，过松将失去包扎的作用。在包扎四肢时，一般应露出手指或足趾，以便观察其末梢循环。

（4）对有内脏外露的伤口进行包扎时，注意不可将内脏送回腹腔内，应该用干净、消毒的纱布围成一圈保护，或者用干净饭碗扣住已脱出的内脏，再进行包扎。

（5）有异物刺入体内时，切忌擅自将插入物拔出，应该先用棉垫等将异物固定住再进行包扎。

导入案例

独闯洛克线青岛女子野外受伤去世，徒步遇险该咋办?①

近日，青岛籍女驴友荆茜茜在独闯洛克线时失联一事备受关注。4 月 19 日，荆茜茜来到四川凉山州木里县，准备徒步穿越洛克线到稻城亚丁，但从 4 月 20 日起，她就一直失联。4 月 29 日上午，受伤的她被民警和村民找到，送往医院抢救。4 月 30 日早上，记者获悉，在野外受伤坚持了 9 天之后的荆茜茜，没能挺过最后一关，遗憾去世。

---

① 独闯洛克线青岛女子野外受伤去世，徒步遇险该咋办?［EB/OL］.（2017 - 05 - 01）. http：//news. iqilu. com/shandong/shandonggedi/20170501/3522915. shtml.

未请向导独自穿越洛克线

"有个朋友的妹妹去你们四川徒步旅游失联了，你帮忙在当地的朋友圈问问，已经失联五天了，家人非常着急。"4月25日，一条网友的求助信息在四川驴友的朋友圈不断被转发。据网友介绍，这名女驴友叫荆茜茜，今年31岁，是北京一家医院的医生，山东青岛人，独自在四川行走洛克线时失联。

现场制作简易担架送医途中去世

29日早上7点，木里县公安局水洛派出所所长黄利军同两名民警以及荆茜茜的家属再次出发，前往白水河附近搜寻。早上8点，搜救队伍进入了茂密丛林。走了大约2个小时后，来到了一条河沟边，地上的一个背包出现在大家眼前。在背包旁边，躺着一名身穿绿色冲锋衣的女子。大家一起惊呼出声：荆茜茜！黄利军上前查看，发现荆茜茜还有微弱的呼吸和脉搏，嘴唇还在微微颤动。经初步查看，她的腿部有骨折，面容惨白消瘦，状态非常差。

中午12点左右，荆茜茜被送到了山下通公路处。现场的医护人员立即为她输液、测量血压，其状态稍微有所好转。随后，她被抬上救护车，送往医院进行紧急救治。

正当大家为找到荆茜茜松了一口气时，4月30日早上，一个不幸的消息传来：4月29日晚，荆茜茜在送往医院途中不幸去世。在野外坚持生存了9天获救之后，她还是没能挺过最后一关。

第二节 骨折的临时固定及伤员的搬运

在野外遇到突发性的骨折时，需要进行及时、正确的临时固定和搬运，以预防休克，防止伤口感染，避免神经、血管、骨骼等再遭损伤，同时也有利于尽快送往就近的医院救治。

一、骨折的处理

骨折是指骨的完整性或连续性遭到破坏的损伤。骨折后人体会出现剧烈疼痛、肿胀、皮下淤血、功能障碍、压痛和震痛、假关节活动、骨擦音和成角、畸形等。它的急救原则：防治休克，先止血后包扎，就地固定。

下面简单介绍几种常见骨折的固定方法。

1. 锁骨骨折的固定

锁骨的固定方法有两种：

（1）无夹板固定。

操作方法：先在两腋下各垫上一块棉垫，取三条三角巾，折叠成4横指宽条带，用两条三角巾分别缠绕两肩在背后打结，形成两个肩环，然后两肩尽量往后张，胸往前挺，再用第三条三角巾在背后穿过两个肩环，在背部拉紧打结固定。（如图8-10）

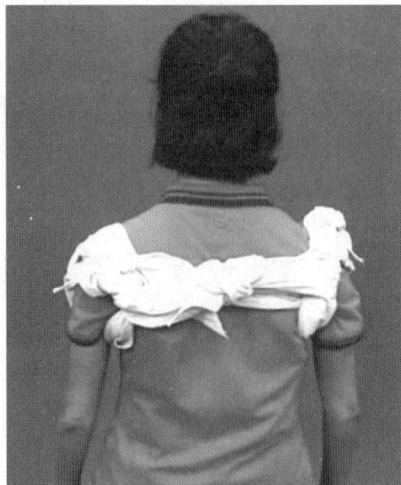

图 8 - 10　无夹板固定

（2）"T"形夹板固定。

操作方法：预先做好"T"形夹板（直板长 50 厘米，横板长 55 厘米）。将"T"字形夹板贴于背后，在两腋下与肩胛部位垫上棉垫，再将腰部扎牢，然后，固定两肩部。（如图 8 - 11）

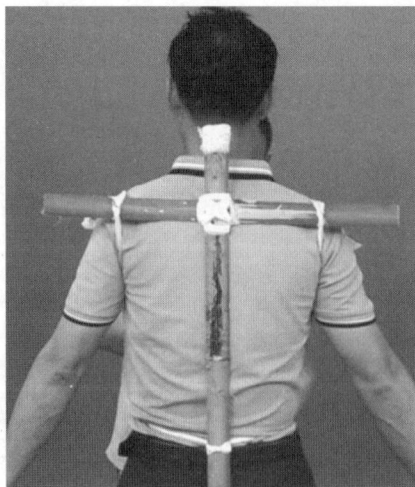

图 8 - 11　　"T"形夹板固定

2. 肱骨骨折的固定

操作方法：屈肘成直角，用两块长短适宜有垫夹板，分别放在上臂的内侧和外背侧，用 3 ~ 4 条绷带将骨折处上下固定好，再用小臂悬垂将伤肢固定于体侧。（如图 8 - 12）

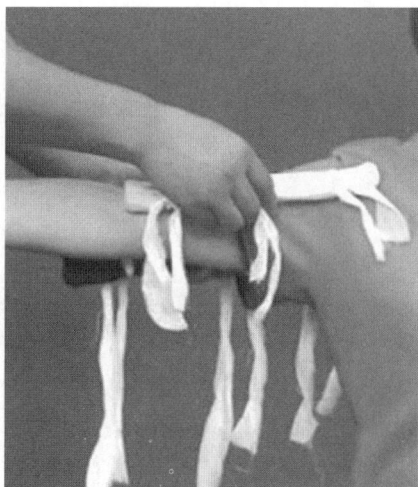

图 8 - 12　肱骨骨折的固定

3. 前臂骨折的固定

操作方法：用两块有垫的夹板，如果现场没有夹板可用竹片代替，分别放在前臂的掌侧和背侧，板长从肘到掌，前臂处于中立位，屈肘90°，拇指朝上。用3～4条宽带捆扎夹板，再用大臂悬垂挂在胸前。（如图 8 - 13）

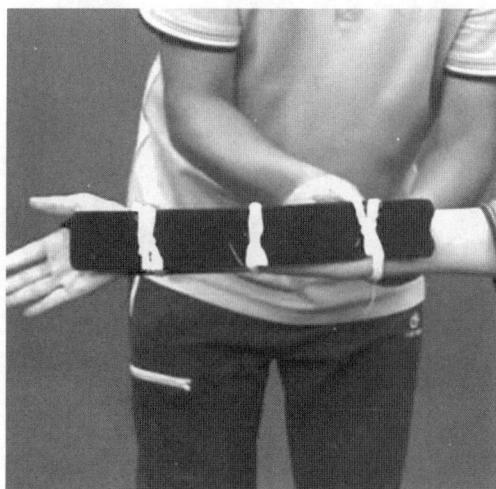

图 8 - 13　前臂骨折的固定

4. 手腕部骨折的固定

操作方法：用一块有垫的夹板放在前臂和手的掌侧，患手握住绷带卷，再用绷带缠绕固定，然后用大臂悬垂挂于胸前。（如图 8 - 14）

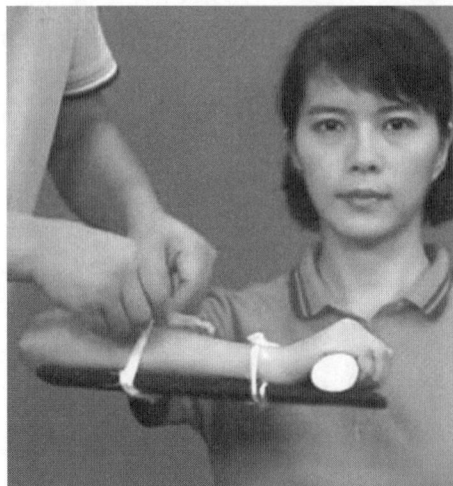

图 8 – 14　手腕部骨折的固定

5. 小腿骨折的固定

操作方法：用两块有垫夹板放在小腿的内外两侧，两块夹板上自大腿中部，下至足部。用 4~5 条宽带分别在膝上、膝下及踝关节处缚扎固定。（如图 8 – 15）

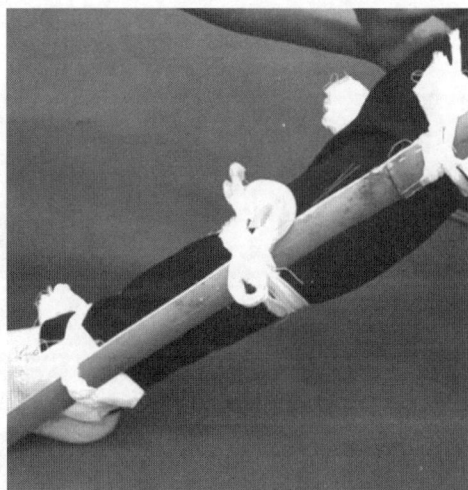

图 8 – 15　小腿骨折的固定

二、骨折固定时注意事项

（1）避免过多地搬运伤肢。

（2）检查和操作动作均应谨慎轻柔。

（3）优先处理休克。

（4）肢体肿胀严重或有创口者，应剪开、撕开衣袖或裤管、袜子。

（5）固定用夹板或托板的长度要超过骨折部的上、下两个关节。在野外，可用树枝、木板、球棒等固定，或把伤肢固定在伤员的躯干或健肢。

（6）夹板和皮肤之间要垫上棉垫、纱布等，用绷带或布带缠绕在夹板的两头。

（7）没有休克表现和剧烈疼痛的上肢骨折伤员可在有效固定后步行，其余骨折者都应搬运抬送。

（8）骨折伤员应尽量在 6 小时内到医院处理伤口，并进行抗破伤风感染的处理。

三、伤员的搬运

骨折固定处理后，如果受伤较严重，不便自己走动，就应该对伤员进行搬运，搬运的种类很多，本节主要讲述野外活动中应用最多的徒手搬运法和担架搬运法。

1. **徒手搬运法**

（1）单人扶行搬运法：适宜清醒、没有骨折、伤势不重、能自己行走的伤患者。操作方法：救护者站在伤者身旁，将伤员一侧上肢绕过其颈部，用手抓住伤员的手，另一只手绕到伤员背后，搀扶行走。（如图 8 - 16）

图 8 - 16　单人扶行搬运法

（2）单人背负式搬运法：适用老幼、体轻、清醒的伤患者，尤其适用于搬运溺水者。操作方法：救护者背朝向伤员蹲下，让伤员将双臂从救护员肩上伸到胸前，两手紧握。救护员抓住伤员的大腿，慢慢站起来。但上、下肢及脊柱骨折者禁用此法。（如图 8 - 17）

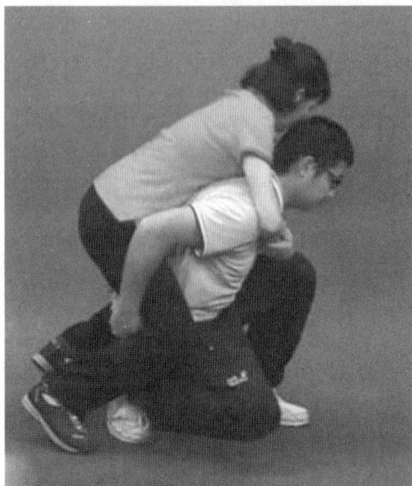

图 8 - 17　单人背负式搬运法

（3）单人抱持搬运法：适用于年幼、体轻、伤势不重且没有骨折的伤者，是短距离搬运的最佳方法。操作方法：救护者蹲在伤员的一侧，面向伤员，一只手放在伤员的大腿下，另一只手绕到伤员的背后，然后将其轻轻抱起。注意，脊柱或大腿骨折者，禁用此法。（如图 8 - 18）

图 8 - 18　单人抱持搬运法

（4）轿扛式双人搬运法：操作方法：两名救护者面对面站于患者两侧，各自用右手握住自己的左手腕，再用左手握住对方的右手手腕，然后蹲下，让伤员将两上肢分别放到救护者的颈后，再坐到救护者相互握紧的手上。两名救护者同时站起，行走时同时迈出外侧的腿，并尽量保持步调一致。此法适用于清醒、足部有损伤人员。（如图 8 - 19）

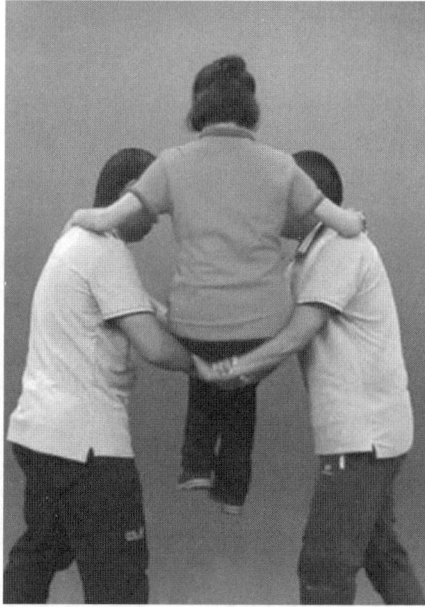

图 8 - 19　轿扛式双人搬运法

（5）托椅式双人搬运法：操作方法：两名救护者面对面蹲在伤员的两侧，分别将靠近伤员的手伸到伤员背后，握住另一名救护者的手腕，然后将另一只手伸到伤员的大腿中部（腘窝处），握住对方的手腕，同时站起，行走时同时迈出外侧的腿，并尽量保持步调一致。此法适用体弱而清醒的患者。（如图 8 - 20）

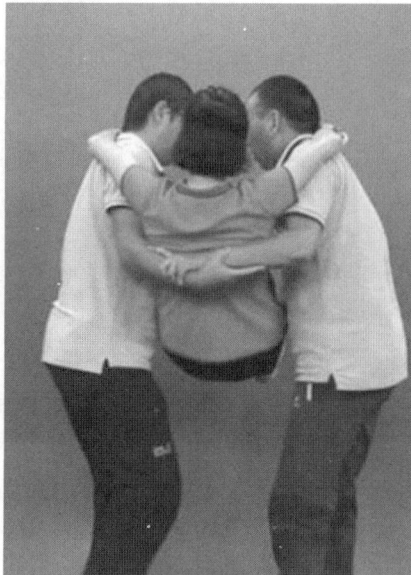

图 8 - 20　托椅式双人搬运法

（6）卧式同侧搬运法：操作方法：三名（或四名）救护者站在伤员未受伤一侧，分别位于伤员的颈肩部、臀腰部和膝部。救护者单膝跪在地，分别用两臂抱住伤员的头、颈、肩、后背、臀部、膝部及踝部，随后同时站立，抬起伤员，步调一致，以保持伤员躯干不被弯曲或扭转。（如图 8-21）

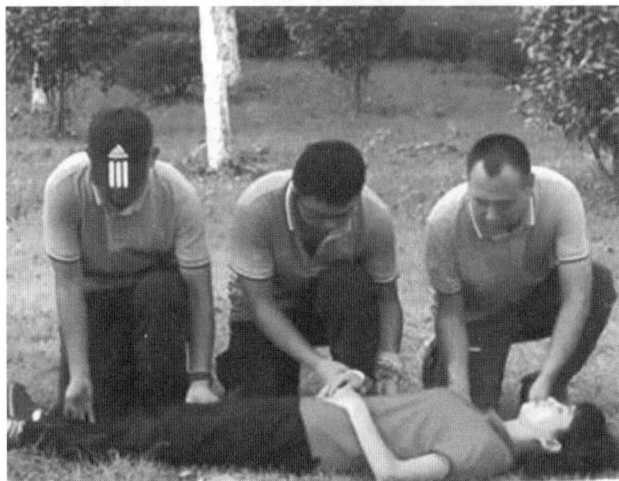

图 8-21 卧式同侧搬运法

2. 简易担架搬运法

操作方法：使用卧式同侧搬运法将伤员平托移动上担架，抬起时头部在后，方便后面抬担架的人随时观察伤员的情况，一旦病情有变化，应立即停下抢救。此法适用于病情较重，不宜徒手搬运，又需要转送远路途的伤员。（如图 8-22）

图 8-22 简易担架搬运法

四、伤员搬运注意事项

这么多的伤员搬运方法，使用的时候应灵活运用。在搬运过程中也要注意以下两种情况。

（1）搬运时把伤员固定好，防止伤员翻落。

（2）抬担架时应注意平稳。起动时要先抬头，后抬脚；上坡时，伤员头朝前，足朝后，前面的担架员要放低担架，后面的担架员要抬高担架；下坡时，伤员足朝前，头朝后，前面的担架员要抬高担架，后面的担架员要放低担架；放担架时，应先放脚，后放头。

第三节　肌肉痉挛的处理

一、肌肉痉挛概念

肌肉痉挛俗称"抽筋"，是指肌肉突然、不自主地强直收缩的现象；它会造成肌肉僵硬、疼痛难忍。运动中最易发生痉挛的是小腿腓肠肌，其次是足底的屈拇肌和屈趾肌。在野外游泳时，肌肉受到冷水的突然刺激引发的痉挛，也会导致事故。

二、肌肉痉挛主要症状

肌肉发生痉挛时，局部肌肉坚硬或隆起，剧烈疼痛，肌肉痉挛所涉及的关节暂时屈伸功能受限，痉挛缓解后，局部仍有酸痛不适感，发作常常持续几分钟。小腿、足趾为肌肉痉挛的高发部位。

三、肌肉痉挛引发原因

（1）电解质平衡紊乱。运动时大量出汗，特别是长时间进行剧烈运动或在野外高温环境下进行运动，大量排汗，导致体内钙离子、钠离子含量过低，引起肌肉兴奋性增高，发生肌肉痉挛。

（2）乳酸堆积的影响。乳酸是机体运动必然的产物，酸性代谢产物可能影响体内的酶代谢从而影响细胞能量的释放，引起肌膜持久去极化现象，致使肌细胞停留于连续兴奋之中，缺乏收缩与舒张的正常交替，从而无法持续工作并表现出痉挛现象。

（3）肌肉舒缩失调。在运动中由于肌肉快速连续收缩，放松的时间短，肌肉容易疲劳而导致肌肉痉挛；或肌肉突然强烈地收缩，均会使肌肉收缩与放松的协调交替关系发生破坏，引起肌肉发生痉挛。

（4）寒冷刺激。受到寒冷刺激可以引起肌肉痉挛，这可能是因为寒冷刺激可使局部肌细胞对钠离子通透性增加而导致痉挛的发生；也可能是寒冷导致血管受到冷的刺激而收缩，肌肉的血液循环受到影响，肌肉温度偏低，当身体突然受到寒冷的刺激，这种刺激就会通过神经系统传至肌肉，使肌肉兴奋性增高，造成肌肉强直性收缩而引起肌肉痉挛。

（5）运动性肌肉损伤和肌肉局部缺血。运动性肌肉损伤后使肌纤维收缩丧失控制，产生无效性收缩，从而引起局部肌肉痉挛。

而在野外活动中发生肌肉痉挛的原因主要有以下三种：

（1）运动强度过大，致使疲劳。

（2）运动姿势不佳，从而造成肌肉收缩、舒张的协调不良。

（3）运动时大量排汗，体内的盐分大量流失，致使肌肉突然产生非自主性的强直收缩。

四、肌肉痉挛缓解方法

轻度的肌肉痉挛要以相反的方向牵引痉挛的肌肉，牵引时特别要注意切忌过分用力，用力宜均匀、缓慢，以免造成肌肉拉伤。例如：小腿肌肉痉挛时，肌肉痉挛者可采用坐姿，将肌肉痉挛的腿的膝关节伸直，另一只腿要放松，自己双手抱住肌肉痉挛腿的脚尖，并做勾脚动作，持续1~2分钟即可缓解；另外可以配合局部按摩，采用重力按压、揉捏等办法，或采用掐压委中、承山、涌泉等穴位的办法，都可以缓解肌肉痉挛。

五、运动性肌肉痉挛的预防

（1）运动前必须充分做好准备活动，使运动器官、内脏器官达到运动工作状态，对容易发生痉挛的肌肉，运动前适当按摩。

（2）在疲劳和饥饿时不要进行剧烈运动，出汗过多时要及时补充水、盐分和维生素；加强体育锻炼。

（3）提高身体对寒冷的适应能力，冬季运动要注意保暖，游泳下水前，应用冷水淋湿全身，使机体对冷水的刺激有所适应，水温较低时，游泳时间不宜太长。

（4）户外活动时要因人而异并科学地安排内容和方法，合理安排运动量。运动性肌肉痉挛在运动中经常发生，要懂得痉挛的发生原因和处理方法。肌肉痉挛缓解后不宜继续运动，应针对原因进行治疗，如补充盐分和水分，注意保暖并按摩痉挛处。

同步案例

爬山如何预防肌肉痉挛（节选）①

进入九月，转眼就要迎来"7+1"国庆中秋连休的超长黄金周。"十一"怎么过，成了近期微博上热议的话题。记者发现，虽然大家的目的地不同，但是大多数市民都想借这个难得的长假到郊外走走，和家人一起爬山涉水，放松下紧张的心情。很多驴友更是将徒步穿越、骑行等高强度的野外运动加入了自己的"十一"出行计划中。不过，让很多网友困扰的是，如何能在出行时既玩得痛快，又让身体不至于处于高疲惫状态呢？为此，给大家介绍两个能有效预防减缓腿部肌肉酸痛抽筋的小妙招。

如果在爬山过程中，突然出现腿脚抽筋的情况，应立即采取正确的方法进行紧急处

---

① 爬山如何预防肌肉痉挛［EB/OL］.（2017－07－21）. http：//www. xuexila. com/tiyu/dengshanpanpa/3642878. html.

理：拉引患处肌肉，使患处伸直，轻轻按摩患处肌肉，补充水分及电解质，充分休息直至患处感觉舒适为止。

爬山前及爬山时需要注意以下几点：①选择合脚舒适的运动鞋；②佩戴护膝稳定支撑膝关节；③爬山前先做一些热身运动；④尽量选择缓坡爬行；⑤迈步时避免频率相同、姿势固定；⑥爬山次数不宜过于频繁；⑦平时多做下肢肌肉力量训练。

第四节　关节扭伤的处理和预防

在野外活动中，地形错综复杂，天气变化多端，人们要在陌生的野外不断地行走、奔跑，经常要翻山越岭，因此存在着一定的危险性和运动伤害的风险。在野外活动中最常见的伤害有扭伤、擦伤等。扭伤中较为常见的就是踝关节扭伤和膝关节扭伤，本节针对这两种扭伤的处理和预防作一介绍。

一、踝关节野外扭伤的处理及预防

1. 踝关节扭伤的概念

踝关节扭伤俗称"崴脚"，是一种十分常见的损伤。在日常生活、旅游、野外运动等活动中时常发生，尤其鞋子选择不适更容易导致踝关节扭伤（如高跟鞋或厚底鞋）。

2. 踝关节扭伤特征

踝关节扭伤多因小血管破坏引起内出血和渗出，造成局部肿胀疼痛，伤后 24 小时内炎症介质刺激机体产生炎症反应，形成局部无菌性炎症。

扭伤后，由于水肿压迫或炎性反应物质刺激局部神经末梢，会引起疼痛。医学上将损伤程度分为三个等级——Ⅰ度、Ⅱ度和Ⅲ度，Ⅰ度损伤为踝关节韧带未损伤，局部轻度肿胀与疼痛，压痛点明显，行走时疼痛加剧；Ⅱ度损伤为踝关节韧带部分撕裂，疼痛及压痛较明显，皮下淤血，局部肿胀；Ⅲ度损伤为踝关节韧带完全断裂，须手术治疗。

3. 踝关节扭伤的原因

众所周知踝关节扭伤以外侧扭伤最为常见，原因是：外踝比内踝长；内侧三角韧带比外侧三角韧带强；内翻肌力比外翻肌力大；再加上距骨前宽后窄，足跖屈时，关节不稳，容易造成外侧扭伤。

4. 踝关节扭伤的检查方法

（1）注意疼痛、压痛点的位置，肿胀的程度，关节是否畸形。

（2）内翻及外翻试验：将踝关节内翻，检查外侧韧带损伤程度（足内翻时，踝关节外侧活动范围是否变大或松动）。再将踝关节外翻以检查内侧韧带损伤程度。

（3）前抽屉试验：一手握住踝关节上端向后推，同时另一手握住足跟向前拉，检查活动范围是否变大（和未受伤一侧比较）。

5. 踝关节扭伤处理办法

伤后尽早控制损伤部位出血与渗出，不仅是缓解疼痛及肿胀症状的关键，也为后期尽早恢复踝关节功能打下良好基础。一旦发生踝关节扭伤，正确的紧急处理方法如下：

（1）立即停止行走、运动或劳动等活动，取坐位或卧位。同时，可用枕头、被褥或衣物、背包等把足部垫高，以利静脉回流，从而减轻肿胀和疼痛。

（2）立即用冰袋或冷毛巾敷局部，使受损的毛细血管收缩，终止或减少局部出血，通过阻止伤部肿胀进一步加重来减轻疼痛。如果没有冰袋可以就近采用溪水进行冷敷。

（3）冷敷的同时或冷敷后可用绷带、三角巾等布料加压包扎踝关节周围，亦可用数条宽布条从足底向踝关节及足背部粘贴、固定踝关节，以减少活动度。无论包扎或用胶布粘贴，均应使受伤的外踝形成足外翻或受伤的内踝形成足内翻，以减轻对受伤的副韧带或肌肉的牵拉，从而减轻或避免加重损伤。

（4）如已发生或怀疑发生骨折，应选用两块长约30厘米的木板或硬纸板（野外可用宽点的树枝），分别放在受伤部位的内外两侧，并在受伤部位加放棉垫、毛巾或衣物等，然后再用绷带或三角巾等物把两块木板固定结扎。如为开放性骨折应加压包扎止血后再将骨折处固定。

（5）受伤后切忌推拿按摩受伤部位，切忌立即热敷，热敷需在受伤24小时后进行。

（6）最好用担架把伤员送往医院进一步诊断救治。必要时可拨打急救电话120，请专业急救人员进一步处理。

6. 踝关节扭伤的预防措施

（1）局部踝关节准备活动要充分。

（2）通过针对性的体育锻炼来加强小腿与足部肌肉锻炼，增加踝关节稳定性。如提踵或者负重提踵练习。

（3）专业合适的徒步鞋可以给踝关节提供更好的保护措施。

二、膝关节野外损伤的处理与预防

膝关节是人体中位置表浅、关节面最大、杠杆较长、负担较多、保护结构相对较少和不甚稳定的一个重要关节。膝盖扭伤多由剧烈运动或负重持重时姿势不当，不慎跌仆、牵拉和过度扭转或者在外力的作用下引起，超越正常的活动范围后，导致关节周围软组织受损，受损部位的毛细血管破裂出血，局部出现肿胀疼痛及活动功能障碍。轻者发生韧带部分纤维断裂，重者则韧带纤维完全断裂，并引起关节脱位或半脱位，同时合并关节内滑膜和软骨损伤。膝关节扭伤后也可采用急救措施五部曲的原则处理，即保护（protection）、休息（rest）、冰敷（icing）、压迫（compression）、抬高（elevation）；严重时可以加压包扎，送往医院，在患者入院后及时排查患者是否出现骨折及脱臼，以防延误治疗。

三、肩关节野外扭伤

野外活动中，如攀岩、游泳等运动，肩关节损伤也比较常见，在野外，肩关节损伤的处理与预防如下：

1. 肩部急性损伤

应将上臂用三角巾包扎固定，然后适当休息，外敷药物进行暂时处理。如怀疑有韧带断裂和骨折者，应及时送医院及时治疗。

2. 肩关节脱位处理

（1）复位方法：足蹬法，患者仰卧，术者位于患侧，双手握住患肢腕部，足跟置于患侧腋窝，两手用稳定持续的力量牵引，牵引中足跟向外推挤肱骨头，同时旋转，内收上臂即可复位。复位时可听到响声。

（2）复位后处理：肩关节前脱位复位后应将患肢保持在内收内旋位置，腋部放棉垫，再用三角巾、绷带或石膏固定于胸前，3 周后开始逐渐作肩部摆动和旋转活动，但要防止过度外展、外旋，以防再脱位。后脱位复位后则固定于相反的位置（即外展、外旋和后伸拉）。

3. 预防措施和伤后训练

（1）在野外活动中，剧烈运动前做好准备活动，避免肩部负荷过度。

（2）正确掌握技术要领，注意避免暴力作用。

（3）加强肩部肌肉力量训练，提高肌肉力量和协调性。

同步案例

关节扭伤[①]

关节扭伤的治疗，可以概括为五个字母，简称为 PRICE，也有学者提出另外一个踝扭伤处理原则：简称 POLICE，即保护（Protection）、合适的负重（Optimal Loading，OL）、冰敷（Icing）、压迫（Compression）、抬高（Elevation）。PRICE 原则和 POLICE 原则一脉相承，POLICE 原则可以说是 PRICE 原则的 2.0 版。仔细分析可见，POLICE 原则强调了早期活动的重要性，有助于恢复过程的衔接。

比如说以下关于踝关节扭挫伤的治疗计划：

（1）受伤第 1 周，遵循 PRICE 原则，使受伤组织休息，减轻肿胀。

（2）受伤第 2~3 周，逐渐恢复肢体及受累关节（如踝关节）的活动。

（3）受伤数周及数月，逐渐恢复运动，直至受伤组织恢复正常。

需要注意的问题：强调合适的负重并不是一味地行走，或者没有相应的保护措施下行走。同时踝关节韧带损伤有轻有重，Ⅲ度损伤需手术干预。除韧带损伤外，踝关节扭挫伤大都合并骨髓水肿，甚至有四分之一到三分之一的患者合并骨与软骨损伤（要结合查体及 CT、MRI 检查等），是需要重点关注的病人群。这些都需要规范治疗，以免影响患者后期康复，影响运动功能。

---

① 关节扭伤［EB/OL］.（2019 - 11 - 24）. https：//www.360kuai.com/pc/981e4c66eebc387ae? cota = 4&kuai_ so = 1&tj_ url = so_ rec&sign = 360_ 57c3bbd1&refer_ scene = so_ 1.

知识点小结

◇绷带的种类：医用绷带、弹性绷带、三角巾。

◇绷带的包扎方法：环形绷带包扎法、螺旋形包扎法、转折螺旋形包扎法、"8"字形绷带包扎法。

◇三角巾包扎法：大臂悬垂、小臂悬垂、风帽式包扎法。

◇骨折固定：无夹板固定、"T"形夹板固定。

◇伤员搬运：徒手搬运法、双人搬运、担架法。

◇肌肉痉挛：肌肉痉挛的定义、肌肉痉挛缓解方法。

◇关节扭伤：PRICE 原则；POLICE 原则。

第九章

野外动植物伤害与处理

学习目标

理论目标：了解动植物伤害及预防与处理方法。

实践目标：能够学会毒蛇咬伤、昆虫咬伤以及野外食物中毒的处理方法。

导入案例

驴友广东韶关登山误食野菜 3 人中毒 1 人死亡[①]

21 名来自深圳的驴友 5 月 1 日在广东韶关翁源铁龙登山时迷路,经过警方冒雨搜救,被困驴友于 2 日下午被安全救出。但因食野菜,其中有 3 人中毒,1 人死亡。

5 月 1 日晚 8 时 58 分,翁源县公安局接到一位男子报案,声称他们是来自深圳的登山爱好者,一行 20 多人到翁源县铁龙镇登山时迷路。其中有 3 名同伴因吃了山上采摘的野菜中毒,其中 1 人已经休克。现在他们已经迷失在山中,他与另一名同伴走了 3 个小时的山路,接收到手机信号后才报警。

接报后,警方迅速与卫生等部门展开搜救工作,60 多名警力会同铁龙镇政府及镇卫生院人员,冒着暴雨全力开展搜救工作。其间,救援人员还与报警人进行了几次通话联系,但由于信号不好,无法确定对方的具体情况和所在位置。

与此同时,该县公安局根据报警人提供的电话还与深圳市登山爱好者协会取得联系,通报了情况。对方连夜派出一组救援队赶到翁源协助开展搜救工作。

据救援队反映,上述登山爱好者均来自深圳"山友"登山爱好者协会,中毒的 3 人分别是张某(男,46 岁)、沈某(男,36 岁)、孟某(男,约 40 岁)。根据被困人员提供的情况,搜救人员最终确定登山爱好者被困在铁龙镇一个叫黄草营(音)的山谷里。

2 日上午 9 时许,搜救组在黄草营找到了被困人员。经确认,山中被困人员共有 21 人,其中 3 人因采食了野菜中毒。3 名中毒人员中,中毒较深的张某已死亡,沈某、孟某 2 人中毒较轻,无生命危险。

2 日下午,救援队将被困人员安全护送下山,并暂时安置在铁龙镇林场招待所。2 名中毒人员已送韶关市第一人民医院救治,目前情况稳定。

总结:不要采食野外不能充分准确辨认的植物。

第一节 蛇咬伤的处理和预防

世界上目前已知大约有 2 200 种蛇类,对人类有致病危害的毒蛇约 195 种,其中危害较大的有蝮蛇、眼镜蛇、眼镜王蛇、五步蛇、金环蛇、银环蛇及竹叶青蛇等。蛇咬伤是我

[①] 新华新闻. 驴友广东韶关登山误食野菜 3 人中毒 1 人死亡 [EB/OL]. (2011 - 05 - 03). http://news. xinhuanet. com/travel/2011 -05/03/c_121371845. htm.

国广大农村和山区的常见病，而毒蛇咬伤是重要急诊之一。蛇咬伤发病急、病程短，如未得到及时救治易致严重并发症，甚至死亡。因此，快速、准确、有效的急救处理是救治蛇咬伤患者的一个不可忽视的重要环节。

一、蛇的习性

蛇是变温动物，春末到初冬是蛇类活动的黄金季节，特别是在骄阳似火的夏季和秋高气爽的金秋，蛇类活动最为活跃，经常到处流窜，昼夜寻找食物，俗话说"七横八吊九缠树"，形象地说明了7、8、9这三个月是蛇类活动的高峰期。它们通常活动的最适宜温度为25℃~35℃。蛇在全国各地均有分布，但是主要集中在南方和沿海地区，尤其以两广地区最严重，夏、秋两季多见，咬伤部位主要集中在四肢。

蛇的分类有以下两种方式：

1. 按照昼夜活动分类

第一类是喜欢在白天活动的，称为昼行性蛇类。如眼镜蛇、眼镜王蛇等。

第二类是怕强光，喜欢在白天隐伏，夜间活动的，称为夜行性蛇类。如金环蛇、银环蛇等。

第三类为喜欢在光线较弱的情况下活动的（多在晚上及阴雨白天活动，耐寒性强），称晨昏性蛇类。如五步蛇、蝮蛇等。

2. 按照有无毒性分类

第一类无毒蛇：如王锦蛇、赤链蛇、乌梢蛇、滑鼠蛇、灰鼠蛇、玉斑锦蛇、翠青蛇、草游蛇、鱼游蛇、小头蛇、水蛇等。

第二类毒蛇：根据蛇毒对机体的效应，分为神经毒类蛇、血液毒类蛇、细胞毒类蛇和混合毒类蛇。

神经毒类蛇：金环蛇、银环蛇、海蛇等。

血液毒类蛇：竹叶青蛇、烙铁头、蝰蛇等。

细胞毒类蛇：眼镜蛇等。

混合毒类蛇：眼镜王蛇、蝮蛇、五步蛇等。

二、蛇咬伤中毒的机制

毒蛇主要经中空的大牙向被咬对象注入毒液，大牙由毒腺导管与位于上颌咬肌下方的毒囊相连，毒液是毒蛇捕获猎物和帮助其分解消化食物的透明或淡黄色黏稠液体，在捕食时咬肌收缩会挤压毒囊，毒液沿毒腺导管从大牙注入咬伤部位，经淋巴管和静脉系统吸收。

蛇毒是自然界成分最复杂、最浓缩的天然高效价毒素之一，毒液多为淡黄色或乳白色半透明黏稠状液体，成分达一百多种，每种毒蛇含有多种不同的毒性成分，各种毒性组分在不同毒蛇中含量有较大差异，同种毒蛇的毒性组分可因地域分布、季节性、蛇龄等不同而异。毒性组分由酶、多肽、糖蛋白和金属离子等组成，其中毒性蛋白质达数十种，蛋白类占蛇毒总量90%~95%。蛇毒可对机体神经系统、血液系统、肌肉组织、循环系统、泌尿系统、内分泌系统、消化系统等产生损害作用。

1. 神经毒素

神经毒素主要为β神经毒素和α神经毒素，分别作用于运动神经末梢（突触前）和运动终板（突触后）的乙酰胆碱受体，β神经毒素抑制乙酰胆碱释放，α神经毒素结合胆碱受体，两种毒素均可阻滞神经的正常传导而引起神经肌肉弛缓性麻痹，多数神经毒类蛇毒都含有突触前和突触后神经毒素。早期临床表现主要为眼睑下垂、吞咽困难，继而呼吸麻痹、呼吸衰竭，甚至呼吸停止。

2. 血液毒素

血液毒素种类繁多，分别作用于血液系统的各个部分。蛇毒蛋白酶直接或间接作用于血管壁，破坏血管壁的有关结构，而且诱导缓激肽、组胺、5－羟色胺等的释放，直接损害毛细血管内皮细胞，抑制血小板聚集而导致出血。蛇毒溶血因子可直接作用于血细胞膜，使其渗透性和脆性增加。磷脂酶A可使血液中的卵磷脂水解而成为溶血卵磷脂，产生溶血作用。蛇毒促凝因子可促使血液凝血和微循环血栓形成，继而引起弥散性血管内凝血（DIC）；类凝血酶具有类似凝血酶的活性，既可促进纤维蛋白单体生成，又可激活纤溶系统，在蛇毒纤溶酶的共同作用下引起去纤维蛋白血症，亦称类DIC反应，这种出凝血功能障碍统称为蛇毒诱发消耗性凝血病，表现为出血，轻者皮下出血、鼻出血、牙龈出血，严重可引起血液失凝状态、伤口流血不止、血尿、消化道出血，甚至脑出血。

3. 细胞毒素

蛇毒中的透明质酸酶可使伤口局部组织透明质酸解聚、细胞间质溶解和组织通透性增大，除产生局部肿胀、疼痛等症状外，还促使蛇毒毒素更易于经淋巴管和毛细血管吸收进入血液循环，进而出现全身中毒症状。蛋白水解酶可损害血管和组织，同时释放组胺、5－羟色胺、肾上腺素等多种血管活性物质；心脏毒素（或称为膜毒素、肌肉毒素、眼镜蛇胺等）引起细胞破坏、组织坏死，轻者可引起局部肿胀、皮肤软组织坏死，严重者出现大片坏死，可深达肌肉筋膜和骨膜，患肢残废，还直接引起心肌损害，甚至心肌细胞变性坏死。

三、毒蛇咬伤症状

1. 临床症状

毒蛇咬伤的临床表现各不相同，20%~50%的毒蛇（近75%的海蛇）为"干咬"，即毒蛇咬而不释放毒素，无明显中毒症状和体征；产生明显症状和体征的毒蛇咬伤不到毒蛇咬伤总量的50%。神经毒性发作可在数分钟内，一般不超过6小时，神经功能恢复可能需要数天甚至长达数周；凝血功能可在几小时内发生异常，可持续达2周以上。

2. 局部症状

毒蛇咬伤局部可见两颗较大呈"‥"形分布的毒牙咬痕，亦有呈"∷"形的，除毒牙痕外，还出现副毒牙痕迹的分布形状；而有两排整齐深浅一致的牙痕多属无毒蛇咬伤。

神经毒类毒蛇咬伤的局部症状不明显，无红、肿、痛、出血等，或初起仅有轻微的痛、肿和麻痒感，牙痕小且不渗液，容易被临床医生忽视或轻视，导致严重后果。血液毒素类毒蛇咬伤致局部出现明显的肿胀、疼痛、瘀斑，轻者血自牙痕或伤口处流出，难以凝固，严重者可引起伤口流血不止。细胞毒类毒蛇咬伤主要导致局部剧痛、红肿、水泡和皮肤、软组织坏死，眼镜蛇、五步蛇极易产生潜行性皮下组织坏死。

3. 全身症状

无毒蛇咬伤表现局部可有成排细小牙痕，牙周伴或不伴轻微充血，无其他中毒症状，少数出现头晕、恶心、心悸、乏力等症状，往往是受紧张、恐惧情绪所影响。

神经毒素中毒表现为四肢无力、吞咽困难、言语不清、复视、眼睑下垂、呼吸浅慢、窒息感、瞳孔对光反应与调节消失、呼吸麻痹、昏迷，危重者甚至出现自主呼吸停止和心脏骤停。

血液毒素中毒表现为皮下出血、瘀斑，全身各部位如鼻腔、牙龈、巩膜、尿道、消化道，甚至脑部均可出血。合并 DIC 时除全身出血外，皮肤潮冷、口渴、脉速、血压下降、休克；血管内溶血时有黄疸、酱油样尿，严重者出现急性肾衰竭。蝰蛇、某些颊窝毒蛇和海蛇等咬伤易引起急性肾损伤，其原因包括长时间低血压或低血容量、弥散性血管内凝血、微血管病性溶血、蛇毒对肾小管的直接毒性效应、血红蛋白尿、肌红蛋白尿和横纹肌溶解引起高血钾等，可导致急性肾小管坏死、急性弥散性间质性肾炎、急性肾皮质坏死、肾血管炎、细胞外基质增生性肾小球肾炎等，最终可能发展成急性肾衰竭。

细胞毒素中毒表现肿胀可延及整个患肢甚至躯干，溃烂坏死严重者可致患肢残废；心肌损害出现心功能不全；横纹肌破坏可出现肌红蛋白尿合并肾功能不全；病情恶化可出现全身炎症反应综合征（SIRS）甚至多器官功能障碍综合征（MODS）。

混合毒素表现同时含有神经毒素、血液毒素和（或）细胞毒素，如眼镜王蛇咬伤以神经毒素表现为主，合并细胞毒素表现；五步蛇咬伤以血液毒素和细胞毒素表现为主。

四、蛇咬伤处理

毒蛇咬伤的急救原则是及早防止毒素扩散和吸收，尽可能地减少局部损害。蛇毒在 3 ~ 5 分钟即被吸收，故急救越早越好。

（1）首先分清是有毒蛇还是无毒蛇咬伤，毒蛇咬伤通常见一个或两个或三个比较大而深的牙痕。无毒蛇咬伤常见四排细小牙痕。但一些情况下伤口可能模糊不清。

（2）处理原则：若不知是有毒蛇还是无毒蛇咬伤应按毒蛇咬伤处理。如受伤者单独在野外时，不要惊慌失措地奔跑，而应使伤口部位尽可能放低，并保持局部的相对固定，以减慢蛇毒的吸收。同时立即去附近医院治疗。

（3）早期绑扎伤肢：在咬伤肢体近侧 5 ~ 10 厘米处用止血带或橡胶带等绑扎，以阻止静脉血和淋巴液回流，不要太紧也不要太松。然后用手挤压伤口周围，将毒液排出体外。绑扎要迅速，在咬伤后 2 ~ 5 分钟完成。此后每隔 15 分钟放松 1 ~ 2 分钟，以免肢体因血循环受阻而坏死。注射抗毒血清后，可去掉止血带或橡皮带。

（4）冲洗伤口：清水、冷开水或肥皂水冲洗伤口及周围皮肤，再用生理盐水、0.1%

高锰酸钾或净水反复冲洗伤口。

（5）排毒：咬伤在24小时以内者，经过冲洗处理后，用消毒过的小刀以牙痕为中心切开伤口成"十"或"卄"形，这样可使毒液流出，亦可用吸奶器或拔火罐吸出毒液，但口不宜过深，以免损伤血管。不断挤压伤口20分钟。被蝰蛇、五步蛇咬伤，一般不作刀刺排毒，因为它们含有出血毒，会造成出血不止。若有蛇牙残留宜立即取出。切开或吸出应及早进行，否则效果不明显。

（6）人工呼吸：被银环蛇、金环蛇咬伤后昏迷的重病人可采取人工呼吸维持。

（7）抗蛇毒血清治疗：抗蛇毒血清应用越早，疗效越好。但遗憾的是因为保存困难，只有极少数医院储备有抗毒血清。脑、心、肾等实质性器官已发生器质性改变时，抗蛇毒血清则难以奏效。我国所制的蝮蛇抗毒血清、银环蛇抗毒血清、眼镜蛇抗毒血清，一般用1支（10毫升）稀释于生理盐水或25%～50%葡萄糖液20毫升中静脉注射，最少1次，必要时可重复使用1～3次。但注射前必须先做过敏试验（抽抗蛇毒血清0.1毫升用生理盐水1.9毫升稀释，皮内注射0.1毫升，15分钟后无红晕蜘蛛足者为阴性）。阳性者可按脱敏法注射，静脉推注地塞米松5～10毫克。

（8）应用激素、利尿剂及支持疗法，对症处理。早期可用呋塞米20～40毫克肌肉注射，或20%甘露醇250～300毫升静脉滴脉，促使血内蛇毒加速排泄，缓解中毒症状。必要时可重复应用。肾上腺皮脂激素的应用可以减轻蛇毒中毒症状，有利于病情的缓解和恢复。用量大小视病情的轻重而定，一般每次用氢可400毫克加入10%葡萄糖液500毫升中静脉滴注，每日1～2次，病情有缓解后逐渐撤退。

五、局部破坏蛇毒方法

1. 烧灼法

用火柴头4～6个，放于伤口上点燃烧灼，连续3～5次。适用于牙痕较浅的蛇伤，如蝮蛇、银环蛇咬伤，或用于伤口流血不止，不宜于扩创者。

2. 寒药法

用如米粒大的高锰酸钾，塞于伤口内，数分钟后冲洗掉，或选用食盐、明矾、雄黄等塞入伤口亦可。

3. 注药法

用0.5%高锰酸钾注射液3～5毫升，作伤口浸润注射，1次即可。为防止疼痛，可先用0.5%～1%普鲁卡因在肿胀部位皮下做环状封闭。

4. 胰蛋白酶注射法

用胰蛋白酶2 000单位加入于0.5%普鲁卡因5～10毫升，在牙痕周围注射，深达肌肉层；或于缚扎上端进行套式封闭，12～24小时后重复注射1次。若发生过敏反应，可用异丙嗪25毫克肌注。依地酸二钠注射液可以螯合金属蛋白酶，抑制一些水解酶的活性。对蝮蛇、五步蛇、蝰蛇咬伤的局部组织坏死有效。

六、蛇咬伤的预防

（1）出发前应对目的地可能出现的有毒动物有所了解。

（2）在地面情况复杂的区域行走时，穿上保护服和结实的鞋子。

（3）行走和停下时可采用"打草惊蛇"的方式。

（4）不要在木柴堆、石块堆、山洞口、沼泽附近宿营。在宿营地附近撒上雄黄粉可以防蛇，使用蚊帐可以防止蝎子、蜘蛛等有毒动物。

（5）不要将手伸进地洞或石块下面。

（6）不要去昏暗处收集柴火，拿起大树枝时要小心。

（7）很多有毒动物在夜间活动，所以不要在夜间赤足离开营地，行动时用电筒照亮路面。

（8）穿衣穿鞋前抖动并检查衣物。

（9）见到死蛇时也要小心，只能用长木棒接触它。

（10）如果见到有毒动物时尽量远离、不要招惹，不要尝试捕捉有毒动物。

相关链接

蛇虫咬伤高发期　户外出行多留心[①]

夏天是蛇虫频繁活动的季节。近期，市民被毒蛇、马蜂、蚂蚁等咬伤事件时有发生。记者日前从庆元县人民医院、庆元县中医外科了解到，今年入夏至今，两家医院已收治被毒蛇咬伤病例 16 例。

据庆元县人民医院外科主任医师范树养介绍，入夏以来，医院不时收到被毒蛇咬伤的病例，今年最早的病例出现在 4 月 26 日。毒蛇咬伤多发生在每年 4—11 月份，但以 7—10 月为高峰。

7 月 26 日上午 10 点，被毒蛇咬伤的吴大伯来到了庆元县人民医院救治。吴大伯说，他在早上六七点钟到田里干农活时，不知被什么东西咬伤了右脚脚趾，之后感到些许头晕，受伤的右脚趾有剧烈的疼痛感。经判定为毒蛇咬伤，医生帮助他做伤口清创，为他注射了抗蛇毒血清。幸运的是，经一周多的治疗，吴大伯被毒蛇咬伤的脚除了有些青肿，已无大碍。

6 月 28 日，74 岁的朱大妈也是在农田劳作时被毒蛇咬伤，被咬伤右手背和右手小指，经她辨认是一条竹叶青蛇。"被咬时，还没等我回过神，右手便一阵钻心的疼。"朱大妈说。

---

① 蚊虫咬伤高发期 户外出行多留心［EB/OL］.（2018 - 08 - 15）. http：//qynews. zjol. com. cn/qynews/system/2018/08/13/031070848. shtml.

在户外运动时，如果不清楚是虫伤还是蛇伤时，按蛇伤处理；不清楚是否毒蛇咬伤时，按毒蛇咬伤治疗。但切勿迷信土方，求助"土医""蛇医"，救治不当常常导致严重后果发生。毒蛇咬伤后不要乱跑，避免加速毒素吸收，适当处理后，应赶紧就医。

据了解，2017年庆元县被毒蛇咬伤案例有21例，2016年16例，2015年33例。庆元县常见的毒蛇有五步蛇、竹叶青蛇、银环蛇、眼镜蛇等。毒蛇咬伤会造成患者伤口红肿，周围有水泡、瘀斑，并伴有头昏、眼花、视物模糊、恶心呕吐、呼吸困难、全身乏力等症状，严重者可致死亡。

第二节　昆虫叮咬或蜇伤的急救

相关链接

蚊虫叮咬后晕倒至今未脱离危险[①]

来自江西的谌五秀（化名）在广州佛山一家发型店打工，10月10日清晨，还在员工宿舍睡觉的他被一只虫子叮了一下，醒来后竟发现全身多处起了红疹。片刻之后，他走到居住的楼下，突然变得意识模糊，晕倒后头部摔在水泥地上，工友发现后将其送到医院抢救，经诊断为颈髓挫伤不完全性截瘫，四肢麻木几近瘫痪，至今仍未脱离危险期。

后据医院皮肤性病科主任医生介绍，病人被叮咬后反应强烈，不一定是"怪虫"厉害，而是与个人体质有关。"如被蚂蚁咬，有些敏感体质的人反应很强烈，会出现大片红疹，甚至晕倒、休克，需要进行抗过敏治疗。"医生提醒，体质过敏的人被昆虫叮咬后如果出现红疹，不能掉以轻心，应在他人的陪同下及时就医。

在户外活动时，人们被昆虫咬伤的意外时有发生，不同昆虫所含毒液不一样，对人体损害的严重程度及临床表现也差异很大，轻者为轻度红斑、丘疹或风团，伴有不同程度的瘙痒、烧灼及疼痛感，重者可出现皮肤广泛损伤或坏死，关节痛等，严重的甚至引起全身中毒症状，导致过敏性休克而死亡。

一、户外昆虫叮咬致命的五种方式

（1）将毒汁或血液注入人体，如蚊、跳蚤、虱、臭虫等。

---

① 贵州都市报. 蚊虫叮咬后晕倒至今未脱离危险 [EB/OL]. （2015-11-13）. http://dsb.gzdsw.com/html/2015-11/13/content_112093.htm。

（2）利用毒刺伤人，如蜂、蚁、蜈蚣等。

（3）以虫体表面的毒毛或刺毛引起皮炎，如松毛虫、桑毛虫、茶毛虫等。

（4）释放虫体内的毒素或虫体击碎后引起皮炎，如隐翅虫等。

（5）寄生于人体，引起皮肤的变态反应，如疥螨、蝇蛆等。

二、昆虫叮咬后的症状

被昆虫叮咬后可见伤口红肿、疼痒，并伴有恶心、呕吐、头晕等症状。处理时，马上挤出毒液，在户外可以用肥皂水、氨水、醋、蒜汁等涂擦伤口；必要时，在伤口近心端扎止血带，蛇药片内服外涂，或者用蒲公英捣烂外敷，紧急送医院治疗。另外出行前注意携带防虫药水和蛇药片、穿着长袖长裤等。

三、蜂蜇伤的急救处理

自然界中昆虫种类很多，相应的被昆虫咬伤的应急救护处理也各有不同。在这里，介绍户外常见的蜂与蝎两种蜇伤的急救处理措施。

1. 蜂蜇伤

一般常见的蜂有蜜蜂、黄蜂和马蜂，这几种蜂有尾刺，蜂蜇人是靠尾刺把毒液注入人体，蜂毒内含有蚁酸、神经毒素、磷脂酶 A、透明质酸等过敏原。若为蜜蜂蜇伤，其毒刺留于刺伤处；黄蜂和马蜂蜇伤人后其毒刺可收回，继续蜇人。蜂毒进入人体后，可与体内的免疫球蛋白结合，产生一系列反应，从而引起血管扩张，血管通透性增加，血浆外渗，血压下降。根据伤员受伤后的表现可简单分为以下三类：

（1）轻度：轻度蜂蜇伤后仅表现为蜇伤局部红肿、疼痛、瘙痒、少数有水疱或皮肤坏死。一般来说，数小时后症状即可消失、自愈。

（2）重度：蜇伤重者可迅速出现全身中毒症状，有发热、头痛、呕吐、腹痛、腹泻、烦躁不安，以至肌肉痉挛、昏迷，甚至休克、肺水肿及急性肾功能衰竭，最后可因心脏、呼吸麻痹而死亡。

（3）蜂毒过敏：部分对蜂毒过敏的患者，在蜇伤后可立即出现荨麻疹、喉头水肿、哮喘甚至支气管痉挛，重者可因过敏性休克、窒息而死亡。

急救处理措施：被蜂蜇伤后，要仔细检查伤口，若尾刺尚在伤口内，可见皮肤上有一小黑点，可用镊子、针尖挑出，在野外无法找到针或镊子时，可用嘴将刺在伤口上的尾刺吸出，不可挤压伤口以免毒液扩散，也不能用红药水、碘酒之类药物涂擦患部，这样只会加重患部的肿胀。蜂蜇后局部症状严重、出现全身性过敏反应者，除了给予上述处理外，如带有蛇药可口服解毒，并立即送往医院救治。

因蜜蜂的毒液呈酸性，所以可用肥皂水、小苏打水等碱性溶液洗涤涂擦伤口和毒液。也可用生茄子切开涂擦患部消肿止痛。伤口肿胀较重者，可用冷毛巾湿敷伤口。

若被黄蜂蜇伤，因其毒液呈碱性，所以用弱酸性液体中和，如用食醋、人乳涂擦患部可止痛消痒。

若被马蜂蜇伤，可将马齿苋菜嚼碎后涂在患处，起到止痛作用。马蜂攻击性强，造成人员死亡的事件也不少，户外活动千万不要捅马蜂窝或抓捕马蜂，这些行为非常危险。遭遇马蜂攻击，猛跑很可能惊动蜂群引起尾追，应立即蹲下，用衣服保护裸露部位，特别是头部。

2. 蝎蜇伤

蝎子有一弯曲而尖锐的尾针与毒腺相通，刺入人体后可注入神经性毒液。受伤处大片红肿并带有剧痛。严重者可出现寒战、高热、恶心、呕吐、肌肉强直、呼吸增快、脉搏细弱等症状，最终因呼吸衰竭而死亡。

急救处理措施：

（1）若伤及四肢，应立即用绷带、止血带、布条等绑扎在伤口近心端，以阻止毒液吸收（绑扎的松紧以阻断淋巴和静脉回流为准，即绑扎肢体远端动脉搏动略减弱），同时用镊子或针头小心挑去伤口中留下的毒钩，用吸引器或拔火罐吸出毒汁。

（2）用碱性液体如肥皂水、苏打水清洗伤口。伤口清洗干净后，用蛇药调成糊状，在距伤口 2 厘米处环敷一圈，勿使药物进入伤口内。或将明矾研碎，用浓茶或烧酒调成糊状，涂敷伤口。后包扎伤口。

（3）若伤口周围红肿，可进行冷敷。

（4）多喝水，以利排毒。对于蜇伤后全身症状较重者要迅速送往医院救治。

毒蜘蛛、蜈蚣的咬伤处理与蝎蜇伤的处理基本相同，另外，这些昆虫毒物常昼伏夜出，平常喜栖息在阴暗、杂乱、潮湿的地方，大家在野外活动时应小心避免。在户外活动，最好穿着浅色的长衣长裤，携带一些必需的药物，可以减轻意外带来的伤害。

第三节　食物中毒的急救

一、食物中毒概念

食物中毒是指患者所进食食物被细菌或细菌毒素污染，或食物含有毒素而引起的急性中毒性疾病。根据病因不同可有不同的临床表现。

二、食物中毒临床表现

1. 胃肠型食物中毒

胃肠型食物中毒多见于气温较高、细菌易在食物中生长繁殖的夏秋季节，以恶心、呕吐、腹痛、腹泻等急性胃肠炎症状为主要特征。

2. 葡萄球菌性食物中毒

葡萄球菌性食物中毒是由于进食被金黄色葡萄球菌及其所产生的肠毒素所污染的食物而引起的一种急性疾病。引起葡萄球菌性食物中毒的常见食品主要有淀粉类（如剩饭、粥、米面等）、牛乳及乳制品、鱼肉、蛋类等，被污染的食物在室温 20℃～22℃ 搁置 5 小时以上时，病菌大量繁殖并产生肠毒素，此毒素耐热力很强，经加热煮沸 30 分钟，仍可保持其毒力而致病。该病以夏、秋二季为多。

3. 副溶血性弧菌食物中毒

副溶血性弧菌食物中毒是由于食用了被副溶血性弧菌污染的食品或者食用了含有该菌的食品后出现的急性、亚急性疾病。副溶血性弧菌是常见的食物中毒病原菌，在细菌性食物中毒中占有相当大的比例，临床上以胃肠道症状，如恶心、呕吐、腹痛、腹泻及水样便等为主要症状。该菌引起的食物中毒具有暴发起病（同一时间、同一区域、相同或相似症状、同一污染食物）、潜伏期短（数小时至数天）、有一定季节性（多夏秋季）等细菌性食物中毒的常见特点。

4. 变形杆菌食物中毒

变形杆菌食物中毒是由于摄入大量变形杆菌污染的食物，属条件致病菌引起的食物中毒。变形杆菌是革兰阴性杆菌，根据生化反应的不同可分为普通变形杆菌与奇异变形杆菌，有 100 多个血清型。大量变形杆菌在人体内生长繁殖，并产生肠毒素，导致食物中毒。夏秋季节发病率较高，临床表现为胃肠型及过敏型。

三、户外活动食物中毒处理措施

食物中毒后第一反应往往是腹部的不适，中毒者首先会感觉到腹胀，一些患者会腹痛，个别的还会发生急性腹泻。与腹部不适伴发的还有恶心，随后会发生呕吐的情况。食物中毒一旦发生，要冷静地分析发病原因，及时采取应急措施。一般说来，可以采取以下三种急救方法：

1. 催吐法

一旦有人食物中毒，首先要了解一下吃了什么东西，如果吃下时间不长，可以用催吐方法。

一般可喝较浓的盐开水，比例为 20 克盐，兑水 200 毫升，如果喝一次不吐，可多喝几次，促使呕吐，尽快排出毒物；也可取鲜生姜 60 克捣汁加温开水冲服，有护胃解毒作用。若是吃了变质的荤腥类食物，则可服用中药十滴水催吐。有的还可用筷子或鹅毛探喉促吐。

2. 下泻法

患者若是中毒食物吃下去时间较长，精神较好，则可以服用泻药，以利泄毒。可用生大黄 30 克一次煎后服用，或番泻叶 10 克泡茶饮服，均有通下解毒作用。若为老年人可用元明粉 20 克，开水冲服以缓泻排毒。

3. 解毒法

要是吃了变质的虾、蟹引起食物中毒，可取食醋 100 毫升，加水 200 毫升，稀释后一次服下。此外还可用紫苏 30 克、绿豆 15 克、生甘草 10 克，一次煎汤服用，也可用金银花 300 克、马齿苋 50 克煎服。若是误食变质的饮料或防腐剂，最好的急救方法是用鲜牛奶或其他含蛋白质的饮料灌服。

如果经过上述急救，病人的症状未见好转，或中毒较严重、吐泻过频、脱水明显，应尽快送医院救治。在治疗的过程中，应给予病人良好的护理，尽量使其安静，避免精神紧张，注意休息，防止受凉。如患者能饮水，应鼓励他多饮茶水、淡盐水。

在户外活动，避免摄入变质食品，更不要冒险加工、处理和进食不了解的动植物。做好预防，才能更好地体验户外活动的乐趣。

相关链接

深圳驴友登山误食路旁植物，导致食物中毒险丧命![①]

5 月 29 日下午，一名来自深圳的驴友从吉安安福武功山地界翻越到萍乡武功山境内，路途中，驴友出于好奇，听信了当地农户指的路旁的一种叫"牛古子"的植物能治腰痛，在没有了解清楚服用方法后，竟然直接将植物的根茎当作中草药生吃了下去，结果导致食物中毒，被送进了医院，差点丢了性命。

据医生介绍，当天下午 5 点 16 分左右，120 急救车从芦溪县医院转送来了一位食物中毒患者。"病人刚送来时，神志还比较清楚，伴有恶心呕吐、腹泻、浑身乏力等症状，进入医院后，询问了患者的病史以及是食用了什么导致的中毒。"病人自述食用了一种叫"牛古子"的植物。经查，"牛古子"药学名叫"商陆"，确实可以治疗腰椎间盘突出、腰腿痛等症状，也有清热泻火作用，但必须经过专业炮制、生煎后才能食用，不能生吃。

目前，这名驴友经过抢救，已脱离生命危险，渐渐好转待恢复，目前仍在医院重症监护室接受密切观察。

户外活动时，有一些植物果实小小的，颜色鲜艳，看上去很好看，但其实含有毒性，吃了可能有生命危险，而中草药的食用非常讲究，在没有清楚能不能吃和怎么吃的情况下，千万不能道听途说随意食用，要在药师的指导下食用或到医院、药店购买成品，一旦出现食物中毒的症状，要及时就医。

知识点小结

◇辨认毒蛇：毒蛇咬伤局部可见两颗较大呈".."分布的毒牙咬痕，亦有呈"::"形的，除毒牙痕外，还出现副毒牙痕迹的分布形状；而有两排整齐深浅一致的牙痕多属无毒蛇咬伤。

◇毒蛇咬伤处理：早期绑扎伤肢、冲洗伤口、排毒、及时就医。

---

① 许可馨. 深圳驴友登山误食路旁植物，导致食物中毒险丧命 [EB/OL]. (2017-06-15). https://sports. qq. com/a/20170606/025965. htm.

◇局部破坏蛇毒方法：烧灼法、寒药法、注药法、胰蛋白酶注射法。

◇昆虫叮咬后的症状：伤口红肿、疼痒，并伴有恶心、呕吐、头晕等症状。应马上挤出毒液，在户外可以用肥皂水、氨水、醋、蒜汁等涂擦伤口。

◇蜂轻度蜇伤症状：局部红肿、疼痛、瘙痒、少数有水疱或皮肤坏死。一般来说，数小时后症状即可消失、自愈。

◇蜂重度蜇伤症状：全身中毒症状，有发热、头痛、呕吐、腹痛、腹泻、烦躁不安等症状，以至肌肉痉挛、昏迷，甚至休克、肺水肿及急性肾功能衰竭，最后可因呼吸麻痹而死亡。

◇户外活动食物中毒处理措施：催吐法、下泻法、解毒法。

第十章

野外救援

学习目标

理论目标：了解野外遇险自救方法，掌握野外遇险呼救信号的使用，知道野外搜救的基本原则，了解野外搜救的队形方式。

实践目标：野外探险活动都是在较为偏僻的自然环境中进行的，这些自然环境较之于城市、乡村等居住环境存在着更多的自然伤害因素，户外运动事故也频频发生，在野外遇险时学会自救，学会利用周边的环境、物品等条件保住性命；遇险后懂得如何呼救，以及学会如何营救，能够有效地防止野外活动中伤害事故的出现，减少和降低事故造成的伤害，甚至挽救人的生命。

导入案例

- -

深深的峡谷①

今年 23 岁的女孩小慧是深圳市某公司的职员,最近她对户外探险运动产生了兴趣。前不久,小慧用"职业间谍"的网名参加了一次叫"中崆峡谷避暑游"的户外探险活动。按照计划,8 月 14 日一行 16 人的探险队一同进入中崆峡谷。傍晚时分他们来到了一个美丽的水潭边。大家被这里的美景深深吸引,于是队员们在靠近潭边的空地上支起帐篷准备在此过夜。

晚上 9 点 15 分,天开始下雨了,大家回到帐篷里躲雨。十几分钟过去了,雨越下越大。突然,"轰隆"一声巨大的闷响从空中传来。巨响声未落,还容不得大家反应过来,凶猛的山洪就从几百米高的瀑布口重重地砸下潭底,紧接着又激起的大浪砸向他们的帐篷。大家好不容易逃出帐篷,摸索着爬上了岸。凌晨三点多钟,队员们终于安全地转到了一个可以躲雨的山崖下。领队清点人数时却发现唯有队员"职业间谍"不见了。

由于地点偏僻,手机信号微弱,队员们无法与外界取得联系,直到天亮他们才想办法赶到 20 公里之外的波罗镇派出所请求帮助。接到报警,波罗镇政府和派出所立即组织群众进入出事峡谷搜救。当天下午,在水潭底下发现了"职业间谍"的尸体。警方将队员们带到派出所协助调查,最终确定这是一起意外事故。很可惜"职业间谍"在 23 岁花一样的年龄就这样香消玉殒了。

野外活动都是在较为偏僻的自然环境中进行的,这些自然环境较之于城市、乡村等居住环境存在着更多的自然伤害风险。据中国登山协会登山户外运动事故研究小组不完全统计,2016 年共发生 311 起登山户外运动事故,造成 64 人死亡,3 人失踪。与 2015 年相比事故总数增长 64.5%。中国登山协会发布的《2016 年登山户外运动事故分析报告》数据显示,当前全国户外运动人口总数达 1.3 亿。然而,随着登山户外运动的快速发展,参与登山户外运动人口的急剧增加,户外事故也频频发生。2000 年以来,国内登山户外运动事故整体呈上升趋势,且类型多样化。在滑坠、被困、疾病等十余种事故类型中,迷路已连续多年成为登山户外运动事故的主要原因。报告数据显示,与 2015 年相比,2016 年的迷路事故增长率为 65.5%,数量创历年之最。另外,从中国紧急救援联盟北京蓝天救援队发布的《北京蓝天救援队年救援案例报告》中可明显看出,绝大部分的户外运动事故是由低级错误如迷路、天黑无头灯等造成的,真正由不可控外力如地震、洪水等导致的意外极少。在野外活动过程中懂得如何自救、呼救和营救,能够有效地防止野外活动过程中伤害事故的出现,减少和降低事故造成的伤害,甚至挽救人的生命。

---

① 今日说法.深深的峡谷[EB/OL].(2004 – 09 – 17).http://www.sina.com.cn.

第一节　野外遇险自救

自救，就是指依靠一个人或团体自身的能力解除危险、脱离困境。野外生存生活训练的自救内容相当广泛，从另一个角度来说我们在野外所可能遇到的各种危险就是我们自救的内容，既包括动植物伤害和自然灾害，也包括判断方向、寻找食物和水源，在等待援救之前保持生存。野外自救遵循以下五个步骤。

1. 保持良好心态，冷静分析

比任何技巧都重要的是处在求生环境下的态度；保持良好的心态，镇定判断，切记不要慌张。具体来说，当我们在野外环境中出了问题，首先是待在原地，不要随意行动；然后冷静思考，尽可能客观、全面地判断当前的情况。接着观察队员、队伍和周围环境的状况，寻找可能解决的办法；最后综合分析各种原因，计划下一步的行动。

2. 寻找避难所

如果在天黑之前我们还没有摆脱我们的困境，那么需要就近选择避难所，在选择避难所时要注意三个方面：

（1）位置要选择远离危险并且附近有丰富的可用资源的地方。

（2）要隔绝潮湿、冰冷的地面，同时注意防风、防雨、防寒。

（3）注意保温，夜间可以生一堆火，既可以取暖又可以当作信号。

在野外有很多天然的地方可以用来做临时避难所，比如天然山洞、中空的树洞和原木、用树枝搭建的小屋等。临时庇护所的搭建需要依据地形及植物情况而定，最简单的就是两排粗一些的树枝互相支撑搭建，然后在外边盖上厚厚的树叶，目的是保温、防雨及防止毒虫等。如果有条件，搭建的木屋最好利用长得靠近的树木，离地一米左右，可以最大条件地保证安全。

3. 合理分配水和食物

饮用足够量的水并对食物进行合理的分配；对于人体来说，食物不是最急需的，没有食物人们仍旧可以坚持好几天，但是人体在高温天气下水分只能维持两天。因此要根据遇难的人数合理分配身边的食物和水，同时注意寻找水源和收集雨水或露水，野外取水饮用需要稍微处理，如果喝进不经处理的脏水导致腹泻，同样有生命危险。此外在长时间没有喝水，终于找到水时，千万不可拼命大口猛喝。快要脱水的人如果猛喝水，将会导致呕吐，而使体内失去更多的水分。

（1）在野外利用周围环境、身边物品取水。

第一种方法：利用周边环境，如果是身处孤岛，周围有椰子树的话，直接打下椰子便能享用椰汁和椰肉了。如果没有的话，在缺乏挖土工具的情况下，先观察周围植被的生长情况。如果野草茂盛，那么证明此地水源比较充沛，寻找植物用塑料袋倒扣在叶子上，然后扎紧袋口，这样第二天早上就会有水蒸气在塑料袋上，多弄几个就能满足人的最低水量需求。

第二种方法：两双袜子套在一块，找到湿的泥巴或沙子，装到袜子一半。然后封住袜子口，由上往下用力，挤出水分，这种方法取水快，但是不多。如果有小水坑的情况下，可以在水坑中取水，矿泉水瓶去底、瓶口朝下、瓶盖扎眼，从瓶底处依次装入细砂、石子、木炭然后倒入脏水，进行简单过滤，烧开后再喝。

第三种方法：在潮湿的地方挖个坑，坑的中间放上容器，然后在坑口盖上塑料，先将四角固定，塑料中间放一块石头，让中间略有下沉。然后将坑封住。这样水蒸气上升时会挂在塑料上，然后由中间较低的地方流到杯子里。这种方法不快不慢，且取水量较大。

（2）在野外利用周围环境采集食物。

靠山吃山，靠海吃海。如果在山林中迷失，那么就要制作一些简单的工具，用来捞钩山果，制作陷阱，打猎野禽；如果流离孤岛，捡拾贝类、打鱼都是不错的选择，但要注意食物的处理，取得火后能解决食物的卫生问题。

4. 保持温暖

野外保持温暖的方法有：

（1）穿上备份的干爽衣服，必要时生一堆火。

（2）用睡垫或者植物把潮湿和寒冷的地面隔离起来。

（3）用干燥的植物枝叶把身体掩盖起来，这样可多一层保暖和隔离，例如蕨类植物的叶子。

5. 节省体力，坚定信念

节省体力不要做无谓的消耗，坚定求生的信念，向外界发出求生信号，让外界知道自身处境。克服恐惧和慌乱，告诉自己能够坚持下来。

野外活动的自救内容相当广泛，从另一个角度来说我们在野外所可能遇到的各种危险就是我们自救的内容，既包括前几章所提到的动植物伤害和自然灾害，也包括判断方向、寻找食物和水源，在等待援救之前保持生存等。

如果从人类自身的角度出发，自救大致可分为生理自救、心理自救。生理自救是为了保证身体机能正常工作，心理自救更多的是在突发事件发生以后或者长时间等待援救时必须进行的工作。如果说生理自救更侧重于野外遇险人员的野外生存知识和经验，心理自救则更多的是一种生存信念，我们在教授野外自救内容时切不可忽视心理自救能力的锻炼。由于自救的具体内容措施较多且分散于各章节内容中，此处不做详细介绍。

相关链接

- -

野外自救五大常识①

如果你在野外徒步，遇到意外事件，你就要在脑海中搜寻野外自救措施，但是首要问题是你得知道你遇到意外事件应该怎么办？怎么提前预防意外事件的发生？下面是军事夏令营小编给大家总结的野外五大生存技能：

一、如果不幸被毒蛇咬到：在野外如果被毒蛇咬到的话，患者一般会出现出血、局部红肿和疼痛等症状，严重的可能在几小时内就会死亡。这时你要迅速用布条、手帕、领带之类的东西将伤口上部扎紧，防止蛇毒扩散，然后使用消过毒的刀在伤口处划开一个长1厘米、深0.5厘米左右的刀口。此法可使部分蛇毒排出体外。

二、骨折或脱臼：用夹板固定骨折部位后再采取冰敷。当伤者是从大树或岩石上摔下来伤到脊椎时，将伤者放在平坦而坚固的担架上固定，不让其身体晃动，然后将其送往医院。

三、食物中毒：吃了腐败变质的食物，除了会腹痛、腹泻外，还伴有发烧和衰弱等症状，应多喝些饮料或盐水，也可采取催吐的方法将食物吐出来。

四、野游迷路辨南北：可以找一棵树桩观察，年轮宽面是南方；可以观察一棵树，其南侧的枝叶茂盛而北侧的则稀疏；可以观察蚂蚁的洞穴，其洞口大都是朝南的；在岩石众多的地方，你也可以找一块醒目的岩石来观察，岩石上布满青苔的一面是北侧，干燥光秃的一面为南侧；还可以利用手表来辨识方向：你所处的时间除以2，再把所得的商数对准太阳，表盘上12点所指的方向就是北方。

五、户外旅行遇上雷雨怎么办：不要在巨石下、悬崖下和山洞口躲避雷雨，电流从这些地方通过时会产生电弧，击伤避雨者。如果山洞很深，可以尽量躲在里面。不要在雷雨中骑车或骑马，会引雷击身。不要躲在旷野中孤立的小屋内。离开高地，也不要在孤树下避雨。远离金属物体。汽车内是躲避雷击的理想地方，就算闪电击中汽车，也很少会伤人。如果在游泳或在小艇上，应马上上岸。即便是在大的船上，也应躲到甲板之下。

---

① 野外自救五大常识［EB/OL］．（2015－01－08）．https：//m.xialingying.cc/shengcun/zijiu/142070524711647.html．

第二节　野外呼救

在野外，生存环境比较恶劣，各种灾难会不期而至。对野外生存者来说，及时了解自己所面临的困境，通知别人，求得救援，至关重要。在遇险时，可以通过各种方式与别人取得联系，或通过呼救信号引起人们的注意。

一、呼救

在野外遇到有人受伤时，先判断险情的发展，及时进行救援。发出呼救信号，直至有救援人员到达。在可能情况下，应安排一名伙伴陪伴及照料伤者，另外两人结伴前去求救。为免延误救援工作，前往求救之人员应将意外之详情、地点及伤者的状况用纸笔记录，如有可能，记下地图坐标，降低求救者因紧张、迷途受困或口头传信含糊不清致使求救信息不能准确地传达的可能。

二、呼救手段

遇险求救时，求救者要通过各种手段向外界呼救，比如手机、对讲机、信号等。

1. 通信设备呼救

通信设备呼救最常用的是手机和对讲机的呼救。

（1）电话呼救：首先电话呼救是最简单直接的求救方式，能够清晰表达各种信息。常见的求救电话号码有110、120、119以及当地的救援电话等。

求救时应尽量向救援者提供以下信息：

①出事原因、出事时间、地点。

②位置，方格坐标（手机可以定位到经纬度）。

③附近地形或特别参照物。

④伤者数据：包括姓名、年龄、性别、电话、居住地址、伤情、已施行的急救措施、天气情况、同行者情况、动向及其他事项。

（2）对讲机呼救：对讲机是野外运动中必备之物，不但可以用来做野外活动队员之间的通信工具，也是在手机没有信号时首选的呼救方式；对讲机的使用是有技巧的，它的通信距离受无线电设备的质量、天气、环境、高度以及通信频率的影响。

①位置的选择——高和空：对讲机所使用的频率是视距传播，站得高，传得远，因此呼救时最好选择山坡等高地位置。另外无线电频率的传播，很容易受物体的干扰和屏蔽，在求救时，应尽量在空旷地带。

②呼救步骤：首先确认对讲机工作正常，调整VU段救援队频道。然后语音清晰、语速平缓地呼救。呼叫完毕后，松开发射键后守听1~2分钟再继续呼救。得到回应后，按

照救援队要求提供具体信息。

③GPS 定位系统：GPS 定位系统是通过卫星定位，可以对位置进行精准的定位，并且它可以记录运动轨迹，野外迷路也可以指引你迷途而返。

2. 信号呼救

如果不能用手机或对讲机等通信工具进行求救，还可根据自身的情况和周围的环境条件，发出不同的求救信号。一般情况下，重复三次的信号都象征着寻求援助。信号的种类有：

（1）烟火信号。

火光、烟雾也是一种非常有效的联络信号。国际上以等腰三角形燃放三堆火焰为通行的求救信号。每堆之间距离相等最为理想。

遇险时可根据自身的情况做出选择：为保证信号的可靠程度，白天可在火堆上放些苔藓、青嫩树枝、橡皮等使之产生浓烟；黑色烟雾在雪地或沙漠中最醒目，橡胶和汽油可产生黑烟；晚上可放些干柴，使火烧旺，使火升高。使用火光、烟雾信号要注意选在比较开阔的地带点火，确保不要引起火灾。虽然不可能让所有的信号火种整天燃烧，但应随时准备妥当，使燃料保持干燥，一旦有任何飞机路过，就尽快点燃求助。白桦树皮就是十分理想的燃料。也可以利用汽油，但不可将汽油倾倒于火堆上。用一些布料做灯芯带，在汽油中浸泡，然后放在燃料堆上，将汽油罐移至安全地点后再点燃。添加汽油前要确保添加在没有火花或余烬的燃料中。

如果受到气流条件限制，烟雾只能近地表飘动，可以加大火势，这样暖气流上升势头更猛，会携带烟雾到相当的高度。

（2）地对空信号。

地对空信号也是国际通用的紧急求救信号，主要是针对陆地向空中的飞机发送的信号；通过字母"FILL"可以记住其中主要的信号（如图 10 - 1）。这些字母都是由单根木棒组成的，制作也比较简单。尺寸是每个信号长 10 米、宽 3 米，每个信号间隔 3 米。

这些字母代码应在开阔地带安放，不能在陡峭的山坡或者峡谷深处，也不能在方向相反的斜坡上使用，如果没有木棒等工具时也可以在地上挖出狭窄的壕沟，在边缘垒砌土块墙，加深壕沟的深度，使其更为醒目。

图 10 - 1

（3）体示信号。

向直升机发出信号。当遇有直升机来救援时，必须用正确的信号将直升机指引到安全地方，必须注意的是，直升机着陆的地面需平整而坚固，并且没有植被、路标塔或其他散乱的物品，以免被飞机上的螺旋桨吸走。

取下帽子站稳，一只脚前跨，时刻准备转身。当搜索飞机较近时，可用体示信号表达遇险者的意思。（如图 10 - 2）

盘旋/需要机械求援　　下降　　向我的右

向我的左　　向我飞过来　　向我飞过来搭我上飞机

图 10 - 2

（4）声音信号。

用声音来发出求救信号效果不是很理想，因为声音的传播距离有限。但有时也是有效的，尤其是近距离的情况下。如与救援人员相距较近，可通过声音发出求救信号。可以大声呼喊"救命"，也可利用"SOS"发出"三短—三长—三短"进行呼救，还可借助其他物品如用斧子、木棍敲打树木或岩石发出声响。哨音造成的声音非常响亮，国际上公认的求救信号是每分钟吹 6 下，停 1 分钟再吹。

（5）反光信号。

利用阳光和一个反射镜即可射出信号光。任何明亮的材料都可加以利用，如罐头盒盖、玻璃、金属铂片、镜子等。持续的反射将规律性地产生一条长线和一个圆点，这是摩尔斯密码的一种。即使不懂摩尔斯密码，随意反照，也可引人注目。即使距离相当遥远，人们也能察觉到那是一条反射光线信号，所以就算并不知晓欲联络目标的位置，也值得多加试探，注意环视天空，如果有飞机靠近，就快速反射出信号光。因为这种光线或许会使营救人员目眩，所以一旦确定自己已被发现，应立刻停止反射光线。

（6）旗语信号。

将一面旗子或者一块色泽鲜艳的布料系在木棒上，持棒运动时，在左侧长划，右侧短划，加大动作的幅度，做"8"字形运动。如果双方距离较近，则用一个简单的挥舞动作就可以，在左侧长划一次，在右侧短划一次，前者应比后者用时稍长。

以上是常用的六种信号呼救方法，任何的呼救信号传导都需要一定的时间，在呼救的同时也应积极地自救，如果无法得到及时救援，而又要离开发射信号地点继续行走时，要留下一些信号物，以备让救援人员发现。

3. 留下信号

行走途中留下信号，不仅可以让救援人员追寻而至，还可以使自己迷途知返。常用的地面信号：

（1）利用岩石、碎石片或树枝摆成箭形，箭头指向行动方向。

（2）将棍棒支撑在树杈间，顶部指向行动的方向。

（3）在树干上刻一个深深的箭形，箭头表示行动方向。

（4）两根交叉的木棒意味着此路不通。

注意：在获得营救后必须毁掉这些信号，否则在离开之后信号会继续展开其功能，引来不必要的营救人员。

野外地势复杂，环境多变，求救者在呼救时一定要沉着冷静，根据自身状况，利用周边的环境条件寻求到最合理有效的呼救方法。

相关链接

曲江5驴友冒雨登山　遇山洪致4人死亡（节选）[①]

6月14日14时30分许，5名驴友（2男3女）在广东省韶关市曲江区樟市镇芦溪天池山登山时，突遇山洪暴发，3人（1男2女）失踪，1人（女）死亡。当地出动300多人连夜搜寻，今天13时50分左右，失踪3人全部找到，均已不幸遇难。

总结：大雨天气，尽量不要到山区进行野外活动，在野外遇到山洪时应转移到地势高、安全的地方等待救援。

第三节　野外如何开展营救

营救是指对遇险者进行搜索、救援和救回的一系列活动过程。营救与自救、呼救是相互联系并且密不可分的，没有自救就没有生存，没有生存也就失去了呼救的可能与营救的意义，没有呼救就没有营救活动的有效开展，而营救是自救和呼救的目的，没有营救那么

---

① 曲江5驴友冒雨登山　遇山洪致4人死亡［EB/OL］.（2018－06－15）. https：//china. huanqiu. com/article/9CaKrnJVYmc.

自救和呼救也就很难转化为生存。

一、成立救援指挥中心

1. 确立总指挥
总指挥应该由具有丰富野外救援经验并有较强的指挥能力的人员担任。

2. 组成救援队伍
救援队伍应该由具有野外搜救经验的人员组成，队员组成人员当中应包含以下几类人：

（1）熟悉当地情况的队员，可以是经常在当地活动的人，也可以是当地人。

（2）医疗人员。

（3）会操作各种救援器械的人员。

3. 挑选搜救队员
搜救队员应具备的特征：

（1）充沛的体能。

（2）良好的精神状态。

（3）具备分析行迹、追踪能力。

（4）熟识野外环境。

（5）懂得医疗急救常识。

（6）熟识通信工具。

（7）懂得各种技术性装备的使用。

4. 制定搜救管理流程
为了保障安全和提高搜救效率，应制定搜救管理流程，搜救队员必须严格遵守。

二、准备救援器材

准备相应的救援器材，交通、通信、医疗、急救等必需设备。

三、制订营救方案

根据遇险者的方位、距离、地形以及当时的气候等确定营救方式、人员、工具，制订营救实施方案和应变措施。

四、实施搜救

1. 野外搜救要点
（1）幸存者可以在自然环境中存活 2～3 周。在完全排查之前，或搜救时间没超过 3 周之前，绝不轻易放弃。

（2）开展大规模搜救之前的信息排查工作尤为重要，对失踪人员的行踪信息把握和个人习性调查必须充分。

（3）每个搜救地点都必须指定一人专门负责协调，统一指挥，全权进行人员调度。

（4）在搜救人力、资源、时间有限时，须对搜救地点的优先级进行选择。

（5）搜救人员在野外环境进行人工搜索有一定风险，搜救现场指挥官应该充分审视搜救环境。

（6）使用固定、醒目的符号对已经完成搜索的区域进行标示，以节约宝贵的时间和人力。

（7）充分调动政府应急资源，调用搜救犬、搜救仪器配合人工搜索。

（8）根据国际惯例搜救行动通常配置两支以上的搜救分队，执行同一区域搜救任务，保障搜救区域的搜救完整性，每个搜救分队至少设队长、医疗急救人员，并力图队伍成员角色能够互换。

2. 野外搜救常用徒步搜索队形

为了达到最佳效果，在大规模的搜索中，每个队伍都应当被部署在能最大面积地覆盖搜索区域的位置，并且所有成员都能发挥积极作用。队长必须确定适合搜索区域地形、任务和队伍构成的最佳队形。队长应当给每个队员分配他们在队列中的位置，并指定他们负责搜索的区域。队列行进中，队长必须确保每个队员保持在队列中的位置并且保持警觉。以下是几种常用的能够适用于多种地形和情况的搜救队形：

（1）印第安纵队：这种队形适用于搜寻小路和狭窄的山谷地带。队伍沿小路，一个接一个，搜索小路及其周边，应当特别注意主要搜索半径。队长通常位于最便于控制队伍的地方，往往在队伍中央。

（2）路侧拉网搜索：在地形和植被允许的情况下，路径搜索中效率最高的就是路径两侧拉网式搜索队形。这一队形中，队长在路上，队员分置道路两翼，对路旁的地面进行最大限度的搜索。

（3）方形队列：当搜索正面受到限制，比如谷口地带，可以采用方块队形。这将在队伍无法充分展开的情况下，获得最佳效果。在这种队形中，为了取得最佳效果，队长往往处于队伍中间。其他队员成对地排在队长的前方和后方。

（4）单队平行式拉网搜索：平行拉网式搜索，适合在地形和植被允许的情况下进行。这一队形通常是在对整个区域进行覆盖式的目视搜索时采用的。单队搜索适用于一支队伍足够覆盖整个区域时。最简单的办法一般是队伍与某一特征保持平行，如篱笆，或者沿着某一特定的罗盘方位。在这种队形中，队员们在起搜线上平行站位，队长位于队伍背后正中的位置。在队长指挥下，队伍从起点开始，直至整个区域搜索完毕。

（5）多队平行拉网式搜索：在一个大的开阔地带进行搜索时，将可能用到在一条长线上进行的多队平行拉网式搜索。当进行多队搜索时，各队错开比所有人站在同一条线上效果更好。如 A 队从最左侧开始，队员 A1 标记出最左端，队员 A9 标记出最右端。适当的时间间隔后，B 队出发，队员 B1 会发现队员 A9 留下的 A 队左端的标线，而队员 B9 标记下 B 队的最右端。再经过适当的时间间隔后，C 队出发，以此类推。总指挥进行搜索指挥。如果某队赶上了前面出发的队伍，后出发的队伍应停下，等待前面的队伍推进一段距离。不要让各支队伍处于同一直线上，这样控制起来太困难。搜索指挥通过每队队长控制队伍的行动。为了方便指挥，搜索总指挥应通过对讲机与各队长直接通话。搜索总指挥应当在整个搜索网络中有独立的对讲机频率。

（6）蛇行搜索（适用于植被厚实地区）：当一支队伍以完成单队平行拉网式搜索时，可以采用被称为蛇形搜索的一系列平行拉网搜索。这种方法是在地表植被密集，或地形比较崎岖，妨碍了大部队进行搜索的情况下采用的。进行搜索前，应当确定起搜线和搜索的界限。一开始队伍平行于其中一条搜索的界限。队长位于队伍背后正中央的位置。队伍两侧的队员负责标记出每次搜索的边界。为了标记出边界，可以用颜色鲜艳的标志物绑在位于标记之间的可见距离的树上。可以用彩色纸做，因为它可降解、无污染，而且保存时间有限。可以在纸上记录不同天内搜寻的区域。做标记的队员不能集中精神进行，因为他们要做标记，会分神。这一点应当在队伍行进速度和搜索的面积方面予以考虑。在开始搜索之前，应当准备一定数量的彩色纸和笔，以辅助标记。队伍从起点开始，沿着每次搜寻的边线往返进行拉网式搜寻，直到整个区域搜索完毕。当一次搜索到头，需要返回进行下一次搜索时，队长应当保证尽快重排队列。有两个方法可以保证重新排队的顺利进行：

方法一：当队伍搜索到区域边界停下，全体朝向搜索前进的方向。然后全体向后转，面向回去的方向，跟着向着边线方向侧向移动，直到整个队伍越过边线。队伍向相反方向进行搜索。

方法二：当队伍搜索到区域边界停下，全体朝向搜索前进的方向。一人做轴固定不动，其他人转弯绕过去，重新排成队列，面向相反的方向。队伍向相反方向进行搜索。

（7）螺旋下降搜索（适用于山地地区，从上至下）：当搜寻小山、山脊，或尖坡时，建议从高处向下搜寻。这样搜索者可以俯视，而无须仰视。当搜寻小山时，队伍组成一定队形，由上至下搜寻，螺旋下降搜索，螺旋式下降，从而避免直接走陡坡。搜索山脊或尖峰时，应该进行一系列浅的、互相重叠的搜索。在小山或陡峭的地形进行搜索，必须控制好速度，以适应地形和搜索者的能力，否则容易发生脚腕和膝盖的损伤。

（8）方块扩展法：这一技术用于密集搜索一个有很高可能性的区域。它对于小范围完全的覆盖非常有效。这一技术适宜的搜索人数为15人。一名队员被要求标记外侧的界线，并且要保证所有人都遵循这一界线。另一名队员负责标出内侧界线，这能够保证搜索时的均匀运动。队长应当在搜索线的中央，这样才能保证搜寻的成功。

方法：标记出一块50米见方的方形区域，该区域要求使用罗盘方位和测量员皮尺或类似材料仔细搜寻，接下来：对方块区域内进行视搜索；从方块的一个角向外延伸一条线，然后沿着同一个方向绕着方块进行搜索；然后继续用同样的方法扩大搜索区域（该区域慢慢会变成圆形）；多于15个搜索者，搜索线将无法控制；在荆棘丛生的地带，方块扩展法能够在3小时内搜索完300×300平方米的区域。

相关链接

美国"驴友"野外失踪　志愿者入山搜救不幸遇难[①]

据美国广播公司报道，美国加利福尼亚州一位"驴友"野外徒步失踪，一名 32 岁的志愿者在山中搜救该男子的途中不幸死亡，目前搜救行动已暂停。

据报道，52 岁的莫卡帕蒂（Mokkapati）于 12 月 8 日失踪，当天他和三个朋友从村庄徒步到巴尔迪山山顶，莫卡帕蒂途中与朋友们走散，他的朋友们回到车上后报警称莫卡帕蒂失踪了。

图 10 - 3　失踪"驴友"莫卡帕蒂

图 10 - 4　遇难的蒂姆·斯泰普斯

莫卡帕蒂的儿子称，他的父亲是个经验丰富的徒步旅行者，这不是他第一次穿越巴尔迪山。

搜救人员一周来一直在寻找莫卡帕蒂，但上周六（12 月 14 日），现年 32 岁的志愿者蒂姆·斯泰普斯（Tim Staples）在山中意外摔落后死亡，今年已经是斯泰普斯成为搜救志愿者的第 9 年。他还是达米安高中的一名老师，学生们称，蒂姆总是乐于助人。

斯泰普斯是这次在山中寻找莫卡帕蒂的 126 名经过认证的志愿者之一。警长约翰·麦克马洪表示，山上有积雪，白天雪开始融化，变成了冰，这是极其危险的。斯泰普斯死亡后，所有搜救人员立即被召回，搜救行动正"重新评估"。

---

① 周璇. 美国"驴友"野外失踪　志愿者入山搜救不幸遇难［EB/OL］.（2019 - 12 - 16）. https：//baijia hao. baidu. com/s？id = 1653034302978348523&wfr = spider&for = pc.

知识点小结

◇野外自救五部曲：第一步：保持良好心态，冷静分析。第二步：寻找避难所。第三步：合理分配水和食物。第四步：保持温暖。第五步：节省体力，坚定信念。

◇野外呼救的手段：电话呼救、烟火信号、地对空信号、体式信号、声音信号、反光信号、旗语信号。

◇常见的求救电话号码有110、120、119以及当地的救援电话。

◇重复三次的信号都象征着寻求援助。

◇对讲机呼救位置的选择：高和空，对讲机所使用的频率是视距传播，站得高，传得远；因此呼救时最好选择山坡等高地位置。另外无线电频率的传播，很容易受物体的干扰和屏蔽，在求救时，尽量在空旷地带。

◇用"SOS"呼救发声法"三短—三长—三短"呼救。

◇火光、烟雾也是一种非常有效的联络信号。国际上以等腰三角形燃放三堆火焰为通行的求救信号。每堆之间距离相等最为理想。

◇常用搜救队列有：印第安纵队搜索，路侧拉网搜索，方形队列搜索，单队平行式拉网搜索，多队平行式拉网搜索，蛇行搜索，螺旋下降搜索，方块扩展法搜索。

第十一章

野外极端天气的应对

学习目标

理论目标：对极端天气有基本的认识，初步识别极端天气的风险，掌握极端天气下野外活动防范措施。

实践目标：能够对野外极端天气有初步的判断能力，能够对野外极端天气风险做出正确的分析与应对。

导入案例

----

7 驴友被困野长城 2 人身亡[①]

7 名驴友在延庆县四海镇九眼楼景区攀爬野长城时，因体力透支和天气寒冷被困山上，消防官兵、民警和临近村民随后前往搜救。昨日，经过 6 小时的搜救，7 人被找到，但其中两人已陷入昏迷，送往医院后已无生命体征。

被称为万里长城第一楼的九眼楼，位于延庆县四海镇东南 9 公里的火焰山上。前晚 11 时 52 分许，延庆县永宁消防中队接到消防指挥中心布警，"九眼楼风景区有 7 名驴友被困山上，急需救援！"消防官兵随后与当事驴友取得了联系。据报警驴友称，他们有 7 人因为天黑怕迷路不敢自行下山，被困在九眼楼内，已有一名老人出现昏迷症状。

接报警后，消防、派出所民警和 120 医护人员火速赶往现场。但让救援人员焦急的是，此时被困驴友的手机已经断电关机，双方失去联系。永宁消防中队排长陈凯说，九眼楼海拔 1 100 多米，与山脚的直线距离也并不遥远，可山上还有积雪，晚上又下起了雪，救援难度很大。去九眼楼还要跨过一个沟壑。"当时只能通过山头的灯光大致判断驴友的位置。"由于天色已晚，上山路又分成多个岔道，救援人员只能兵分两路上山。

直到昨天凌晨 5 时许，陈凯接到另一路救援人员处传来的消息，7 位驴友已找到，有一男一女已昏迷，其余 5 人无大碍。救援人员立即将昏迷的两人抬到急救车上，可送往医院后二人已无生命体征，初步判断是因寒冷导致失温身亡。

据介绍，前日上午，7 人一起去爬九眼楼残长城，由于劳累和寒冷，傍晚后被困山上，只能报警求救。获救的 5 名驴友年龄在 50 岁左右，去世的男子今年 60 多岁，女子 49 岁。

第一节　野外寒冷低温天气的应对

通常人们认为只有极端寒冷的天气和冰天雪地的环境才是危险的，实际上，寒冷是相对的，比如同样是零下 15 摄氏度，生活在北方的人觉得一件毛衣加羽绒外套就可以御寒了。但在野外，零下 15 摄氏度也可能让被困人员冻死。

一、野外寒冷低温易引发危险的原因

（1）野外活动中，风雪等恶劣气候，使人体散热的速度大大加快。

----

① 王维维.7 驴友被困野长城 2 人身亡［EB/OL］.（2015 – 01 – 08）. http：//www.bjeye.com/beijing/doc/60 17. html.

（2）日常生活中，人们大多时间处于室内，真正暴露于户外的时间很短暂；而野外活动中，人们会长时间处于寒冷温度下，没有缓冲的余地。

（3）由于野外活动中体力消耗、补充不足等，人体自身的能量下降，抵抗寒冷的能力也随之下降。

二、寒冷低温引发的常见危险

（一）失温

1. 什么是失温
失温是冬季野外死亡事故的最大"凶手"，它是由于人体热量流失大于热量补给，从而造成人体核心区温度降低（身体核心区是指大脑、心肺等核心生命器官，而不是四肢和皮肤表面），并产生寒战、迷茫、心肺功能衰竭等一系列症状，甚至造成死亡。

2. 失温的症状
嘴唇发紫，手指不听使唤，步伐不稳，行动不协调，行为烦躁，反应迟钝，突然出现难以控制的战栗，视觉模糊，甚至昏迷。

3. 失温的因素
温度、湿度、风力三个因素是导致失温的直接原因。当气温下降时，人会感知变冷，但在气温不变的条件下，遇到刮风或是被雨淋湿，同样也会感到变冷。冷、风、湿三者的关系：只有寒冷和风时，普通的挡风隔热的衣服就能解决；只有湿衣服和寒冷时，找个没风的地方脱下衣服就会大大减缓失温的速度；当只有风和湿衣服的情况下，只要环境温度不冷也不会有危险。冷、风、湿只允许出现其中的两者，如果三者同时出现，就有发生失温的危险。

4. 失温的应对方法
（1）尽快减少体温的降低。离开风和雨，在大雨天，20℃可能会使人冻死，而大风天，10℃就有可能致人失温死亡。要减缓体温的降低速度，应尽快更换干燥的衣服，保持身体干燥是首要的应对措施。

（2）适当时机补充能量。人体内部的热量可以通过饮用葡萄糖水或热水来补充；人体外部可以通过拥抱、烤火来实现热量补充。

（3）切忌揉搓肢体。因为血液循环会把冷血带回心脏，导致心脏骤停。

（二）冻伤

1. 什么是冻伤
它多发生于人体末梢血液循环较差的部位和暴露部位，如手、足、鼻、耳郭、面颊等处。

2. 冻伤的症状
皮肤冻伤时，首先感到刺痛，接着出现苍白斑点，感到麻木，进一步会出现卵石似的硬块，伴随有疼痛、肿胀、起疱等症状。

3. 冻伤的应对方法

（1）轻缓冻伤。可以采用皮肤对皮肤的传热方式，把受冻部位放在身体温暖部位缓解或者用温毛巾覆盖冻伤的部位，水温切勿一下太高。

（2）深度冻伤。可放入温水中缓慢解冻，要注意不要过快受热，切勿使用火烘烤冻伤部位。

（三）雪盲

1. 什么是雪盲

阳光照射在雪地上反射出强烈光线，导致人体视网膜损伤，这种情况下发生的视力障碍称为雪盲。

2. 雪盲的症状

会出现眼睑红肿、结膜充血水肿，有剧烈的异物感和疼痛。主要症状有怕光、流泪和睁不开眼，眼睛相当敏感，视线还会呈现出粉红色。

3. 雪盲的应对方法

有雪盲症状时，应尽快到黑暗处，也可用一块黑布遮住眼睛，或者用纸片、木片、布条等自制简易裂孔护目镜，使紫外线进入眼内的量减少，必须保护眼睛不受强光刺激。同时，不要揉眼睛，不要勉强用眼，尽量闭眼休息，争取时间尽快就医。良好的环境可以及时治愈雪盲。

（四）壕沟足病

1. 什么是壕沟足病

当脚部长时间浸在水中，或在冷湿环境中时间过长所产生的足部损伤称为壕沟足病，不合脚的紧鞋会使病情加重。

2. 壕沟足病的症状

脚部有针戳般刺痛，接着麻木，剧烈疼痛，脚部出现紫色，伴带有肿胀、水疱。

3. 壕沟足病的应对方法

出现壕沟足病时，要注意保持脚部干燥，及时包裹保温，不要按摩或弄破水疱。

三、寒冷低温天气的着装保护

寒冷低温天气的着装主要包括：贴身衣裤、保温衣裤、冲锋衣裤、帽子、手套、袜子、睡袋、高山鞋等。如在冰雪环境下活动，还要配置冰镐、冰爪、雪镜等专业器材。注意贴身衣裤的快干和冲锋衣裤的防风防水性，建议选择专业的冬季野外装备。

四、野外寒冷环境的求生方法

即使有着装的保护，但如果在野外寒冷环境遇险，也将面临严重的生命威胁。掌握必要的求生方法，可以帮助脱离险境或延长等待救援的时间。

（1）生火：如果有生火条件，它是最简单的御寒方法。

（2）利用一切可能保温的材料：在野外，干草、树皮、塑料袋等物质都是可以利用的保温材料。

（3）利用雪洞雪屋的保温作用：花点时间建造一个雪洞或雪屋，它在一定程度上可以防风，温度也会比地面上的空气温度高出许多。

（4）防止热量损失：风可以带走人体热量，尽量避风。还有，地面冰冷，可吸收热量，所以休息时尽量寻找树叶、干草等垫在身体下面。

总的来说，野外寒冷低温天气引发的危险多是装备或补给不足造成的，所以冬季出行，要做好充分的御寒和补给准备。

第二节　野外炎热高温天气的应对

高温热浪使人体不能适应环境，超过人体的耐受极限，从而导致疾病的发生或加重，甚至死亡。另外，高温热浪往往使人心情烦躁，甚至导致神志错乱的现象，会间接造成事故伤亡。

一、高温的定义

我国一般把日最高气温达到或越过35℃称为高温，连续3天以上的高温天气过程称为高温热浪（或称为"高温酷暑"）。

二、高温预警

中国气象局针对高温天气的防御，制定了高温预警信号，分为黄色、橙色和红色三级，预警级别依次增加。

高温黄色预警信号：连续3天日最高气温将在35℃以上；

高温橙色预警信号：24小时内最高气温将升至37℃以上；

高温红色预警信号：24小时内最高气温将升至40℃以上。

根据高温预警信号，可以为出行做好充分准备。当出现高温天气，建议减少不必要的野外活动。

三、高温的分类

人体对冷热的感觉不仅取决于气温，还与空气湿度、风速、太阳热辐射等有关。不同气象条件下的高温天气有不同特征，通常分为干热型和闷热型两种类型。

（1）干热型：气温极高，太阳辐射强而且空气湿度小的高温天气。我国北方地区的夏季，经常出现干热型高温天气。

（2）闷热型：夏季水汽丰富，空气湿度大，人们在高温中感觉到闷热，就像在蒸笼中。我国沿海及长江中下游以及华南地区，在夏季经常出现闷热型高温。

四、预防措施

（1）在野外高温环境下，要注意间歇性休息，避免持续活动。

（2）及时补充水分和盐分。

（3）太阳底下活动，要尽量减少皮肤裸露，穿着浅色且透气性能较好的衣服，并戴遮阳帽。

（4）穿越沙漠时，尽量选择夜间行走。

（5）携带人丹、十滴水等防治中暑的药物。

相关链接[①]

热射病患者死亡率达 5 成！这几天出门，出现这些症状应该要或应尽快送医

高温下的死亡病例，很多都是得了"热射病"。热射病又称为重症中暑，是一种非常凶险的急症，死亡率非常高，可达 40% 至 50%，对于 50 周岁以上的人，死亡率甚至达到 70% 左右。热射病患者常会出现局部肌肉痉挛、高热、无汗、口干、昏迷、呼吸困难，甚至呼吸衰竭等症状，是中暑中最致命的一种。除了个体因素之外，热射病发病与 3 个因素密切相关：高温、高湿和密闭无风环境。一般轻症中暑，体温常会超过 38℃，并伴有面部潮红、大量出汗、皮肤灼热、恶心、呕吐，或四肢冰冷、脸色苍白、血压下降、脉搏变快等症状。而热射病与中暑的区别在于，它表现为高热（体温快速升高）、常无汗甚至出现昏迷休克。热射病通常伴随体温 40℃ 以上。

五、中暑的紧急处理

炎热高温天气容易出现热痉挛、热虚脱、中暑、脱水等情况。中暑是最常见的情况，它是人体在高温环境下，散热功能调节障碍或调节失败而引起的不良反应。

（1）先兆中暑。症状为头晕、眼花、乏力、胸闷、口渴、体温稍微升高等。出现先兆中暑时，尽快把患者移至阴凉处，并不间断补充饮水，淡盐水效果更佳。

（2）轻度中暑。症状为体温升高至 38℃ 以上，面部潮红或者苍白、恶心、呕吐、脉搏细速、血压下降等。出现轻度中暑时，让患者离开高温环境，在阴凉通风处休息，不间

---

① 汪小欢. 热射病患者死亡率达 5 成！这几天出门，出现这些症状应该要或应尽快送医 ［EB/OL］. （2019 - 07 - 27）. https：//www.360kuai.com/pc/98e5fe00559438606？cota = 3&kuai_so = 1&sign = 360_57c3bbd1&refer_scene = so_1.

断补充淡盐水。同时，在患者头部和胸部冷敷，在太阳穴部位涂抹清凉油。如果体温过高，不要用凉水降温，因为会促使体内温度升高，使用微温的水使病人体温回落。

（3）重症中暑。症状为高热、肌肉痉挛、意识模糊、昏迷等。对于重症患者，原则上应该立即送医院治疗。如果在野外，可以采用物理疗法，如扇风、大面积冷敷、酒精擦身体等。

特别要注意，炎热高温天气中，大汗淋漓时，不要直接用衣服去擦拭，会引起毛孔阻塞以及皮肤发炎、发燥，建议使用凉水将身体冲洗干净后换上干衣服。

同步案例

三伏天，上海已有多人中暑，别把中暑不当回事！[①]

2019 年 7 月 26 日，浦东新区人民医院接诊了一名热射病患者，51 岁。患者当天早上与朋友一同出门，两人在烈日下走了几公里后，突然全身抽搐、神志不清并伴有恶心、呕吐等症状，朋友见此情形，赶紧将其送到附近的一家医疗机构，当时该男子体温达 42℃，经简单处理后转至浦东新区人民医院救治，急诊测体温 41℃，血压下降至 81/55mmHg，经诊断为重症中暑——热射病。经及时抢救，患者已恢复意识。

重症中暑主要有两大症状：一是体温较高，可达 40℃ 以上；二是意识不清，产生昏迷状况。"重症中暑包含三种类型，即热痉挛、热衰竭及热射病。其中热射病的出现在重症中暑患者当中最为频繁。"

第三节　野外雷电天气的应对

一、什么是雷电

雷电又叫闪电，它的出现常与雷雨云有关，雷雨云是在强烈对流过程中形成的云。在强烈对流的作用下，大气中的正负电荷被分离，并在云的不同部位积聚，不同极性的电荷区之间的电场增加到一定程度，就会发生放电现象。

二、雷电的类型

雷电分直击雷、电磁脉冲、球形雷、云闪四种。其中直击雷和球形雷都会对人和建筑

---

① 左妍．三伏天，上海已有多人中暑，别把中暑不当回事！［EB/OL］．（2019－07－28）．http：//newsxmwb.xinmin. cn/shenti/2019/07/28/31563345. html.

造成危害，直击雷是威力最大的雷电，而球形雷的威力比直击雷小；电磁脉冲主要影响电子设备，主要是受感应作用所致；云闪由于是在两块云之间或一块云的两边发生，所以对人类危害最小。

三、雷电的危害

雷电的危险性在于击穿物体和人体，引起火灾，以及所产生的雷声震破人的耳膜。在任何给定时刻，世界上都有 1 800 场雷雨发生，每秒有约 100 次雷击。全球每年因雷击而死亡的人数可达上万人，我国是雷电灾害频繁发生的地区，每年发生的雷电灾害有近万次，给国民经济和人民生命财产带来巨大损失。在 20 世纪末联合国的国际减灾十年活动中，雷电被列为最严重的十大自然灾害之一。美国将雷电列为排名第二的天气杀手。

相关链接

预警信号[①]

雷电预警信号分为三种，分别以黄色、橙色和红色表示。

（1）雷电黄色预警信号。

标准：6 小时内可能发生雷电活动，可能会造成雷电灾害事故。

（2）雷电橙色预警信号。

标准：2 小时内发生雷电活动的可能性很大，或者已经受雷电活动影响，且可能持续，出现雷电灾害事故的可能性比较大。

（3）雷电红色预警信号。

标准：2 小时内发生雷电活动的可能性非常大，或者已经有强烈的雷电活动发生，且可能持续，出现雷电灾害事故的可能性非常大。

四、预防雷电的措施

（1）当感觉到电荷即头发竖起或皮肤颤动时，很可能是要受到电击，应立即蹲下来，双手触地。这样，一旦遭到电击，电荷会通过手臂的最短途径，直接转到地面，而不会袭击躯干，从而避免心脏衰竭或者窒息。

（2）雷电将至时，身上不要有任何金属物。把身上的一切金属物拿下放入背包，尤其是带有金属的眼镜框、皮带扣、登山杖等，切勿打电话，也不要撑铁柄伞。

（3）在雷雨天气中，不要快速骑摩托车、自行车或奔跑。

---

① 中国气象局．预警信号［EB/OL］．（2012 - 08 - 16）．http：//www. cma. gov. cn/2011xzt/20120816/2012081601_5_1/201208160104/201303/t20130320_208280. html.

（4）雷电将至，不要在狭窄的山谷或者溪谷中活动，同时，远离水边以及积水潮湿地。水容易传电，有积水的地方很危险，要避免走近被淋湿或已经有水的地方，最好能穿上雨衣以避免淋湿。

（5）不要到高而空旷的地区活动，远离山顶，尤其是裸露的山峰和山脊。山峰和山脊更容易遭到雷击，躲在山脊下方的平坦地区相对安全。

（6）远离高大的树木和四周没有任何东西的岩石。垂直的墙壁或悬崖也要注意，应离开垂直岩壁 3 米以外，以免岩壁导电伤人。

（7）切勿在任何避雷设备下躲避，也不要在孤立的铁制棚屋和岗亭躲避。

五、躲避雷电的安全地方

（1）有防雷保护的建筑物内，或有金属壳体的各种车辆及船舶内是很好的屏蔽所。

（2）在野外，山洞也是很好的屏蔽场地。最好是 3 米以上深的岩洞，其四壁至少与人保持 1 米距离。注意不要藏身于岩洞的入口。

（3）如果不能离开高处，或是在空旷的山谷或者草原上，实在没有地方躲避了，那尽量寻找相对低洼之地蹲下来，双脚并拢、身向前屈，尽量采取低姿势。如果身边有有助于绝缘的干燥物质，可以坐在上面，虽然不能完全保证安全，但至少可以降低风险。例如带橡胶底的鞋子、干燥的绳卷、塑胶布或背包及其他绝缘物，坐好后，弯腰、低头抱膝，并且抵住胸口，尽可能双脚离地，将四肢并拢，不要用手触地，否则可能传导雷电。

同步案例

九峰山景区 17 名游客昨遭遇雷击①

2013 年 9 月 15 日下午 1 点 23 分，北仑九峰山景区遭遇雷击，位于山顶上的一个凉亭被雷电击穿，在凉亭里躲避雷雨的 17 名游客不幸被雷击。16 名游客受伤，1 名游客不幸身亡。消防救援人员向记者表示，事发地位于九峰山景区的"九峰之巅"，山顶上的一个石凉亭被雷电击中，雷击及塌方的坠石，击中了正在凉亭里躲雨的游客，导致伤亡事故的发生。

从消防部门提供的事发现场照片看，这个位于九峰山景区"九峰之巅"的凉亭是山顶上唯一一处可以避雨的地方，除了一条通往凉亭的游步道外，凉亭周围就是悬崖了。雷暴雨来袭时，游客们无处可躲，只能聚集在凉亭里。

------

① 邹健焘. 九峰山景区 17 名游客昨遭遇雷击［N］. 宁波晚报，2013－09－15（A2）.

知识点小结

◇失温的应对方法：减少体温的降低，适当时机补充能量，切忌揉搓肢体。

◇冻伤的应对方法：轻缓冻伤可把受冻部位放在身体温暖部位缓解；深度冻伤可放入温水中缓慢解冻，注意不要过快受热。

◇雪盲的应对方法：尽快到黑暗处，蒙住双眼，用冰凉的湿布在前额冰镇。

◇壕沟足病的应对方法：注意保持脚部干燥，及时包裹保温，不要按摩或弄破水疱。

◇野外寒冷环境的求生方法：点火、利用一切可能保温的材料、利用雪洞雪屋的保温作用、防止热量损失。

◇高温的定义：日最高气温达到或越过35℃时称为高温。

◇高温疾病的预防：在野外高温环境下，要注意间歇性休息，避免持续活动；及时补充水分，注意盐分补充；太阳底下活动，要尽量减少皮肤裸露，穿着浅色且透气性能较好的衣服，并戴遮阳帽；穿越沙漠时，尽量选择夜间行走；携带人丹、十滴水等防治中暑的药物。

◇远离可能发生雷电的地方：水边以及积水潮湿地、裸露的山峰和山脊、高大的树木和四周没有任何东西的岩石、垂直的墙壁或悬崖、任何避雷设备下孤立的铁制棚屋和岗亭。

◇适合躲避雷电的地方：有防雷保护的建（构）筑物内，或有金属壳体的各种车辆及船舶内；在野外，可选择山洞，保持和四壁至少1米距离；实在没有地方躲避，寻找相对低洼地蹲下来，双脚并拢、身向前屈，尽量采取低姿势；坐在有助于绝缘的干燥物质上面，可以降低风险。

第十二章

野外自然灾害的防范

学习目标

理论目标：了解水害、风灾、滑坡和泥石流的类型与特征，知晓其危害与应对原则。

实践目标：初步掌握水害、风灾、滑坡和泥石流等自然灾害的风险识别，学会自然灾害发生时的逃生与应对方法。

第一节　水害的防范

同步案例

中崆大峡谷失联 6 驴友确定遇难①

　　2015 年 9 月 19 日，两队驴友共 47 人到清远英德波罗中崆大峡谷游玩，突发洪水，六人失联。22 日，记者从英德官方了解到，22 日 14 时许，搜救人员在中崆大峡谷入口的洞口发现第六名失联者的遗体。遭遇山洪失联的六名驴友全部找到，确认遇难，三男三女。

　　只需一场暴雨就可能引发洪水，暴雨引发的骤发洪水可能是致命的。近年来，在野外因遭暴雨、山洪等水害而遇难的事故层出不穷。据中国紧急救援联盟的不完全统计，户外安全事故中，遇险的"头号杀手"是水害。

一、水害

　　水害是指一切与水有关的直接或间接伤害，包括洪水、暴风雨、冰雹、急流、海啸等。河流、湖泊和水库遭受暴雨侵袭时，容易引起水害。海底地震、台风、反常的大潮大浪，强对流天气，以及堤坝坍塌等，都是造成水害的原因。

　　"天有不测之风云"，在野外，因天气骤变引发水害的情况并不少见。我们应该如何来防范呢？

二、水害的预防措施

　　（1）出发前一定要了解目的地与途经地的天气预报。如果天气不佳，建议不要冒险前行。

　　（2）如果出现持续不断的大雨和大风暴，要提高警惕，远离水道和低洼地区。在山区中，要远离峡谷，这些地方特别容易被洪水侵袭。

　　（3）不要在河床、河边、溪谷边宿营。选择相对的高地为宿营点，观察好假设洪水来袭的撤离路线。

　　（4）发生洪水时，最合适的办法是往高处撤离，如果有时间，尽量带上火种、食物、

------

① 陈强，张文. 中崆大峡谷失联 6 驴友确定遇难［N］. 羊城晚报，2015 - 09 - 23.

衣服。备用衣服要用防水袋包好，引火物要保证干燥。

（5）如果没有高点或来不及跑向高点，应该马上寻找漂浮物，最好是方便固定或者是容易抓住的漂浮物。

（6）在北方地形复杂的山区，当出现大风且风向变化强烈以及剧烈降温还伴有强雷电现象时，则要预防冰雹的出现，尽快寻找躲避的地方。

（7）在靠近海边、江河的入海口时，如感觉到较强的震动，海水有明显升高或降低，或看到海面后退速度异常快，则要预防海啸的发生，应立刻撤离到内陆地势较高的地方。

三、水害的求生方法

（1）寻找设点：在洪水到来时，如果是在坚固的建筑物里，可以爬到建筑物的上面，同样别忘记带上求生必需品。

（2）利用固着点：如果处于急流中，我们要利用固着点：想办法抓住看上去还不会马上被冲走的树、石、桩或建筑物等，保持头部露出水面，然后再根据具体情况决定下一步怎么办。

（3）利用漂浮物：如果不会游泳或水性不佳，想办法利用一切可以漂浮的物体。

（4）顺流斜下：当被急流冲到宽阔的水域后，水流会渐缓，如果此时游向岸边，会难于逆流或横渡，应顺着水流，斜向岸边游去。

（5）减少负担：如果落入水中记得要尽量甩掉靴子和吸水后比较笨重的衣物。

（6）提前跳水：如果是在下沉的船上，应该提前下水，因为船在沉没的最后时刻会形成巨大的漩涡。

（7）保护头部：冰雹来临时，如果未能撤离到安全的地方，要寻找适合的硬物保护头部。

第二节　风灾的防范

同步案例

美国南部数州遭龙卷风袭击　已造成 280 多人死亡[①]

据英国广播公司报道，美国南部数州接连遭龙卷风袭击，已经造成 280 多人死亡。灾情最重的是亚拉巴马州。该州和南部数州都宣布进入紧急状态。

---

① 美国南部数州遭龙卷风袭击　已造成 280 多人死亡［EB/OL］．（2018 – 04 – 29）．https：//news. ifeng. com/c/7fZdTM0Pim9.

美国总统奥巴马说，灾难造成的伤亡让人心痛。他宣布向灾区提供紧急援助。星期五，奥巴马将视察亚拉巴马州。美国气象部门说，美国已经有 40 多年没有遇到如此强大的龙卷风。

台风会带来哪些灾害?[①]

台风灾害主要是在台风登陆前和登陆之后引起的。台风引起的直接灾害通常由三方面造成:

一是狂风。据测，当风力达到 12 级时，垂直于风向平面上每平方米风压可达 230 公斤。因此，台风大风及其引起的海浪可以把万吨巨轮抛向半空拦腰折断，也可把巨轮推入内陆，也足以损坏甚至摧毁陆地上的建筑、桥梁、车辆等。特别是在建筑物没有被加固的地区，造成破坏更大。大风也可以把杂物吹到半空，使户外环境变得非常危险。

二是暴雨。一次台风登陆，降雨中心一天中可降下 100 ~ 300 毫米，甚至 500 ~ 800 毫米的大暴雨。台风暴雨造成的洪涝灾害，来势凶猛，破坏性极大，是最具危险性的灾害。

三是风暴潮。当台风移向陆地时，由于台风的强风和低气压的作用，海水向海岸方向强力堆积，潮位猛涨，水浪排山倒海般向海岸压去。强台风的风暴潮能使沿海水位上升 5 ~ 6 米。如果风暴潮与天文大潮高潮位相遇，能产生高频率的潮位，导致潮水漫溢，海堤溃决，冲毁房屋和各类建筑设施，淹没城镇和农田，造成大量人员伤亡和财产损失。

另外台风的这些灾害极易诱发城市内涝、房屋倒塌、山洪、泥石流等次生灾害。

一般的风并不能直接伤害人类，很多时候，风只是火、石块、水、沙尘的帮凶。能够对人类直接造成伤害的主要是台风、龙卷风。

一、台风和龙卷风的特性

1. 台风

台风的风速很快，往往伴随有大暴雨，多发在晚夏时节，它会产生毁灭性的破坏作用。

台风的形成是需要一段时间的，目前人类已经可以通过卫星监视系统追踪其路径，当其到达前发出警报。气象台会按台风可能造成的影响程度，从轻到重向社会发布蓝、黄、橙、红四色台风预警信号。我们可以通过有关的预警，及时采取预防措施。如果在野外没有广播给予警报，那么我们要注意一些自然现象:例如极其炫目的日落与日出，浓浓的旗状云层向风暴中心聚集、大气压以不正常的速度快速下落然后又回升，这些都可能是台风的征兆。

2. 龙卷风

龙卷风是最剧烈的大气现象，对于小范围来说，其破坏性极强。所过之处，除了最坚固的建筑物外，一切都将被吸进空中。而龙卷风来无影、去无踪，几乎无法预测，更来不

---

① 王瑾. 台风会带来哪些灾害? [EB/OL] . (2018 - 08 - 02) . http: //www. weather. com. cn/anhui/tqyw/08/2909275. shtml.

及警报。

无论是台风还是龙卷风，它们的危害都是非常大的，当我们进行野外活动的时候，可通过一些有效的措施来防范风灾事故。

二、风灾预防措施

（1）去野外活动前，查询目的地的天气预报，做好防范或改变计划。

（2）大风天，不要在有活动性石块的山崖下活动，以防被风掀动的石块砸伤。

（3）大风天，避免进行水上活动。

（4）风助火势，要注意野外防火。

（5）不要在悬崖边、山脊等地活动，以防突然被风吹落，发生危险。

三、风灾求生方法

（1）寻找庇护所：在野外，洞穴是最好的庇护所，一个沟渠也不错。如果找不到避风所，那就平躺在地面，用手护住头部，这样会使你免遭乱飞的碎物砸中。如果可以的话，爬到坚固的庇护所的背风面，例如一块露在地表的坚固岩石，或树根很深的大树后面。要留心小树，它们可能会被连根拔起。

（2）注意逃离高地：在野外高处，如果不能马上撤离，那必须想办法抓住坚固的固定物。

（3）远离海岸和河岸：那里被破坏得最严重，而且可能会伴随有洪水和大浪。

（4）远离流沙顺风口：在沙漠地区，发生大范围流沙时，跑向迎风口。不要留在顺风口，以免被流沙吞没。

（5）避开龙卷风的行进方向：在遭遇龙卷风时，要避开龙卷风的行进方向，尽快躺下，并迅速滚动至附近沟渠等低洼处，抓住或抱住绝对坚固的物体。

第三节　滑坡的防范

同步案例

深圳"12·20"特大滑坡事故调查报告公布（节选）

2015年12月20日，位于深圳市光明新区的红坳渣土受纳场发生滑坡事故，造成73人死亡，4人下落不明，17人受伤（重伤3人，轻伤14人），33栋建筑物（厂房24栋、宿舍楼 3 栋，私宅 6 栋）被损毁、掩埋，90 家企业生产受影响，涉及员工 4 630 人。事故造成直接经济损失为 8.81 亿元。①

一、什么是滑坡

滑坡是大量的山体物质在重力作用下，沿着其内部的一个滑动面，突然向下滑动的现象。滑坡一般发生在陡峭的山区，但人工堆积的垃圾、尾矿和大型建筑堆积的泥土也会发生滑坡，深圳光明新区的案例就是人工堆积物造成的滑坡事故。

滑坡多在强降雨、地震时发生，我们在野外活动，要注意防范。

二、滑坡的防范

露营时，要选择平整的高地作为营址，尽量避开有滚石和大量堆积物的山坡下或山谷、沟底。在沟谷内游玩时，一旦遭遇大雨、暴雨，要迅速转移到安全的高地，不要在低洼的谷底或陡峻的山坡下躲避、停留。

如果我们能掌握滑坡的前兆，对可能发生的滑坡能提前识别，那将有利于我们争取更多的时间逃生，通过以下几个现象可以判断滑坡的前兆：

（1）山坡上有裂缝出现。土质滑坡前，裂缝张开更为明显，沿山坡水平出现横向及纵向放射状裂缝。它反映了滑坡体向前推挤并受到阻碍，已进入临滑状态。

（2）山坡坡脚松脱或鼓胀，土体出现上隆（凸起）现象。这是滑坡明显向前推挤的现象。

（3）山坡的中上部发生沉陷现象。

（4）溪水、泉水异常变化。例如：有堵塞多年的泉水复活现象，或者出现泉水（井水）突然干枯，井水位突变等类似的异常现象。

（5）地下发出异常的声响。大滑动之前，有岩石开裂或被剪切挤压的音响。这种现象反映了深部变形与破裂。

（6）斜坡上建筑物出现变形。

（7）动物惊恐异常，植物形态变化。如猪、狗、牛惊恐不宁，不入睡，老鼠乱窜不进洞。树木枯萎或弯曲倾斜等。

如果野外活动时，遇到以上这些现象，应坚持"宁可信其有，不可信其无"的原则，快速远离可能出现滑坡的地段。

三、滑坡发生时的应对

（1）当处在滑坡体上时，首先应保持冷静，不能慌乱。要迅速环顾四周，向较安全的地段撤离。

---

① 深圳"12·20"特大滑坡事故调查报告公布［EB/OL］.（2016-07-16）. https：//news.ifeng.com/c/7fcmnjer3ia.

一般除高速滑坡外，只要行动迅速，都有可能逃离危险区段。跑离时，向两侧跑为最佳方向。在向下滑动的山坡中，向上或向下跑都是很危险的。

当遇到无法跑离的高速滑坡时，更不能慌乱，在一定条件下，如滑坡呈整体滑动时，原地不动，或抱住大树等物，不失为一种有效的自救措施。1983年发生在甘肃省东乡县的著名的高速黄土滑坡——洒勒山滑坡中的幸存者就是在滑坡发生时，紧抱住滑坡体上的一棵大树而得生。

（2）当处于非滑坡区，而发现可疑的滑坡活动时，应立即报告邻近的村、乡、县等有关政府或单位，争取营救时间与营救力量。

（3）滑坡、崩塌发生后山体处于不稳定状态，还会有二次滑坡、崩塌的可能，千万不要立即进入滑坡、崩塌地段挖掘和搜寻财物。

第四节　泥石流的防范

同步案例

舟曲泥石流遇难人数增至 1 471 人[①]

甘肃舟曲抢险救灾指挥部新闻中心最新通报，截至9月1日，舟曲"8·8"特大山洪地质灾害中遇难1 471人，失踪294人，受伤住院人数72人，其中转院治疗59人，治愈出院10人，现有住院3人，累计门诊治疗2 315人，已解救1 243人。

泥石流是指在山区或者其他沟谷深壑、地形险峻的地区，暴雨、暴雪或其他自然灾害引发的山体滑坡并携带有大量泥沙以及石块的特殊洪流。泥石流具有突然性以及流速快、流量大、物质容量大和破坏力强等特点。发生泥石流常常会冲毁公路铁路等交通设施甚至村镇等，造成巨大损失。

一、泥石流产生的基本条件

泥石流的发生主要与地形地貌、地质环境和水文气象条件密切相关。

（1）地形地貌上一定具备山高沟深、地形陡峻、河床纵度降大、流域形状便于水流汇集的条件。

---

① 赵锋. 舟曲泥石流遇难人数增至1 471人［EB/OL］.（2010－09－02）. http：//news. sina. com. cn/c/2010－09－02/143221024789. shtml.

（2）泥石流地段一般都有丰富的松散物质：地表岩石破碎，岩层结构松散、风化等，甚至一些人类工程活动都会为泥石流提供大量的松散物质来源。

（3）水是泥石流的重要组成部分，也是泥石流的动力来源，泥石流发生，常伴有暴雨、冰雪融化和水库溃决等现象，长时间的连续降雨同样也是泥石流发生的潜在因素。

二、泥石流的防范

根据上述泥石流产生的基本条件，人们进行野外活动时，应加以防范和躲避泥石流灾害。

（1）在泥石流多发季节（比如夏季）内，尽量不要到泥石流多发山区旅游。

（2）出行前收听当地天气预报，在大雨天或在连续阴雨几天、当天仍有雨的情况下不要贸然前往山区沟谷游玩。如果在沟谷内游玩时遭遇大雨、暴雨，要迅速转移到安全的高地，不要在低洼的谷底或陡峻的山坡下躲避、停留。

（3）最好聘请一位当地向导，从而避开一些地质不稳定的地区。

（4）野外露营时，要选择平整的高地作为营址，尽量避开有滚石和大量堆积物的山坡下或山谷、沟底。

（5）目前还很难准确预测泥石流的发生，但泥石流发生的下游常常会有一些征兆：例如河床正常流水突然断流；洪水突然增大并带有较多的柴草、树枝；山谷中传来轰鸣声或地表有震动感。

在2016年九寨沟县发生的特大泥石流灾害中，正是因为人们发现河流有异常响动、水位不升反降，流量越来越小，而进行了及时有序的撤离，从而成功避险，无一人伤亡。

三、泥石流发生时的应对

（1）冷静、正确选择逃生方向：观察泥石流倾泻的方向，向两侧高处躲避，然后再选择远离事发地的安全路线。

（2）正确躲避：不在交通工具或建筑物内躲避，防止被困于交通工具或建筑内。

（3）防止次生灾害：泥石流可能导致河谷改道，形成不稳定的堰塞湖，存在洪水发生的可能。

【知识点小结】

◇水害是指一切与水有关的直接或间接伤害，包括：洪水、暴风雨、冰雹、急流、海啸等。

◇风并不能直接伤害人类，很多时候，风只是火、石块、水、沙尘的帮凶。能够对人类直接造成伤害的主要是台风、龙卷风。

◇滑坡是大量的山体物质在重力作用下，沿着其内部的一个滑动面，突然向下滑动的现象。

◇泥石流是指在山区或者其他沟谷深壑，地形险峻的地区，暴雨、暴雪或其他自然灾害引发的山体滑坡并携带有大量泥沙以及石块的特殊洪流。泥石流具有突然性以及流速快、流量大、物质容量大和破坏力强等特点。发生泥石流常常会冲毁公路铁路等交通设施甚至村镇等，造成巨大损失。

第十三章

野外活动的组织与策划

学习目标

理论目标：了解野外活动策划书的概念和内容体系；掌握野外活动的前期准备，熟悉野外活动中领导的作用；掌握野外活动垃圾分类与处理的原则，了解行进间的环保要求和卫生要求；掌握野外防火要求。

实践目标：能够撰写完整的野外活动策划书；组织策划好一次野外活动。

导入案例

2018 年中国大陆登山户外运动事故分析报告（节选）[①]

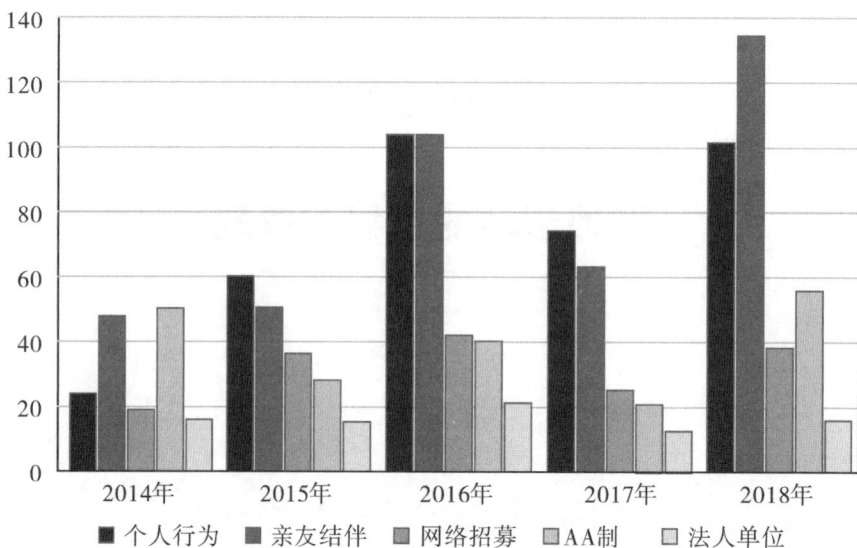

图 13 - 1　事故与组织性质的关系

　　根据中国登山协会登山户外运动事故研讨小组的不完全统计，2018 年共发生 348 起事故。

　　在 2018 年的事故中，个人行为、亲友结伴仍是年度事故多发的主要组织形式，由这两种形式导致的事故占比达 68.10%，与 2017 年的 67.82% 相比，有小幅增加。网络招募、AA 制、法人单位的事故基本保持稳定状态。

　　由此可见，事故数量与组织形式密不可分。个人行为、亲友结伴最大的共同点就是组织松散、户外经验缺乏，完全没有责任主体，遇到风险时抵御能力非常有限，易造成悲剧发生。

　　然而，当前登山户外活动中个人行为、亲友结伴仍是最主要的组织形式。而以法人单位为组织形式的事故数量基本保持在最低，这不仅是因为他们有严密的组织团体，更重要的是有专业的人才做组织保障。

---

　　① 袁复栋. 2018 年中国大陆登山户外运动事故分析报告［EB/OL］.（2019 - 05 - 08）. http：//www. sohu. com/a/312687577_723302.

第一节　野外活动策划书的撰写

　　野外活动是指人们远离居住地，到自然环境中展开的活动。人们在野外活动的时候，面对的是复杂的地理地貌、陌生的环境、复杂的道路、变化的气候，通信与救援缺乏保障。这也造成野外活动具有高风险性。

　　大自然魅力无穷，大自然变幻莫测。如何科学地准备以及有序地组织开展野外活动？如何避免野外活动伤害事故发生？如何处理好野外活动与保护环境？这些都是野外活动组织者和参加者必须掌握的知识内容。

一、野外活动策划的重要性

　　策划就是策略、谋划，是为达到一定目的，在调查分析有关材料的基础上，遵循一定的程序，对未来某项工作或事件进行系统、全面的构思和谋划，制订和选择切实可行的执行方案，谋划对策，并且根据目标要求和环境变化对方案进行修改、调整、优化的一种创造运筹过程。

　　野外活动的组织是建立在一定的物质条件下、一定的技术保障下和一定的组织经验下的严肃活动。没有计划、没有准备、没有策划地组织开展野外活动，活动极有可能以失败告终，青山绿水也有可能危及参与者生命。

　　科学、合理地策划野外活动非常重要，野外活动策划要注意：

　　一是明确各阶段的责任人与工作任务，提高团队管理的效能。

　　二是掌握参加对象和野外活动资源的特征，设计科学的活动内容，保障活动安全。

　　三是提供一套整体可行性活动方案设计，明确流程，避免野外活动的无序和混乱。

　　当我们对如何策划好一个野外活动，从一筹莫展到胸有成竹，就较好地完成了策划活动的准备工作。

二、如何撰写野外活动的组织策划书

　　野外活动的组织策划书是开展野外活动的重要文件。俗话说：良好的开端是成功的一半。野外活动的组织者必须对活动进行完整策划。详细和完整的策划书是组织野外活动的重要条件和前提。

　　组织野外活动之前，特别是组织有一定难度、有一定强度的野外活动前，必须有野外活动经验的人士参与策划工作，共同制定详细的策划书。野外活动策划书的内容应包括以下五个方面：

1. 活动的目的、类别、内容、对象与时间表

　　组织者必须对活动的目的、类别、内容、对象与时间表等因素做出界定，并将其作为

策划书的撰写和考虑的重要因素。

（1）野外活动目的是增强体能、陶冶情操、磨炼意志、突破自我、增加环保意识、提高野外生存能力、培养团队精神等。

（2）活动的类别：可分为休闲、登山、穿越、探险等。应标明活动的强度等级、技术等级、风险等级。

（3）活动的内容：是指具体的活动项目。

（4）活动的对象：是指对参加者的界定。

（5）活动的时间表：应包括各个阶段的具体时间安排。

2. 野外活动的地点、线路以及环境与气候说明

明确的地点、线路、环境与气候说明，直接影响到组织者和参加者的前期物质准备。

3. 所需设备、设施的物品清单与经费预算

根据活动的内容、线路，确定好公用设备、设施、物品清单、药品清单，提出个人携带物品的建议清单。

下表为野外活动的基本物资参考目录，野外活动组织者和参与者应根据具体的实践情况进行增减，应分配好个人携带的公共物品。（如表 13 - 1）

野外活动常用个人物品 26 种，集体公用物品共 26 种。

表 13 - 1 野外活动的基本物资参考目录

个人物品清单（26 种）		集体物品清单（26 种）	
旅行背包	睡袋	帐篷	共用炊具
睡垫	充气枕头	照明灯具	急用药品
换洗衣物	洗漱用具	打火机	通信工具
手电或头灯	太阳帽	燃料或燃气	食品与调味品
水壶或饮料	自带食品与餐具	地图与行程表	温度计
军刀	打火机	指南针	折叠水桶
雨具	垃圾袋	集体证明	砍刀
纸巾	手表	净水药物	折叠式工兵铲
手机	照相机	登山绳及滑轮	GPS 定位仪
太阳镜或雪镜	驱虫剂	望远镜	塑料布
药品	活动指南	雄黄粉	小型灭火器
笔与纸张	身份证	摄像机	哨子
现金	相关电池	集体娱乐器材	救生圈

策划书还要测算好公共经费预算和意外准备金，并约定一个预交数，活动结束后以 AA 制分担活动费用。大家要习惯这个基本的约定俗成的方法，所有费用共同承担。

4. 风险、保险与安全预案

"安全第一"是野外活动必须遵循的一个首要原则，无论是什么内容或形式的野外活动都可能出现意外或者发生意外，组织者必须充分考虑各种危险因素。野外活动策划书应对"风险"单列章节，内容应涵盖安全教育、风险判断、风险告知、风险应对四个要素。

（1）安全教育：预先采取防范措施，应该加强对参加者的安全教育，编写出活动安全守则。

（2）风险判断：针对活动的性质与内容，要对风险做出判断，提出安全预警提示。

（3）风险告知：对于一些风险比较大的野外活动，组织者应当向参与者详细说明活动的风险性，并且要告知风险要由个人承担的原则，要参与者向其家人说明并且征得家人的同意；必要时还要统一撰写一份《参加活动志愿书》，说明上述情况，如果发生意外事故，由个人负责等条款，最后由参加者签名。这并非为组织者开脱责任，而是一种通行的做法。参与者还需购买人身意外保险，对可能出现的安全事故做预测。

（4）风险应对：组织者还要准确掌握野外活动地点附近的公安、医院的方位和电话；配置好救援物质，特别是去路况复杂和远离人居的地方，携带 GPS 定位仪、卫星电话和急救药品，在突发意外时，能够发挥出重要作用。

5. 人员分工与责任明确

组织者、组织活动的总负责人，应该对团队人员进行组织分工。明确负责线路、财务、后勤、技术、安全、联络等工作的具体负责人及其职责，并对他们的职责岗位进行明确。十人以上的野外活动都应成立行动小组，指派身体素质、人品、人际关系良好，又有一定野外活动经验的人士担任组长，负责小组一般事务的协调。

以上五个方面的内容就是一个完整的野外活动策划书应当涵盖的基本内容。在策划书撰写完成以后，就可以进入野外活动实施的前期准备阶段。

第二节　野外活动的组织

野外活动的组织与实施，主要有三个方面内容：前期准备、活动中领队的责任、野外活动与环境保护。

一、野外活动前期准备

1. 组织者的前期工作

线路的选择、勘查，附近情况的熟悉；人员分工与明确责任；物资、经费与设备的准备；对参加者的安全教育与环境保护知识教育。

2. 参与者的前期准备

（1）参与者应评估自身体质，并做好体能训练。参加有一定强度的野外活动之前，参与者应有针对性地进行体能训练，如长跑、负重登楼梯、游泳等常规运动。

常年体弱多病，有心血管疾病、消化道疾病的人群不适合野外活动；孕妇、经期的女士不适合参加有一定强度的野外活动。

（2）参与者专项技能的模拟训练。如果是组织有一定难度或是时间比较长的野外活动，行动前应对参与者进行一些专项的模拟训练，让参加者熟悉专项器材的使用方法，并且对一些专项技术进行辅导，如岩降、溯溪等技术能力的培训。

（3）个人物品的准备及告知家人。个人物品的准备应以需要与实用为原则，制定好个人物品的准备清单，避免物品的遗漏，可带可不带的物品尽可能不带，以减少行李的重量。

青少年参加野外活动，需要征得家长的同意。其他参与野外活动的人也应该告知家人、同事或者朋友他们活动的基本内容、人员情况、返回的时间等信息，让大家有一个基本的了解，万一发生意外，也好联系有关方面进行救援。

二、野外活动中领队要担负的责任

野外活动的组织实际上是一个综合性非常强的学问，要求领队具备良好的体能、经验、技能，同时还需要具有良好的沟通能力和团队领导能力。

1. 领队在野外活动前的工作

（1）出发前：向参加者自我介绍并介绍组织者的分工，然后说明自己的责任和义务，强调自己的权利，最后礼貌地恳请大家配合工作。领队特别需要利用这个时间，再次强调活动的纪律与安全方面的注意事项。

（2）上车后：再次说明本次活动的起点、途经线路、终点，还有人文与地理环境以及大致的时间安排，一般情况下不要随意更改原定计划。

（3）准备进入野外时：首先要集合队伍、清点人数、整理背包、分配公共用品，安排有丰富经验和体格较好的人员在队伍的最前面和最后面。

2. 领队在野外活动中的工作

（1）行进时：领队一般走在整个队伍前四分之一的位置，途中根据队员的体能、宿营地距离等因素，适当调整整个队伍的行进速度；途中还要观察队员的体能和身体状况，安排体能好的队员分担体能比较差的队员的行李，确保团队有一个适当的整体行进速度；还要阶段性查阅地图，保持与先锋队员沟通，确保行进路线的正确，发现错误及时改正，甚至要原路返回。

（2）在休息时：领队要清点人数，并针对队员之前的状态提出一些具体的指导性建议。

（3）在岔路口、有障碍或前进方向不明确时：先锋队员必须请示领队，由领队做出决定，不得擅作主张。行进时要观察周围地形地貌特征，计划返回线路，预备第二套方案。

（4）发生突发事件时：领队必须保持镇定，正确判断，做出决定，全体人员必须服从领队，帮助领队。

（5）在露营及野炊环节时：领队要对队员进行技术指导，并就营地的安全、防火、环境保护等环节进行技术指导与检查。

（6）如果发生意外或继续前进会有危险时：要有立刻取消活动的勇气，领队要果断取消行程。

3. 领队在野外活动结束后的工作

公布经费开支情况，并且完成经费 AA 制工作；对集体的装备进行清点与归还；收集队员对本次活动的反馈意见；及时召开组织者会议，进行活动小结；领队要撰写活动总结报告，对策划与实施情况进行分析和总结。总结将会对下一次策划活动起到非常重要的参考作用。

一个好的领队需要长期的野外活动经验积累，需要良好的领导力和决策力。而作为队员则需要严格遵守活动纪律，服从指挥。优秀的领队加上积极配合的队员，就奠定了良好的活动基础。

第三节 让野外活动更环保

野外活动与环境保护是一个重要的话题。任何的野外活动都将对自然环境造成新的伤害。我们周边地区的自然生态系统已非常脆弱，任何微小的破坏都将很难得到恢复。因此，在野外活动过程中，要尽量将自然环境的影响降低到最低限度。

如果通过户外活动能产生对自然的热爱，以及对环境问题更加深刻的理解，让环保的观念影响我们的生活，影响我们周边的人，这也非常有意义。

一、野外活动的垃圾分类与处理原则

野外活动垃圾可分为可降解和不可降解两类垃圾，其处理方法有所不同。

（1）不可降解垃圾的处理：比如电池、塑料、金属、玻璃、化学品、有镀膜或者涂层的纸制品都属于不可降解或难以降解的垃圾，都不要焚烧或掩埋，应带下山，再弃入垃圾分类回收箱。

（2）可以降解的垃圾的处理：比如食物、纸张、纯棉制品等，可以粉碎后就地掩埋。

二、行进间的环保要求

（1）分散前行。有道路时应排成纵队前行，没有道路但有植被的地方要分散前进，避免走出一条新的道路；尽量避开植被茂密难走的地段。

（2）不惊吓不喂养野生动物。不要惊吓野生动物，并给它足够的时间逃走，严禁喂养健康的野生动物，以免使其养成惰性，丧失自我觅食的能力。

（3）不使用破坏性路标。尽量不要做路标，确实需要时也应做得隐秘，不要折断树枝或用塑料绳、塑料袋做路标，可以选用干枯的树枝或者地上的石块做标记，能让同伴知晓即可。最后一名经过的队员应尽量取消这些标记，因为明显的标记可能会破坏其他人员的乐趣。不要破坏其他人的路标，以免影响他人安全。

（4）避免噪音。沿途联络队员、抒发情感的时候，不要制造出太大的噪音，在快乐的一刻，还要适当考虑他人的感受。

三、营地环境及卫生

营地是露宿和生活的地方，也是产生垃圾最多的地方，保护好营地的环境要做到以下几点：

（1）保护好营地的水源。刷洗东西必须汲水上岸，不要在水流中直接进行；冲洗物品应用容器盛水，在离水源两米外的地方进行，防止湖水或河流下游污染。

（2）在野外尽量不用香皂、牙膏、洗洁精等化学品，而改用干、湿纸巾，尤其不可在水中使用日化产品。

（3）在自然界就地如厕时要远离水源30米，且在营地下风口，最好在方便地点用土掩埋，以防止气味散发污染。上厕所远离水源、道路、动物巢穴。

（4）废水、废液、食物残渣要挖坑集中倾倒，撤营掩埋复原，不要在营区附近乱泼乱撒。

（5）简易厕所要集中挖坑定点并设定遮掩物，地点要离开营区50米以上。挖坑的出土要整齐堆放坑旁，每用完一次撒一层土遮盖，撤营时掩埋复原。

（6）生活用的干垃圾要标明可燃、不可燃两类，分别布置垃圾桶或垃圾袋对两类垃圾进行集中收集。撤营时将可燃物挖坑焚烧（山区非禁火季节）后掩埋，不可燃物带往山下垃圾站。如山区为禁火地或禁火期，则两种垃圾皆要带回。

四、野外防火

（1）野外尽量减少用火，如需生火应注意防火安全，确保火堆完全熄灭后再离开。

（2）野外生火要注意风的朝向和风力大小，火旁应备有灭火用水。

（3）行进途中，禁止吸烟。

（4）用火遵守国家相关法律法规的规定。

五、保护植物

（1）不随意采摘、挖掘野生植物。

（2）不故意砍毁野生植物，在野外需要开路时，注意保护树木、藤条的主干。

（3）特别保护山顶的植被。因为山顶的土壤大都瘠薄，山石裸露，水源匮乏，原本就是非常脆弱的，破坏以后非常难以恢复。

六、保护动物

（1）不故意惊扰、追捕野生动物，不购买、不食用国家禁捕的野生动物。

（2）不在动物的窝巢附近吸烟、野炊，以免气味惊扰动物。

（3）严禁喂养健康的野生动物，以免使其丧失自立性。

七、对野外活动领队及队员的环保建议

（1）领队要将环保行动贯穿在整个活动中。领队要将环保概念传递到每一个参加者中，每名成员都要明确知道，保护环境是活动的重要组成部分。领队也有义务向每一位队员介绍环保指引与要求，尽量让每个人都知道怎么去保护环境。

领队需要明确指定一位或一位以上的环保监督员，负责整个活动的环保监督工作。活动结束，让环保监督员负责总结整个活动过程中环保方面出现的问题，好的要表扬，做得不好的也要批评。

（2）环保应该从出发前的物资采购开始。尽量少带不可降解垃圾到野外，一些物资的不必要包装物，尽量在出发前的物资准备时就完成处理，一来减少物资的重量，二来也减少野外垃圾处理的压力。

（3）应该做好垃圾的分类工作。准备好垃圾分类袋，比如红色袋装为可分解的（最好有纸袋），蓝色袋装为不可分解的，整个活动中队员都可以随时把不同的垃圾分类入袋，避免活动中乱丢垃圾，活动结束后收集垃圾。

知识点小结

◇野外活动策划书应该包括的五个内容是：①活动的目的、类别、内容、对象与时间表；②野外活动的地点、线路以及环境与气候说明；③所需设备、设施的物品清单与经费预算；④风险、保险与安全预案；⑤人员分工与责任明确。

◇野外活动行进间的环保要求包括分散前行，不惊吓不喂养野生动物，不使用破坏性路标，避免噪音。

◇不可降解垃圾都不要焚烧或掩埋，应带下山，再丢入垃圾分类回收箱。

◇可以降解的垃圾可以粉碎后就地掩埋。